中国政法大学刑事司法学院专著出版专项资助计划

Criminal Procedure
and Rights Protection

刑事诉讼程序与权利保障

屈新◎著

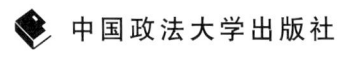

中国政法大学出版社

2022·北京

声　　明　　1. 版权所有，侵权必究。

2. 如有缺页、倒装问题，由出版社负责退换。

图书在版编目（CIP）数据

刑事诉讼程序与权利保障/屈新著.—北京：中国政法大学出版社，2022.8
ISBN 978-7-5764-0622-1

Ⅰ.①刑… Ⅱ.①屈… Ⅲ.①刑事诉讼－诉讼程序－研究－中国 Ⅳ.①D925.218.04

中国版本图书馆CIP数据核字(2022)第140792号

出 版 者	中国政法大学出版社
地　　址	北京市海淀区西土城路 25 号
邮寄地址	北京 100088 信箱 8034 分箱　邮编 100088
网　　址	http://www.cuplpress.com（网络实名：中国政法大学出版社）
电　　话	010-58908289(编辑部) 58908334(邮购部)
承　　印	固安华明印业有限公司
开　　本	880mm×1230mm　1/32
印　　张	10.625
字　　数	250 千字
版　　次	2022 年 8 月第 1 版
印　　次	2022 年 8 月第 1 次印刷
定　　价	55.00 元

前　言

　　刑事诉讼程序是国家专门机关行使国家刑罚权的程序。刑事诉讼的过程和结果关系到公民的生命、人身自由和财产权利。公安司法机关追诉犯罪的活动应当由法律规定的程序严格规范和制约，以防止其滥用权力，侵犯人权。当事人和其他诉讼参与人也只有严格遵守程序的要求进行诉讼活动，才能有效维护自己的诉讼权利。权利保障是现代刑事诉讼程序的核心价值，正当的刑事诉讼程序是权利保障价值的现实化载体，实现权利保障价值必须依靠完善刑事诉讼程序。

　　刑事侦查制度的改革是"以审判为中心"的诉讼制度改革的迫切要求。在"以审判为中心"的诉讼制度下，侦查机关将受到更大的监督与制约。检察机关对侦查阶段的所有活动进行引导和监督。侦查所获取的证据最后必须接受审判的检验，非法证据将被排除，刑讯逼供将被严惩。严格规范侦查权的行使，不断推动刑事侦查理论的完善。

　　新时代检察机关法律监督权的重构，应当依据宪法赋予的法律监督权的原则，遵循权力制衡的法治精神，以公诉职能为核心反映基本司法规律。在司法改革背景下，充分发挥检察权的法律监督作用，完善检察机关提前介入侦查制度、量刑建议机制和公益诉讼的配套措施，加强对审判权的有效制约，健全检察权与监察权的衔接和制约机制，实现检察权内外部的优化配置。

审判程序是刑事诉讼活动的中心环节，纠正、制裁和补救侦查阶段和检察阶段不正当的权力行为及其导致的损害责任，确保国家刑罚权的正确行使。庭前会议制度是我国司法改革中重视程序正义的一个关键性体现，应当优化庭前会议的启动模式，完善其制约机制，健全对被告人的保护机制。刑事案件速裁程序一方面实现了正当程序主义，被告人通过行使程序选择权来直接改变了人民法院审理案件的方式，积极地获得较轻的处罚结果。另一方面，刑事案件速裁程序处于从正当程序主义退却的危险之中，其适用范围的扩大影响了诉讼程序体系的协调，值班律师制度难以保证认罪认罚的自愿性，一审终审的思潮偏离正当程序的轨道。应当建立适应于刑事案件速裁程序的特殊的上诉审程序：上诉审的对象从"全面审查"转为"量刑审查"，审理范围以量刑证据为调查中心，审理方式以不开庭审理为原则，事实不清证据不足的案件应当发回重审。

刑事缺席审判程序和违法所得没收程序属于刑事特别程序。我国刑事缺席审判程序需要确立针对证人证言的直接言词原则，以此来实现缺席审判程序的庭审实质化；适度降低证明标准，避免证明标准空置化。应当明确违法所得没收程序的适用范围和条件，确定其能够溯及既往，确立违法所得等值没收制度，并完善其相关配套措施。

认罪认罚从宽制度改革应当在刑事一体化思维的指导下，构建认罪认罚案件从宽量刑规则，把体现"罪责刑相适应"的比例从宽量刑规则作为最终的从宽限制，确定案件的最终量刑，而非适用具体的实体法评价范式去规定程序性从宽情节或直接使用实体法量刑规则限定从宽量刑幅度。控辩协商是认罪认罚

前 言

从宽的程序性正当化机制，强调控辩双方在刑事诉讼过程中的平等对话和协商，以达成协议的方式确保犯罪嫌疑人、被告人自愿理性地选择认罪认罚从宽，而控方则给予实体法上从宽处理的量刑建议承诺。我国可以适当借鉴辩诉交易的合理色彩，确立一定的契约精神。在认罪认罚从宽制度改革下，诉讼效率的提升也伴随着发现真实机能的降低，冲击了刑事诉讼法坚守着的追求实体真实的价值理念。在未来的改革中，应当注意认罪案件证明模式的转型不能逾越发现案件真相的限度，诉讼程序的建构必须维持发现案件真实的机能。

目前我国法律还未规定律师在场权，司法实践中律师作用的发挥有限，探索符合我国基本国情的律师在场权具有一定的必要性和可行性。审查起诉环节是认罪认罚案件的程序重心，应当充分发挥律师的作用，保证律师提供有效辩护。律师应当积极与检察机关互动、协商，对检察机关的处理提出意见，认罪认罚具结书的签署必须有辩护律师或者值班律师在场。基于缓解外逃贪腐人员缺席审判制度对程序正义和被追诉人人权保障所带来的冲击，必须强化和保障辩护人的辩护作用，有效实现律师的辩护权。应当建立健全律师执业权利保障和救济机制，明确规定辩护律师的介入时间、各阶段的诉讼权利，保障外逃贪腐人员的合法权利。

目 录

前　言 ………………………………………………………… 1

第一章　刑事侦查制度的改革 ………………………………… 1
　第一节　诉讼制度改革对刑事侦查制度的影响 ……………… 1
　　一、"以审判为中心"的诉讼制度改革的意义 ……………… 1
　　二、刑事侦查制度改革的必要性 …………………………… 5
　第二节　国外侦查模式的比较借鉴 …………………………… 8
　　一、英美法系国家的侦查模式 ……………………………… 8
　　二、大陆法系国家的侦查模式 ……………………………… 12
　第三节　我国刑事侦查制度的现状分析 ……………………… 18
　　一、我国刑事侦查制度的特点 ……………………………… 18
　　二、刑事侦查制度的现状 …………………………………… 19
　　三、刑事侦查制度存在的问题 ……………………………… 21
　第四节　我国刑事侦查制度的理论完善与实践探索 ………… 23
　　一、刑事侦查制度的理论完善 ……………………………… 23
　　二、A省刑事侦查制度改革的实践探索 …………………… 29

第二章　检察机关法律监督权的重塑 ………………………… 41
　第一节　我国检察机关法律监督权的重构 …………………… 41

一、检察机关职能与权力性质的偏离 …………… 42
　　二、检察机关法律监督权的重构 ………………… 47
第二节　司法改革背景下检察权的优化配置 …………… 53
　　一、检察权优化配置是新时代司法改革的
　　　　必然要求 …………………………………… 53
　　二、检察权配置的现状分析 ……………………… 58
　　三、检察权配置的完善 …………………………… 69

第三章　刑事审判程序的完善 ……………………………… 76
第一节　我国庭前会议制度完善 ………………………… 76
　　一、我国庭前会议制度的历史沿革 ……………… 77
　　二、庭前会议制度的基本功能 …………………… 81
　　三、庭前会议制度的现实分析 …………………… 85
　　四、庭前会议制度的完善 ………………………… 95
第二节　正当程序主义在刑事案件速裁程序中的
　　　　体现 ……………………………………………… 106
　　一、正当程序主义与刑事速裁程序 ……………… 106
　　二、正当程序主义在速裁程序中的变革 ………… 108
　　三、正当程序主义在速裁程序中的退却危险 …… 113
第三节　刑事速裁案件上诉审程序的完善 ……………… 124
　　一、废除刑事速裁案件被告人的上诉权宜商榷 … 124
　　二、建立刑事速裁案件上诉审程序的理论设计 … 128
　　三、完善刑事速裁案件上诉审程序的基本思路 … 131

第四章　刑事特别程序的优化 …………………………… 140
第一节　我国刑事缺席审判法庭审理的缺陷与优化 … 140
　　一、刑事缺席审判法庭审理的法治要求 ………… 140

二、刑事缺席审判法庭审理的规范性缺陷 …………… 142
　　三、刑事缺席审判法庭审理的实证性缺陷 …………… 147
　　四、刑事缺席审判法庭审理的优化 …………………… 150
　第二节　我国违法所得没收程序的完善 ………………… 154
　　一、违法所得没收程序的内涵及其特征 ……………… 154
　　二、违法所得没收程序适用的正当性 ………………… 158
　　三、违法所得没收程序适用的现状分析 ……………… 161
　　四、现行违法所得没收程序的完善 …………………… 184

第五章　认罪认罚从宽制度的健全 ……………………… 189
　第一节　实体法评价范式对认罪认罚案件从宽
　　　　　规则的约束 ……………………………………… 189
　　一、"第22条"中的实体法评价范式 ………………… 191
　　二、对实体法评价范式约束的分析 …………………… 194
　　三、量刑的程序性从宽及其理论基础 ………………… 198
　　四、刑事一体化理念下的认罪认罚案件从宽
　　　　规则 ……………………………………………… 204
　第二节　认罪认罚从宽制度下的控辩协商程序 ………… 207
　　一、控辩协商是认罪认罚从宽的程序性正当化
　　　　机制 ……………………………………………… 208
　　二、控辩协商存在的问题及其原因分析 ……………… 212
　　三、不同诉讼阶段控辩协商程序的铺设 ……………… 224
　第三节　认罪案件证明模式转型的理论研究 …………… 234
　　一、认罪案件证明模式的内涵 ………………………… 235
　　二、认罪案件证明模式从直接验证到形式审查的
　　　　转型 ……………………………………………… 238
　　三、认罪案件证明模式转型的理论困境 ……………… 245

第六章　刑事诉讼程序中权利的保障 ································ 252
第一节　律师在场权在我国的适用空间 ···························· 252
一、现状：律师在场权的比较研究 ······························ 253
二、问题：律师在场权在我国是否适用？ ················ 256
三、展望：我国律师在场权构建的路径 ···················· 259
第二节　认罪认罚从宽制度下审查起诉阶段辩护权的
保障 ·· 264
一、认罪认罚从宽制度与审查起诉阶段辩护权的
保障 ·· 264
二、审查起诉阶段辩护权保障的现实分析 ················ 274
三、审查起诉阶段辩护权的保障机制 ························ 281
第三节　外逃贪腐人员缺席审判案件中律师辩护权的
保障 ·· 292
一、外逃贪腐人员缺席审判案件中律师辩护权
保障的价值 ·· 293
二、外逃贪腐人员缺席审判案件中律师辩护权的
内容 ·· 295
三、律师辩护权有效行使的困境及其原因分析 ··· 306
四、缺席审判案件中律师辩护权的保障 ··············· 313

参考文献 ·· 320

后　记 ·· 329

第一章
刑事侦查制度的改革[*]

"以审判为中心"诉讼制度改革的提出,顺应了司法改革的现实需要。随着法治化进程的不断推进,我国传统的刑事侦查制度逐渐暴露出一些不足之处。本书以 A 省刑事侦查制度改革工作为例,探索我国刑事侦查制度的改革之路,推动侦查制度的改革创新,使之能够达到"以审判为中心"诉讼制度改革的要求。

第一节 诉讼制度改革对刑事侦查制度的影响

一、"以审判为中心"的诉讼制度改革的意义

(一)确立"以审判为中心",实现程序正义与实体正义相统一

"分工负责,互相配合,互相制约"本是很好诠释公检法三机关关系的一条原则性规定,但是在司法实践中容易出现偏差。诉讼中往往更注重侦查阶段的调查取证,忽视庭审的质证辩论,削减了法院的权威。"以审判为中心"的提出,符合当今的司法

---

[*] 与谢学剑合作,有改动。

规律，顺应民众对司法公正的呼吁，具有重要的时代意义。"以审判为中心"是对原有侦查、诉讼、审判模式的否定，重新确立了侦查权、检察权、审判权在诉讼程序中所处的地位。侦查只是刑事诉讼的第一步，其任务就是：依照法定程序，采取必要的侦查手段，发现、收集有关案件的各种证据，确定、查获犯罪嫌疑人。侦查阶段只是提供证据材料，不能作有效力的裁决。而审判是刑事诉讼的最后一道工序，在这个阶段，才能确定案件的事实、犯罪的有无、罪责的轻重。

毫无疑问，庭审相对于侦查而言是更为公正的诉讼程序。在庭审过程中，代表控诉方的检察机关与代表辩护方的职业律师当面进行举证、质证以及辩论，法官现场听取双方的辩论，居中裁判。一般情况下，证人证言、鉴定意见需要证人与鉴定人在法庭上证明真伪，控辩双方的对抗、辩论让案件事实浮出水面，法官以此为依据作出裁判。诉讼活动以这种方式最大限度地公开，整个程序在众目睽睽之下依法展开，不合法的证据不被采纳，事实的认定依据已有的证据链条，罪责有无完全靠事实说话，最大限度地预防冤假错案，实现程序正义与实体正义相统一。

（二）强化"非法证据排除规则"的贯彻落实，开启审判对侦查权的引导与制约

现代刑事诉讼是"以审判为中心"的诉讼，建立审判权对侦查权的制约和引导机制是"以审判为中心"的重要内容。最高人民法院于 2015 年 2 月 26 日明确提出，"至 2016 年底，推动建立以审判为中心的诉讼制度，促使侦查、审查起诉活动始终围绕审判程序进行"，并强调"严格实行非法证据排除规则，进

一步明确非法证据的范围和排除程序"。[1]"以审判为中心"的提出,非法证据排除规则的贯彻落实,使法院开始涉足侦查权的控制,这是审判权对侦查权引导与制约的良好开端。

我国刑事诉讼法规定,人民法院、人民检察院和公安机关应当"分工负责,互相配合,互相制约"。可是,在现实的刑事诉讼活动中,三机关更注重互相配合来提高司法效率,而忽视互相监督、互相制约的重要性。如今,我们提出坚持"以审判为中心"的诉讼制度改革,并不是否定侦、诉、审三机关"分工负责,互相配合,互相制约"的关系,是为了打破原来以侦查为导向的刑事诉讼格局,突出审判的地位,加强对侦查机关的违法犯罪活动的监督与制约,是对非法证据排除规则的再强化。2012年修正《中华人民共和国刑事诉讼法》(以下简称《刑事诉讼法》)的一大功绩就是非法证据排除规则的正式确立。《刑事诉讼法》第56条第1款规定:"采用刑讯逼供等非法方法收集的犯罪嫌疑人、被告人供述和采用暴力、威胁等非法方法收集的证人证言、被害人陈述,应当予以排除。收集物证、书证不符合法定程序,可能严重影响司法公正的,应当予以补正或者作出合理解释;不能补正或者作出合理解释的,对该证据应当予以排除。"非法证据排除规则的确立凸显了审判机关对侦查行为的监督与纠正,并对权利受到侵犯者予以救济与保障。[2]可见,"以审判为中心"的提出,进一步强化了"非法证据排除规则"的贯彻落实。建立"非法证据排除规则"并在

---

[1] 詹建红、张威:《我国侦查权的程序性控制》,载《法学研究》2015年第3期。

[2] 金鑫:《浅析人权保障原则在新刑诉法中的体现》,载《商品与质量·理论研究》2012年第S6期。

法条中作程序化规定，开启了审判对侦查的引导与制约之门。

（三）打破"以侦查为中心"的现状，保障诉讼参与者的合法权益

2013年1月在全国范围内生效实施的修正后的《刑事诉讼法》的第2条写入"尊重和保障人权"，这是继2004年人权写入《中华人民共和国宪法》（以下简称《宪法》）、2007年《中华人民共和国物权法》（已失效）公布以来我国人权保障的又一次跨越，是我国人权保障事业的重大进步。

立法精神如何在司法实践中得到贯彻，是所有法律学者及实践者需要面对的问题。而我国现有的刑事诉讼结构属于"葫芦状"结构，审判程序构成葫芦的顶端，检察起诉是中间连接轴，底部最庞大的部分是侦查程序。葫芦的形状是典型的两头大、中间小，底部最膨胀的部分是侦查，这种葫芦型构造反映了侦查活动才是我国刑事诉讼的重心所在。在我国，侦查阶段是刑事诉讼的实际重心，对案件事实的调查取证都在这一阶段完成。诉讼的重点放在侦查阶段，主要是由于我国侦查终结的标准是事实清楚、证据充分、程序合法，而起诉与审判终结的标准也是如此。这样一来，侦查机关遵循这一结案标准就等于对案件进行全面、实质的调查。而侦查之后的审查起诉是对侦查认定的事实进行再一次审查，主要是对案件质量把关，并非事实认定。这样最后的结果就是，侦查机关认定的案件事实几乎都被法庭接受，侦查机关侦破的案件基本很少被法庭认定无罪。正如德国舒乃曼教授所描绘的那样："公开审理早已不是刑事程序真正的判断中枢了，它无非指望着花了费用走个过场对侦查程序中产生的结果再加渲染而已。用Wolter（沃尔德）的说法，

侦查程序是'刑事诉讼的核心和顶点'。"[1]侦查权由于自身调查取证、打击犯罪的特性决定了其对犯罪嫌疑人具有天然的侵权性。侦查案件期间,侦查人员难免带有先入为主的观念,更倾向于发现有罪证据,容易忽视无罪证据,犯罪调查与被调查者的自身保护必然形成激烈对抗,且侦查过程大部分是处于不公开的封闭状态,不利于案件事实的认定及犯罪嫌疑人权利的保护。"以侦查为中心"导致侦查权这一带有国家强制力的权力主导司法程序,在一定程度上缺乏有效的监督。这几年曝光的诸如湖北的佘祥林等案件就说明了这一点。因此,为保护诉讼参与者的合法权益,必须坚持"以审判为中心"的诉讼制度,侦查、起诉机关移送的证据、结论必须经过庭审程序后,才能作为裁判案件事实的依据。

二、刑事侦查制度改革的必要性

(一)"以审判为中心"诉讼制度改革的迫切要求

全面推进"以审判为中心"诉讼制度改革,对公安侦破刑事案件提出了更高的要求。"以审判为中心"意味着侦查阶段的所有活动都应该围绕审判进行,审判对侦查进行引导与监督,侦查所获取的证据最后必须接受审判的检验。也就是说,以往侦查主导刑事诉讼活动的诉讼形式将逐渐被审判主导刑事诉讼的诉讼形式所代替,侦查所进行的调查取证和案件的事实认定并不能保证犯罪嫌疑人被绳之以法,庭审阶段还必须对证据进行核查,对非法证据进行排除,才能对案件事实予以认定。因此,侦查机关在"以审判为中心"的诉讼制度下将受到更大的监督与制约,非法证据将被排除,刑讯逼供将被严惩,自认为

---

[1] [德]勃朗特·舒乃曼:《警察机关在现代刑事程序中的地位》,吕艳滨译,载《研究生法学》2000年第2期。

已经侦破的案件有可能被法庭驳回。著名的美国"辛普森杀妻案"就是因为侦查机关的程序违法造成查获的证据被法庭宣告无效,从而导致辛普森被无罪释放。即使所有人都认为辛普森的确有罪,但是因为侦办案件的警察不符合法律程序的行为,导致能够证明辛普森杀人的证据被法庭排除,从而无法认定其杀人,辛普森被判无罪。这样的情形不能在中国上演,而避免的方式就是要进行刑事侦查制度改革,以制度约束侦查。

合法行使侦查权和保障公民合法权益是司法改革的大势所趋。在依法治国的大环境下,我国公安机关只有改变观念,主动求变,变革内部机制,提高自身素质,通过科技化的手段不断提高破案技术、方法,才能跟得上"以审判为中心"诉讼制度改革的步伐,有效履行打击犯罪、维护社会长治久安的神圣职责,保护人民生命财产安全。

(二) 实现公正和效率价值目标的必然选择

公正与效率是司法改革追求的价值目标,两者是辩证统一的。公正是效率的目标,效率是公正的保障,两者地位相同,不可偏废。[1] 我国过往的侦查制度模式更注重打击犯罪,维护社会稳定,侦查机关面对犯罪嫌疑人时可以自如地开展侦查活动而不受限制,犯罪嫌疑人完全处于配合侦查的地位。侦查人员可以自由地采取各种侦查手段进行调查取证,这确实有助于降低办案成本,提高侦查效率。但是,某些侦查人员办案时经常带着"有罪推定"的思维,再配合不受约束的侦查权,这或许在短期内能震慑犯罪分子,维护社会稳定,但长此以往,将影响司法公正。

---

[1] 刘金华:《论诉讼公正与效率》,载《山西省政法管理干部学院学报》2005年第3期。

没有公正的效率是没有意义的，而追求公正就会对效率产生影响。"以审判为中心"诉讼制度改革强调提高审判的地位，让中立的法庭公正地进行审判，并监督侦查机关的侦查活动，这势必会制约侦查权。同时，赋予犯罪嫌疑人更多的辩护权，让专业的律师在侦查阶段介入，为犯罪嫌疑人辩护，这将延长侦破案件的周期并提高成本。

刑事侦查制度的改革让中立的法庭对侦查进行引导和监督。同时，通过加强公安专业化建设，构建全方位、多元化的治安防控体系，大力发展物证技术鉴定等刑事科学技术方式，提高公安机关侦破案件的能力，实现公正和效率的诉讼价值。

（三）适应时代发展和人民期待的必由之路

"依法治国，建设社会主义法治国家"于1999年被写入《宪法》，随后，"国家尊重和保障人权"于2004年也被写入《宪法》。经济的发展、时代的进步让国人的法治观念不断增强，人民群众越来越关注人权保障，越来越发现计划经济体制下建立起来的"重实体、轻程序""追求高破案率、忽视程序公正"的刑事侦查制度有诸多问题。刑事侦查活动中刑诉逼供、超期羁押、非法取证等行为让执法者权威大打折扣。陈旧的刑事侦查制度既然无法适应新的时代发展那就只能进行改革创新。

时代的发展、科技的进步为人民带来物质文明的同时也带来更多未知的风险，以往从未见过的高科技犯罪、高智商犯罪、网络犯罪、跨区域的团伙犯罪等新形式犯罪层出不穷。面对这些挑战，如果公安机关还是采用陈旧的方式来调查取证，将难以侦破案件，从而让罪犯逍遥法外。只有通过刑事侦查制度的改革，进行信息化建设，加强先进刑事科学技术的研发，备齐备全高科技设备，才能满足和适应新形势下刑事侦查的需要，进一步维护社会稳定和提升人民群众的满意度。

第二节　国外侦查模式的比较借鉴

一、英美法系国家的侦查模式

在许多国家当中，不论是官方还是民间，都可以进行侦查活动，采用的是双轨制，他们分别从属于公诉方和辩护方。检察官有权利要求有关侦查人员对相关案件情况进行分析调查，同时辩护方也能雇用相关人员对案情实际情况进行了解取证。具体来说，可分为以下几个方面：

第一，强调侦查机关与嫌疑人不存在谁服从谁的问题，鼓励在相互对抗中查清事实真相。侦查活动从两个方面展开，侦查机关的调查取证与嫌疑人的自证清白同时进行，地位平等，任何一方都有权各自独立收集证据，共同进行侦查活动。第二，禁止侦查机关单方面采取侦查手段，法官作为中立第三方介入侦查，对侦查权进行司法审查。英美法系国家是司法审查制度的开创者，建立了一套较为完善的司法审查制度。既然在侦查阶段，侦查机关与嫌疑人之间的地位是平等的，那么就没理由把实施限制或剥夺嫌疑人人身自由的强制措施的权力赋予侦查机关，引入法院这个中立的第三方以发布许可令状的形式批准各类强制措施的实施，这是审判"三角模式"在侦查阶段的运用，保证了侦查阶段的程序能够公平公正。第三，强化犯罪嫌疑人的诉讼能力和辩护权。英美法系国家的立法初衷是制约国家公权力，保护公民私权利，这是因为在强大的国家侦查机关面前犯罪嫌疑人处于先天的弱势，要真正构建平衡的诉讼结构，就要赋予嫌疑人更多对抗侦查的权利，如律师帮助权、沉默权、保释权等。

第一章 刑事侦查制度的改革

（一）英国的侦查模式

近代的警察制度起源于英国。在19世纪20年代末期，第一支警察队伍在伦敦走上历史舞台。直到今天，整个英国一共存在着52支警察队伍，内政部负责这些警察队伍的管理，他们有着自己的服装与标识，各自独立运行。

在英国，一切的刑事案件都由警方负责。20世纪80年代，英国开始颁布相关法律对警察所进行的一系列案件侦破工作进行规定，赋予警察进行案件调查取证的权力，同时又对其权限进行细致的规定，通过这一方式确保警察在行使权力的过程当中公平公正。在之后的20世纪末期，英国法律进一步规定：警察所实施的每一项案件处理都应该被记录在案，因为某一行为哪怕并不涉及诉讼过程中所提及的相关事宜，但其行为仍然可能对案件的侦查有着一定的帮助，所以要求每一位警察人员都做好相关记录。在侦查过程中，警方必须细致而全面地进行证据收集，对于其所收集到的证据，被告人也有权知晓。

英国有关法律要求针对与犯罪嫌疑人所进行的一系列审问都必须进行音像视频的录制，加强对侦查机关的有效制约，也促使警察的讯问笔录更容易被法庭所采纳，保证警察调查取证的合法性和讯问的可靠性。在警察讯问犯罪嫌疑人之前，英国法律规定了必须告知的两句话："你可以保持沉默，你可以不说话。"这就是法律赋予被告人的"沉默权"。但是，英国在1994年对有关沉默权的规定作了修改，规定警察在讯问犯罪嫌疑人之前，在说完"你可以保持沉默，你可以不说话"之后还要说："但是，当我们提出一些对你稍后出庭有帮助的问题时，如果你保持沉默，所提的问题将会在以后的法庭审理时作为证据，这

— 9 —

对你之后的辩护将会产生非常不利的影响。"[1] 这就在原有绝对的沉默权的基础上作了例外规定。

在英国，逮捕和拘留没有严格的划分，把嫌犯带回警察局就可以叫"逮捕"，一般逮捕分为无证逮捕和有证逮捕。在英国的侦查活动中，无证逮捕逐渐成为惯例，有证（令状）逮捕则需根据高等法官或治安法官签发的令状才能实施。在羁押审查方面，1984年《英国警察与刑事证据法》指出，个体在未被进行指控的情形下，不允许被羁押于警察局超过一天；负责羁押的警察局的警长或更高级别的警官有合理理由可以授权将其羁押至36小时，后应将被羁押人保释或无保释释放；如果认为需持续羁押可以向治安法院提供"继续羁押的令状"的申请，同时附上一份犯罪报告支持。该申请需在相关时间开始36小时期满前开庭听审，否则应在随后6小时内开庭听审。[2] 由此可见，英国的法律不仅对羁押程序做了严格限制，并且对于允许羁押情况下羁押的时间也有明确要求和详细规定。对于遵循判例法的国家实属难得，也表明了英国对于采取限制人身自由的强制措施的审慎态度。在非法羁押的司法救济方面，英国著名的人身保护令状制度不得不提。人身保护令是由古代英国"无令状无诉讼"的令状诉讼制度演变而来，是指被采取强制措施者因其合法权利被侵犯，向法官请求后颁发的特别令状文书，法院能够据此审查羁押的正当性。

（二）美国的侦查模式

英美两国虽同处一个法系，但在侦查模式的设置上有所不

---

[1] 徐秀红：《沉默权制度若干问题探析》，载《法制与经济（下旬）》2013年第5期。

[2] 马克：《我国刑事羁押制度的重构——从比较法角度分析》，载《河南司法警官职业学院学报》2008年第3期。

同。美国的侦查模式传承于英国,深受英国的影响。但美国结合自身的特点,有自己独特的设计和创新。

警察机关是主要的侦查机关,绝大多数刑事侦查由警方实施。美国的警察机构是典型的分散制,全国的几十万名警察分属于万余个相互独立的警察机构。这些警察机构分为联邦、州、县和市镇四个层次,各个层次之间没有隶属关系。

美国的检察官承担着一些特别重大的警察腐败、贪污、行贿受贿、白领犯罪以及在全国、全州范围内有影响的、民众特别关注的犯罪案件的侦查任务。对于疑难案件,检察官可以协助警察侦查。

大陪审团是比较特殊的,美国大陪审团在调查犯罪方面有一些特权,常常被用来调查一些特定类型的案件,如政治舞弊、敲诈勒索、贿赂或某些反托拉斯案件。在调查犯罪时,大陪审团可以不受宪法第四修正案的限制,自由传唤证人,调取商业文件、记录,提取物证。

私人侦探制度也是美国的一大特色。美国的私人侦探制度继承于英国,"起源于16世纪的'代理警务官'和'代理巡夜人',后经17、18世纪的发展,其规模日渐增大,涉及的范围也日益扩大"。[1]后因美国社会治安动荡,美国警察无能而获得了空前的发展,逐渐成为与警察并驾齐驱的一支侦查力量。

美国警方把对犯罪案件进行的刑事侦查分为初始侦查和后续侦查两个阶段。初始侦查是巡警的责任,主要进行控制嫌犯、采集证据、保护犯罪现场等操作。后续侦查是指进一步运用讯问及逮捕等强制措施。美国的检察官、法官、警察都被允许采

---

[1] 王鹰、潘舫:《英、美刑事侦查制度比较研究》,载《当代法学》2003年第4期。

取搜查扣押措施。逮捕则分为有证逮捕、重罪的无证逮捕、轻罪的无证逮捕。在美国，无证逮捕可由警察或私人进行，有证逮捕需依法官签署令状后方可执行。

在讯问方面，美国法律对此作了十分严格的规定，著名的"米兰达规则"是其中的代表。"米兰达规则"要求警察在实施逮捕后、进行讯问前必须先告知嫌犯："你有权保持沉默。你可以不回答任何问题，否则你的陈述将会成为对你不利的证据。你有权雇请律师为你辩护。如果你无钱雇请律师，我们将免费为你提供律师。"[1]在讯问开始前，犯罪嫌疑人若未被提示以上告知，则法庭将其所进行的陈述视为非法证据而不予采纳。近年来，众多学者开始对这项规则提出异议，认为其对警察办案造成很大约束，降低了办案效率。但沉默权使犯罪嫌疑人或被告人的诉讼地位得到增强，有助于防止无罪之人得到不公正的待遇（无罪推定），体现了对人权的尊重与保护。由于嫌疑人享有沉默权，侦查机关无法从口供上获得案件的证据，只能专注于提高侦查水平及发展刑事技术（物证技术鉴定等）。美国刑事技术跨越式发展并引领全球与"米兰达规则"的确立有很大的关系。

二、大陆法系国家的侦查模式

单轨制侦查模式的国家（如德国、法国、意大利等）一般都将侦查作为审判程序的奠基性活动，是官方为查明事实真相而进行的单方面调查行为。[2] 在这种模式下，侦查机关主导侦查全过程，犯罪嫌疑人属于被侦查对象，侦查程序主要是侦查

---

[1] 刘春鹏：《侦查讯问制度研究》，复旦大学2010年硕士学位论文。

[2] 参见何家弘编著：《外国犯罪侦查制度》，中国人民大学出版社1995年版，第26页。

机关为查清犯罪事实而设置的，主要目的是调查取证，查清犯罪事实，打击违法犯罪。所有负有侦查职能的国家机关，都要全面、细致地收集证明犯罪嫌疑人有罪或无罪，罪轻或罪重的证据，查明犯罪事实，确保司法公正。单轨制侦查模式的初衷更偏重追求侦查的效率，对于程序公正并未给予足够重视，侦查机关被赋予了较大的权力，犯罪嫌疑人有义务配合侦查机关的侦查活动，犯罪嫌疑人的诉讼权利受到限制。为了防止犯罪嫌疑人毁灭、伪造、隐匿证据或串供等妨碍侦查的活动，犯罪嫌疑人通常会被采取一定强制措施，如拘留、搜查、扣押等。19世纪以来，随着各国法律的相互借鉴与学习，大陆法系国家开始逐渐效仿英美法系国家，强化了对侦查权的监督、制约，加强了对犯罪嫌疑人权利的保障、救济，如沉默权规则的建立，律师介入侦查阶段为犯罪嫌疑人辩护等。这对我国侦查制度的改革很有借鉴意义。

（一）法国的侦查模式

法国的侦查主体包括司法警察、共和国检察官和预审法官。其中，预审法官侦查权最大，共和国检察官次之，司法警察最小。《法国刑事诉讼法典》规定："司法警官和司法警察受检察长的指挥与监督，共和国检察官享有法律授予司法警察的一切权利与特权，共和国检察官亲临现场时，司法警察即丧失对案件的权利，而预审法官到达现场时，共和国检察官即卸去职责。"据此可知，法国的警察在侦查期间是被法官和检察官领导和指挥的。除此之外，《法国刑事诉讼法典》为了加强检察官的领导权，还规定其"可以根据本辖区内的司法警察的工作情况作出评价，并且这种评价可以直接影响到该警察的职务晋升和相关的奖励，还能对其不当的行为向该警察的长官提出制裁该司法警察的建议"。[1] 这项规定从程序上设置了检察官凌驾于警察之上的权力，从而使得检察官在调查过程中的主体地位得到了充分的尊重和保障。正因为预审法官和共和国检察官对侦查的主导，使得法国的侦查主体普遍素质较高，侦查活动的效率很高。

法国将侦查活动分为两个阶段，即"初步侦查阶段和正式侦查阶段"。其中初步侦查阶段是指，在没有预审法官的领导下，由检察官指挥司法警察对发生的犯罪案件进行调查。司法警察在得知发生现行重罪时，应当迅速报告检察官，同时一定要在48小时之内开展初步的侦查工作，包括抢救伤者、现场勘查、初步询问、搜查、扣押，甚至拘留、逮捕等；司法警察在48小时内必须将初步阶段的结果以材料的方式移送检察院，向检察官作出报告，然后由检察官决定是否需要进行正式侦查。所谓正式侦查是指，检察官、司法警察在预审法官指挥下开展的侦查活动；预审法官在向司法警察、检察官以及犯罪嫌疑人了解犯罪案件情况以后，还必须对犯罪嫌疑人进行审讯，审讯内容一律记录在案。[2] 预审法官认为有需要，可委托司法警察针对特定问题展开调查。"预审法官在认为案情已经查明时，就可以决定结束预审，并提出预审裁定意见。预审结束后，预审法官应当将全部案卷送交检察官，检察官在接到案卷后3日内向预审法官提出自己的主张。当检察官提出的疑问全部得到解决时，案卷即被移送'起诉议事会'。经过预审法官的再次审

---

[1] [法] 卡斯东·斯特法尼等：《法国刑事诉讼法精义》，罗结珍译，中国政法大学出版社1999年版，第367~368页。

[2] 瞿丰：《法国侦查制度简论》，载《政法学刊》2001年第2期。

查，其认为没有问题时，侦查活动就宣告结束。"[1] 可以看出，在法国的侦查活动中，侦查主体的侦查权较为强大但又不失严谨，通过司法警察、检察官、预审法官的层层审查，侦查活动才能宣告结束。

（二）德国的侦查模式

在德国，侦查主体有预审法官、检察官和司法警察。检察官主导侦查，司法警察听从指挥，这被称为"检警一体化"模式。在侦查程序中，检察机关享有完全的侦查权和侦查指挥权，同时具有一定的监督权。德国学者认为，"当初构想出检察官的目的，自始乃责令其作为'法治国之栋梁'"。著名的检察官华格纳亦指出："检察官制之创设，乃催生法治国并克服警察国之明显指标。"[2] "德国刑事诉讼法赋予其从开始侦查的最初阶段到执行刑罚的最后阶段的主导地位。"[3] 很明显，德国法律将侦查权与控诉权合并，警察更多的是在检察官的指挥下进行侦查活动。如此设计有利于加强检警的相互配合，提高检察机关对司法警察的监督力度，提高侦查效率。

德国属于典型的"一步式"侦查模式国家。侦查活动虽然以检察官为主，但实际上其很少亲自进行侦查，具体的侦查工作交由司法警察进行。"在德国，有70%的案件侦破是警察独立完成的。"[4] 一些需要特殊知识和经验的案件由检察官和警察

---

[1] 瞿丰：《法国侦查制度简论》，载《政法学刊》2001年第2期。

[2] 参见林钰雄：《检察官论》，学林文化事业有限公司2000年版，第16~17页。

[3] ［德］托马斯·魏根特：《德国刑事诉讼程序》，岳礼玲、温小洁译，中国政法大学出版社2004年版，第37页。

[4] 中华人民共和国最高人民检察院外事局编：《中国与欧盟刑事司法制度比较研究》，中国检察出版社2005年版，第297页。

共同侦查，除此之外，检察机关极少亲自对案件进行侦查，更多的是对案件进行指导和监督。德国检察机关对侦查的监督从三个层次体现：一是在控制案件侦查的启动。《德国刑事诉讼法》规定："检察院可以根据实际需要开展侦查或指挥警察进行侦查，同时督促从事侦查的部门不得拖延，警察机关在侦查过程中，必须第一时间将案件材料移交检察机关。"在如此规定下，德国警察启动侦查程序是根据检察官的指示，相关立案资料应当交给检察官审查，即使面临紧急情况也不例外，检察机关由此掌握侦查启动监督权。二是侦查阶段，检察机关须约束侦查权，保障诉讼权。警察人员之从事侦查行为工作，大多因为受到检察机关的指示。警察机关采取的侦查措施要经过检察机关的允许，只有当情况危急之时，警察才可以实施部分有限的侦查措施，如暂时逮捕等，但也要及时报告警察机关。而且在3日之内必须报侦查法官确认，否则行为无效。三是检察机关把握着侦查终结及审查起诉的决定权。如《德国刑事诉讼法》第169条a规定："检察院考虑提起公诉时，应在卷宗中注明侦查已经终结。警察无权自行决定侦查终结（或者决定撤销案件），侦查终结之后，要向检察机关提交侦查报告……结案报告不包括法律分析，也没有对犯罪问题发表的意见，因为这是检察机关或者法院的责任，当然对证据的个人评价是必不可少的，但要保持克制。检察机关基于现实情况和法律规定，有权决定是否提起公诉和停止侦查。如此一来，警察在整个侦查环节受到检察机关的有效监督与控制。"[1] 可见，立法者的意图明显是让警察发挥其在侦查阶段的侦查技术与警力优势，让有专业

---

[1] 董邦俊：《侦查权行使与人权保障之平衡——德国侦查权制约机制之借鉴》，载《法学》2012年第6期。

技能的警察专心从事侦查工作，让具有专业法律知识和程序公正意识的检察官负责指导、监督。由于警察机关的职能就是发现犯罪，惩治罪犯，在刑事侦查过程中不可避免带入主观情绪，难以保持中立，检察机关对警察机关的指挥抑制了警察办案过程中的有罪推定，这就既保证警察机关有效地完成各项侦查工作，又防止警察违法行为的发生。由于警察机关是按照检察机关的要求进行证据收集和采取必要的强制措施，使侦查与起诉无缝对接，提高了诉讼效率。

德国法律为了打击犯罪、将犯罪之人绳之以法，规定警察机关在采取限制人身自由的侦查措施时拥有较大自由。警察机关通过及时、有效的强制措施，阻止犯罪嫌疑人逃脱法律的制裁，让证据得到更好的保护，防止其未来出现进一步违法犯罪行为，对刑事诉讼活动正常进行起到至关重要的作用。德国的学者认为，为了侦查的需要，国家权力可以在恰当的时机对公民的权益进行强制性干预，但法律必须明确规定范围、给予限制，并制定完善的救济制度以保证公民合法利益受到侵害时不会求助无门。因此，德国刑事诉讼法在赋予侦查机关强大的侦查权的同时，设置了侦查法官一职，让作为中立机构的审判机关来审查强制措施的正当性和合理性，并作出公正的裁判，以达到监督与制约公权力的目的，防止侦查权滥用，保障公民合法权益。

英美法系国家与大陆法系国家在刑事侦查制度的设计上有所不同，这是依据各自的文化和社会现实所进行的选择。随着全球政治、文化、经济等的合作与交流，两大法系通过相互学习、取长补短，在很多司法理念上将会形成共识。无论是双轨制侦查模式，还是单轨制侦查模式，都基本建立了审前羁押的司法审查机制、沉默权规则和律师帮助权、司法救济等。这些制度设计值得我们在刑事侦查制度改革过程中不断研究和参考借鉴。

第三节 我国刑事侦查制度的现状分析

一、我国刑事侦查制度的特点

（一）侦查地位特定性

我国法律赋予公安机关的刑事侦查权是刑事诉讼开始的钥匙，侦查主导了整个诉讼的走向和后续审判，在整个刑事诉讼中所起的作用甚至大于法院的审判。从立法意图和法律规定来看，侦查机关被赋予各类独占的权力。我国《刑事诉讼法》篇幅架构和具体条文内容都规定侦查作为刑事诉讼的起始环节，而且后续进展甚至要根据侦查情况进行相应调整。《刑事诉讼法》第3条第1款规定："对刑事案件的侦查、拘留、执行逮捕、预审，由公安机关负责。"第115条规定："公安机关对已经立案的刑事案件，应当进行侦查。"法律规定提纲挈领地明确了公安机关是刑事侦查的主体，独享刑事侦查权。侦查的目的是根据具体案情行使法律赋予的权力进行调查取证，进而查清犯罪事实。

（二）侦查主体特定性

根据《刑事诉讼法》规定，公安机关的职责是对刑事案件进行侦查、对犯罪嫌疑人采取强制措施拘留、对批准逮捕的执行逮捕等。检察机关等部门只对特定案件行使侦查权。在法律规定的范围内，公安机关单独拥有侦查权，其他任何机关、团体和个人不得干涉，这种独占侦查权的规定，决定了公安机关拥有强大的侦破案件能力，能够集中全部优势力量针对性打击，提高侦查效率。我国的侦查程序采取纠问式结构，侦查作为整个刑事诉讼的开始阶段，是公安机关为了查明真相而进行的单方面调查行为。在侦查过程中，公安机关是侦查主体，犯罪嫌疑人是侦查对象，有义务配合公安机关的搜查、讯问等调查取证活动，二者不是平等的关系。公安机关强势的主体地位有助于案件侦查有效快速开展，但有时也因为缺乏监督而出现非法羁押、刑讯逼供等侵犯嫌疑人合法权利的情况，可谓有利也有弊。

（三）侦查目的特定性

我国的侦查目的定位为收集与案件有关的证据和确定案件是否发生及犯罪嫌疑人是否作案，为打击犯罪、惩治犯罪创造条件。侦查是刑事诉讼过程中的一个相对独立的活动，有其明确的任务和目的。侦查机关要按照法定的程序调取、收集和审核各类证据，全面、及时和正确地查清犯罪事实。通过侦查活动，积极主动地同各类犯罪活动做斗争，进而达到预防和减少犯罪发生的目的。可见，侦查的目的更注重的是同犯罪做斗争，打击犯罪，而非证明犯罪嫌疑的有无，这就是侦查阶段奉行"有罪推定"还是"无罪推定"的根本区别。

二、刑事侦查制度的现状

我国刑事侦查制度设计更注重打击犯罪，发现事实证据，从而规定侦查机关享有广泛的侦查手段。在调查犯罪事实时，公安机关既有权采取讯问犯罪嫌疑人、询问证人、勘验、检查等侦查手段，又可以实施逮捕、拘留、查封、扣押等强制措施，必要时还可以启用监视、监控等秘密侦查措施。这些侦查手段和措施，除了逮捕需要经检察院批准之外，其余皆为公安机关根据案件侦查需要自行决定，基本靠公安系统内部的监督、自律，其外部监督有限。作为审判主体，人民法院在刑事侦查阶段所发挥的作用少之又少、微乎其微。法院既无权审查拘传、刑事拘留、监视居住等对公民人身权进行的强制措施，也无权审查扣押、冻结、搜查、技术侦查等对财产和其他权利的干预措施，对其他程序性侦查活动也无相应的同步监督权，这就导致刑事侦查过程游离于以审判为中心的刑事诉讼活动外。

从侦查环境来看，随着我国社会的进步和经济的快速发展，社会环境发生了深刻变化，社会治安出现一些新情况、新问题。受国内外反恐形势影响，防范暴力恐怖活动任务日趋繁重。由人民内部矛盾引发的不可预测性、不确定性群体性事件时有发生，滋生和诱发违法犯罪的消极因素增多。各类案件、事件高发，公安机关打击犯罪的难度越来越大。同时，随着人、财、物的大流动，新生社会组织、行业、场所蓬勃发展，信息采集方面产生一些隐患。

从侦查手段来看，我国侦查机关过于依赖口供证据，还局限在由犯罪嫌疑人的口供来获取破案证据的传统思维中，这是"由供到证"的取证模式。在这种模式下，侦查人员奉行"坦白从宽、抗拒从严"，犯罪嫌疑人有如实回答的义务。在破案的现实需要下，侦查人员往往通过各种手段获取犯罪嫌疑人的口供，并以此作为突破口，侦查手段相对简单。

从打击犯罪的角度来看，强大的侦查权对于复杂的侦查活动十分必要，再加上侦、诉、审三机关的相互配合，大大提高了揭露、打击犯罪的能力和效率。由于我国侦查、检察、审判机关十分强调相互配合和相互制约，一个案件经过三个阶段，前一个阶段的质量接受下一个阶段的检验，通过三个机关的反复审查，相互监督，能较大限度地预防和减少差错的出现，即使出现错误也能及时纠正。正因为如此，到了法庭审理阶段，较少出现案件难以认定的情况，在很大程度上解决了案件久拖不决、长期诉讼的问题。在长期的实践中，我们逐步构建起具有中国特色的刑事侦查制度，在维护国家政治稳定，保护人民群众生命财产安全和打击违法犯罪方面发挥了不可磨灭的作用。但是，随着我国司法改革加快推进，我国刑事侦查制度曾经的优势反而变成问题所在，缺陷逐步显现出来。

三、刑事侦查制度存在的问题

（一）侦查权相对强大

刑事侦查权是指国家法定的刑事侦查机关为实现有效打击犯罪的目的，依照法定程序，运用法定手段或措施进行侦查活动的权力。该权力以法律为基础，以国家强制力为保障，"具有强制性、主动性、独立性、排他性"。[1]

我国《刑事诉讼法》赋予公安机关强大的侦查权，在调查犯罪事实时，公安机关既有权采取讯问犯罪嫌疑人、询问证人、勘验、检查等侦查手段，又可以实施逮捕、拘留、查封、扣押等强制措施，必要时，还可以启用监视、监控等秘密侦查措施。这些侦查手段及措施，除了逮捕需要经检察院批准以外，其余的尤其是限制人身自由的强制措施只需公安机关根据案件调查情况自行审查决定，而且法定界限模糊、范围广泛，审批简单、条件低，期限长。实践中，在五类强制措施中，对人身限制相对轻的取保候审和监视居住适用较少，而刑事拘留、逮捕要对嫌疑人人身进行羁押的措施适用较多。拘留最短 3 天到最多可延长到 37 天，逮捕的羁押时间就更久了。超期羁押是对犯罪嫌疑人合法权利的侵犯，在这种情况下，犯罪嫌疑人即使自己并未犯罪常常也难以证明清白。

---

[1] 魏宁：《试论我国当前公安侦查制度的缺陷与完善》，西北大学 2011 年硕士学位论文。

(二) 有效的监督机制缺乏

我国法律赋予侦查机关强大侦查权的同时，却没有建立有效的监督机制。《刑事诉讼法》第 7 条规定："人民法院、人民检察院和公安机关进行刑事诉讼，应当分工负责，互相配合，互相制约，以保证准确有效地执行法律。"立法的初衷本是在追求效率的同时兼顾制衡，但从司法实践来看，我国侦查程序的"线型构造"虽然建立于侦检职能间的配合与协作层面之上，但通常这种配合与协作还是以侦查权为主线的。

虽然法律规定了检察机关可以对侦查活动进行监督，但是范围有限而且力度不足，检察机关对强制措施的审查仅局限于逮捕，而且对于侦查机关的违法行为只有纠正建议权，监督也都集中在事后，侦查过程中基本靠公安系统内部的监察及自律。因此，"在整个侦查活动中，法院既无权对那些涉及限制或剥夺公民人身自由的强制措施进行审查，并受理有关公民的申诉，也无权对一些涉及侵犯公民隐私权、财产权的侦查措施（如搜查、扣押、窃听等）发布许可令，更无权就侦查活动的程序事项进行同步审查。这使我国侦查活动完全脱离'诉讼'的轨道，具有强烈的职权主义色彩"。[1]

(三) 犯罪嫌疑人的权利保障不足

为了有效惩治犯罪，我国法律赋予侦查机关较为宽泛的使用侦查措施的权力，公安机关可以根据调查需要，自行对公民人身和财产适用广泛且宽松的手段和措施。相反，犯罪嫌疑人的辩护权受到限制，如《刑事诉讼法》第 120 条第 1 款规定："侦查人员在讯问犯罪嫌疑人的时候，应当首先讯问犯罪嫌疑人

---

[1] 郝宏奎主编：《侦查论坛》（第 1 卷），中国人民公安大学出版社 2002 年版，第 24 页。

是否有犯罪行为，让他陈述有罪的情节或者无罪的辩解，然后向他提出问题。犯罪嫌疑人对侦查人员的提问，应当如实回答。"虽然《刑事诉讼法》第 52 条规定了不能强迫任何人证明自己有罪，但如实回答的规定证实了我国刑事诉讼活动中的犯罪嫌疑人不享有沉默权，而且犯罪嫌疑人在面对公安机关调查取证时要配合侦查工作，是被侦查、被打击对象。在律师参与方面，虽然 2012 年修正的《刑事诉讼法》做出了大幅调整，不仅明文规定律师在绝大多数的侦查阶段都能够参与进来，无需侦查机关的审查，而且在法条用词和权利享有方面赋予了律师辩护人地位，即可以代为申诉、变更强制措施、提供无罪或罪轻的辩解，但律师在侦查阶段所起的作用依然有限，如侦查人员进行讯问等侦查活动时，律师并无在场权；律师不能调查取证；在侦查阶段无权查阅案卷；伪证罪也是悬在辩护人头上的"达摩克利斯之剑"。

总的来说，我国的刑事侦查制度设计更强调打击犯罪，发现犯罪事实，从而赋予侦查机关更广泛的侦查手段，这与国家文化与社会现实有关，在打击犯罪方面确实发挥巨大作用。但随着我国法治化进程的推进，侦查权过于强大，犯罪嫌疑人在侦查阶段力量弱小的缺陷开始显现出来，改革的呼声越来越高。通过借鉴当今世界两大法系侦查模式的运行经验，改革现有侦查制度，使之符合建设社会主义法治国家的要求刻不容缓。

第四节 我国刑事侦查制度的理论完善与实践探索

一、刑事侦查制度的理论完善

现代刑事诉讼制度建立在一项基本理论的假定基础上：将

国家惩治犯罪的活动纳入"诉讼"的轨道,使得诉讼每一阶段都存在控诉、辩论和司法审判三方相互制衡,从而实现刑事诉讼的程序正义,进而保证司法公正。"以审判为中心"首先需要厘清的是指控、辩论和审判三者间的关系,构建以审判为中心的由法官居中审判、控辩对抗的"庭审三角结构",接着将审判中心地位前移至侦查阶段,在侦查阶段构建侦查、辩护、司法审查审判的侦查三角结构,实现从"权力泛化"到"权力均衡"的转型。[1] 大陆法系与英美法系侦查模式的运行经验告诉我们,这种制度设计更符合现代法治理念和人权保障要求,有助于督促侦查机关的改革创新,我们应该因地制宜地加以借鉴。

(一)逐步确立审前司法审查制度

排除刑讯逼供和非法收集的证据这一规则的确立是我国《刑事诉讼法》的一大特色。根据相关规定,对不符合法定程序收集的物证、书证,只要可能严重影响司法公正的却不能补正乃至作出合理解释的,就应当坚决排除其证据主体资格。这是司法权在审判阶段对侦查权的监督与审查,是我国立法在司法审查方面迈出的第一步,说明司法审查在立法上已有所体现。但非法证据排除并不能事先、事中对刑事侦查工作进行监督,案件进入审判阶段后,犯罪嫌疑人的权益已经遭受侵犯,因此其对侦查工作的监督具有滞后性。只有确立审前的司法审查制度,才能及时保护犯罪嫌疑人的合法权益,实现打击犯罪和人权保障的双重效果。

我国现有的侦查模式是侦查机关无需经过法院审查,就可以通过内部审批采取所有的侦查手段,而且犯罪嫌疑人权益在

---

[1] 张可、陈刚:《审判中心视野下侦查程序的改革与完善》,载《河南社会科学》2016年第6期。

被侦查机关侵犯时无法向其他系统如法院寻求司法救济，仅能向公检机关申请复议或向上述单位的上级部门申诉，无异于"又做运动员又做裁判员"，这种模式明显存在弊端而实践也证明问题正在显现。有学者提倡由检察机关审查侦查机关，但笔者认为检察机关作为国家的公诉机关，其本身又具有对职务犯罪的侦查权，其无法作为中立的第三方对侦查权进行有效的监督、审查。因此，确立审前司法审查制度是我国进行以审判为中心的诉讼制度改革绕不过的坎，期望司法权不介入侦查而仅仅通过庭审就能完成公正的裁决是不现实、不科学的。两大法系各国历史演变、文化底蕴相去甚远却共同确立了审前司法审查制度，足以证明司法权对侦查权进行监督与控制对于现代刑事诉讼的重要性。鉴于相似之处诸多，我们可以借鉴大陆法系单轨制侦查模式做法，由法官以中立的第三方的身份介入侦查阶段，规定除紧急情况外，任何限制公民人身自由的强制措施必须由法官签发许可令后方可由侦查机关实施，且这些紧急情况必须由法官裁定合法性。

（二）不断加强检察机关对侦查的引导和监督

比较各国的刑事诉讼法律制度，除英国由于历史传统仍保留警察主导侦查的制度模式外，检察官主导侦查的模式是多数法治国家的选择。这种模式强调检察机关负有侦查的义务。在我国，法律赋予了检察机关监督法律实施的权力，也就是说，立法上直接确立了检察机关对侦查机关进行法律监督的权力。但这种法律监督权太过宏观，在司法实践中未进行全面细化，很大程度上阻碍了检察机关行使法律监督权，如何确保检察机关能够有效地行使监督权是司法制度改革的重大挑战。

"以审判为中心"的诉讼制度改革要求控辩平等对抗。这给公诉机关的工作带来很大的挑战。为保障公诉的顺利进行，检察机关既要与侦查机关相互配合，也更要强调监督，确保侦查活动有效地服务于审查起诉，提高案件办理质量。由于检察机关和公安机关各有所长，二者应该各司其职，发挥所长，相互配合，提高侦诉效率。因此，应着力发挥公安机关人力、专业、技术等方面的侦查优势，由检察机关拥有公诉与监督两项职能，更大地发挥法律理念和知识方面的优势。

在侦诉之间形成一种递进、过滤式的关系，核心内涵就是要确立公诉引导侦查制度。在检察机关对公安机关进行监督与引导的法律规定上，应当学习大陆法系国家在保障检察机关行使指挥、监督侦查权制度规定方面的经验，构建更加细化的配套制度来保障实施。首先，建立刑事案件通报制度，公安机关在对案件进行立案、撤销或者对犯罪嫌疑人采取限制人身自由的侦查手段时，应当及时通知检察机关。其次，赋予检察机关对侦查活动的启动和终止权。侦查开始阶段，侦查机关必须把立案调查的情况抄送检察机关，检察机关有权根据情况决定是否介入；侦查终结时，检察机关有权就案件调查情况做初步判断，决定起诉或者中止侦查。这样确保了检察机关对侦查全过程的引导与监督。最后，在立法上，为检察机关的引导与监督活动提供立法保障。法律应该赋予检察机关对违法侦查的处置权。检察机关发现侦查机关在侦查活动中有不合理、不合法的行为，可以口头警告或提出书面整改意见，若侦查机关拒不改正，可以提交中立的法官进行裁决；检察机关有权随时向侦查机关了解案件的进展情况，调阅案卷材料，并对公安机关提出的证据进行审查，若确认侦查活动违法，则可认定该侦查活动结果无效；侦查人员存在渎职行为，检察机关可以要求侦查机关更换承办人，侦查机关应进行配合，侦查机关有异议的，应向上一级检察机关申诉。同时赋予检察机关对侦查机关年终考核的权力也具有监督效力。

（三）切实保障律师在侦查阶段的诉讼权利

侦查活动中既要打击犯罪又要保障人权对侦查人员提出了很高的要求。查明真相、抓捕犯罪嫌疑人是侦查工作的首要目标。因此，侦查人员的职业习惯造成其潜意识里更倾向于寻找证明犯罪事实存在的证据，而在此时就需要另一种力量与之抗衡，来避免犯罪嫌疑人的合法权益受到来自侦查机关的侵犯。犯罪嫌疑人由于法律知识的缺乏，对如何保障自身权益并不了解，所以其诉讼权利很大程度上要依赖专业的律师来实现，因此这股力量的最佳代表就是职业律师。律师在侦查阶段的诉讼权利与犯罪嫌疑人侦查阶段的诉讼权利直接相关，律师对于侦查介入的深浅直接影响着犯罪嫌疑人在侦查阶段诉讼权利的保障程度。《刑事诉讼法》对律师在侦查阶段的权利已经做了明确规定，且正式确立了律师在侦查阶段"辩护人"地位。《刑事诉讼法》第34条第1款规定："犯罪嫌疑人自被侦查机关第一次讯问或者采取强制措施之日起，有权委托辩护人；在侦查期间，只能委托律师作为辩护人。被告人有权随时委托辩护人。"可见，刑事立法已经有针对性地扩大律师在侦查阶段的辩护权，刑事诉讼民主化进程更加深化。进步是可喜的，但与其他国家对于律师在侦查阶段诉讼权利所做的规定相比，我们还存在一定的差距。而以审判为中心的诉讼制度改革所追求的司法公正必须从侦查这一刑事诉讼程序的第一关展开，侦查阶段的公正需要辩护律师发挥足够的作用来保护犯罪嫌疑人的合法权益，律师权利对构建侦查阶段侦查、辩护、司法审查的侦查三角结构起着重要作用，因此，律师在侦查阶段的诉讼权利的扩大将成为刑事侦查制度改革的必然趋势。

首先，必须保证现有《刑事诉讼法》赋予律师的诉讼权利得到实施,如《刑事诉讼法》应该规定,除特殊情况外,律师会见权及秘密会见在实践中必须被严格执行,若侦查机关侵犯辩护律师应有的权利等同于对犯罪嫌疑人、被告人诉讼权利的侵犯,并将使得侦查阶段的证据在审判中处于不利地位,而无需靠律师进行无力的申诉。其次,赋予律师在场权,即犯罪嫌疑人在接受审讯调查时享有律师在场的权利。律师在场权可以对侦查机关进行监督并保护犯罪嫌疑人的权利,实质上是私权利对公权力的一种监督与制约,是当事人主义侦查模式下的重要权利,可以大大提高罪犯防御侦查权侵犯的能力,及时有效地保护犯罪嫌疑人、被告人的诉讼权利,实现约束侦查权、保障人权的刑事侦查制度改革目标。

(四) 确立沉默权规则

"在侦查阶段,犯罪嫌疑人在强大的侦查机关面前是天然的弱者,其权利最容易受到国家权力的侵犯,如果对犯罪嫌疑人不能赋予其必要的权利以武装自己,使之能够与代表政府一方的侦查机关去抗辩的话,犯罪嫌疑人将处于任人宰割的悲惨境地。"[1]因此,赋予犯罪嫌疑人在侦查阶段必要的诉讼权利以增强其自我保护能力是十分关键的。沉默权制度作为目前世界上公认的保障人权的刑事司法制度,是犯罪嫌疑人在侦查阶段保护自己,抗辩侦查权,行使辩护权的基础保障,也是防止刑讯逼供的有效手段。对此,我国在立法上虽然规定了犯罪嫌疑人、被告人可以不用自证其罪,但又要求犯罪嫌疑人对侦查人员的讯问要如实回答。有部分学者对沉默权有所顾虑,认为沉默权有碍侦查,给实施了犯罪行为的嫌疑人提供了保护,从而可能

---

[1] 侯德福:《论我国侦查制度的完善——以两大法系侦查模式的比较为视角》,载《法制与社会发展》2003年第3期。

导致真正的罪犯逃脱法律的制裁。沉默权规则对于刑事诉讼而言是不可或缺的，其对于嫌疑人、被告人权利保护是不可替代的。因此，我们不能为了打击犯罪而放任侦查权对个人权利的侵害，沉默权的确立有助于改变我国目前侦查机关过分依赖口供，强制或者变相强制被审讯者说出对自己不利的口供的现状。美国著名的"米兰达规则"确立后起到了良好的效果，警察的执法方式、侦查技能均得到了很大的改变，从而根除以往为调查证据不顾一切代价的陋习。这说明沉默权的确立既能够保障罪犯乃至每一个普通公民的合法权益免受公权力的侵害，而且可以迫使警察改变陈旧的执法观念，摆脱对口供的依赖，努力建立相互印证的证据链条，从而准确打击犯罪、保障人民权益免受犯罪的侵害。可见，沉默权规则正是解决我国侦查阶段"重实体、轻程序"这一不足的良方，也是现代刑事诉讼发展的大势所趋，是依法治国的重要途径。当然，我国的沉默权规则不能盲目地全面实施，而必须根据我国现有的法律制度及社会现实做一些限制性规定。

二、A省刑事侦查制度改革的实践探索

近几年来，为适应以审判为中心的刑事诉讼制度改革要求，公安部要求各地积极全面总结多年来刑侦工作积累的宝贵经验以及取得的创新成果，尽快适应当前刑侦工作新常态，探索如何建立打击犯罪新机制，提升侦破案件的能力和水平。A省公安机关在刑事侦查制度改革方面所做的一些创新情况，简要介绍如下。

（一）A省刑事侦查制度改革的要求

刑事侦查制度改革是新形势下提高刑侦打击效能的重要手段和途径，是综合警务改革的重要组成部分。A省公安厅通过总结各地市多年刑侦工作经验，结合省内刑侦工作实际情况，针对各地市开展刑侦工作提了三点要求：

1. 着力推进侦查专业化

各地市刑侦部门除技术、情报外，大体上按照命案、两抢、盗窃、诈骗等案件类别分工。各地市刑侦大队按照案件类别设置侦查专业队，技术专业队按照现场勘验和检验鉴定职能设置。人员以6人为1队，1队分成3组，各个队均按照专业分工定责，队长按副科级配备。哪里案件多任务重，哪里就设置专业队，警力根据实际案件需求分配。各队可安排倒班制（尤其是技术部门），随时保证警力在岗在位，及时受理突发案件。

2. 着力强化科技手段支撑

各地市要积极争取经费保障，进一步加强刑事技术队伍建设。A省的刑事技术队伍量少质弱且不稳定，各地市要下大力气加强这方面建设，缺人加人，缺装备给装备，并在政治、经济待遇上尽可能给予倾斜。分散在各警种的法医、文检等专业技术人员，要尽快整合、统筹使用。要按照公安部"年人均现场勘验或检验鉴定80~100起"的要求，加大人才招录、引进、培养力度，配齐配强刑事技术人员，优化刑技队伍结构。

3. 着力构建打击犯罪新机制

各地市要加强信息化平台建设，做好信息研判，以指挥情报中心为龙头，在侦查部门和派出所建立上下贯通、左右联动、灵敏高效的情报信息收集、传递、研判、评估、运行机制，力求对各类冒头的犯罪问题做到早预测、早发现、早应对，增强打击防范措施的预见性、针对性。各警种（部门）要增强全局意识和服务意识，确保发生重大案件特别是有广泛社会影响的案件时能够快速反应、同步上案，保证综合各种资源来协助办案人员侦破案件。要进一步完善省、市、县三级公安机关大案要案同步响应机制，规范跨省、跨境等区域刑侦协作机制，更大地提高工作效率。

(二) A 省各地公安机关刑事侦查工作的创新做法

1. B 市公安局刑侦机构设置创新

2012 年，B 市公安局根据 A 省刑侦改革工作会议精神，以科学发展观为指导，按照"科学用警、集约用警、做专警种、做强基层"的总体思路，对刑侦队伍的机构进行合理设置，配齐配强刑侦警力。按照省公安厅关于"刑事侦查大队实行 2 人一组搭档制，为基本勤务单元，一般以 3 组组成 1 个侦查（技术）专业队"的规定，结合 B 市实际，刑侦大队分别设置综合室和若干侦查专业队，具体为：综合室、案件审理队（分一队、二队）、情报信息队（分一队、二队）、严重罪案侦查队（分一队、二队、三队）、有组织犯罪侦查队（分一队、二队）、盗窃犯罪侦查队（分一队、二队）、两抢犯罪侦查队（分一队、二队）、盗抢机动车犯罪侦查队、街（路）面犯罪侦查队（分一队、二队）、诈骗犯罪侦查队（分一队、二队）、缉毒队。查破案任务不重的县级公安机关，可根据本地刑事发案特点，适当对上述侦查专业队进行合并设置。配备警力达到 12 人以上（含 12 人）的侦查专业队应按照省厅"6 人组成一个专业队"的规定，分设若干工作职能相同的专业队。

各县级公安机关应当设立刑事科学技术机构，统一称谓为"XX 市、县（区）公安局（分局）刑事科学技术室"，承担检验鉴定工作的对外加挂"XX 市、县（区）公安局（分局）物证鉴定室"的牌子，技术室均应达到公安部二级以上建设标准。县级公安机关刑侦大队技术员以 2 人为 1 组，一般以 3 组为 1 队，各队按专业分工定责。鉴于部分单位管辖地域大、社会治安复杂、刑事发案总量大，在科学设置刑侦大队侦查（技术）专业队的基础上，可因地制宜地设置若干案件侦查队，按系列命名。

2. C 市公安局"大刑侦"机制创新

2008 年以来，C 市公安局高度重视刑侦工作，积极探索"专业队伍对付专门犯罪"的刑侦专业化建设新路，作出进一步刑侦工作改革创新的决定，着力构建"大刑侦"机制，大力推进刑侦专业化建设，全面提升侦查技术水平，侦破案件能力逐年提高，其主要做法为：

（1）强化刑侦支队专业化建设。针对刑侦原有警力少、不办案、指导能力弱、指挥不得力的状况，出台《关于市区刑侦工作机制改革实施意见》，按照刑侦专业化要求，调整机构设置，明确职能定位，增加警力配备，配套综合保障，在刑侦支队内设重案、反黑、侵财、案审、技术、研判 6 个专业侦查大队，将打击锋芒直接对准市区命案和全市"有广泛社会影响的案件"，提高刑侦支队的核心攻坚能力。

（2）强化刑侦大队专业化建设。适应刑侦专业化发展趋势，从 2008 年起适时调整完善县级刑侦大队内设机构，将以块为主的责任区刑侦队改建为以条为主的专业侦查队，在治安复杂、人流量大的 6 个县（市、区）设立反黑、重案、侵财、缉毒等若干专业侦查中队，在其余警力较少的 6 个"小县"设立重案、侵财专业侦查中队，充分整合资源，集约用警，发挥专业队伍做专门事的"拳头效应"，打破原有责任区中队在侦查破案上的地域限制，突出刑事警情的专业分析研判和专业侦查手段的综合运用，形成一套"以专业对职业、以团队对团伙"的专业打击机制，极大地提升了对大案要案和侵财犯罪的破案效能。

（3）强化警种间的专业协作配合。进一步完善落实刑侦、刑技、技侦、网侦四位一体、共同办案的快速反应、联合作战模式，并从情报研判入手，整合警种间情报研判力量，建立市县两级刑事犯罪周研判分析制度，每周一晚由分管局领导牵头组织相关警种对上周刑事警情进行分析研判，依托指挥情报中心，抽调国保、交警、治安、刑侦、行动、网安等 7 个部门研判人员集中办公，组建市、县"大情报"研判中心，实行情报研判相关警种工作无缝对接、一体化运作，明显提升了对刑事案件的案前串并和案后扩线、实时分析、精确打击效能。

3. D 市公安局"三四五"刑侦工作机制创新

D 市公安局针对当前刑事犯罪的规律特点，着力构建统一指挥、反应灵敏、管理精细、规范高效、整体联动、无缝衔接的打击工作格局。

（1）创新"三层研判"工作模式。一是实时警情研判。以指挥情报中心为龙头，在侦查部门和派出所建立上下贯通、左右联动、灵敏高效的情报信息收集、传递、研判、评估、运用机制，在实战中探索了一套"四个一工作法"。即"每日进行一次警情上报、一次警情分析、一次警情研判、一次警情通报"，联通全市警务信息，整合全市警力资源，增强所、队互动协作。二是动态预警研判。组建由指挥情报中心、刑侦、治安、网安、经侦、交管、禁毒等部门参加的串并研判工作组，针对地区刑事案件的规律、特点进行归纳、分析，找出其规律，及时向各派出所及相关警种作出预警通报，以便采取有效的措施开展防范和打击工作，做到预防和打击的前瞻性。三是专业深度研判。引入信息化破案作业"流水线"工作思路，建立起"四位一体"研判体系。即情报信息队依托刑侦信息研判平台，大力开展网上作战，提供有针对性的侦查对策指导破案；侦查队对十类高发的侵财案件进行研判，有效开展串并案侦查；技术队结合现场的痕迹物证进行串并分析，认定犯罪；侦控队依托技侦和网侦工作点，开展综合研判、错位研判和深度研判。

(2) 创新"四级协作"工作格局。一是队内联动协作。建立搭档组之间、各侦查（技术）专业队之间的"两级"联动协作工作机制，搭档组之间每日召开一次工作例会，专业队之间每周召开一次联席会议，互相通报各自办理案件情况及犯罪的规律特点，共同研究打击措施。建立"每日刑事发案通报制"，将全市刑事发案情况通过手机短信发送给各单位领导，实时掌握全市刑事发案动态，加强对同类犯罪案件规律特点的分析研究和主动经营，展开重点打击工作，抢占打击犯罪的制高点。二是全局横向协作。进一步明确各警种、各部门办理刑事案件的权责和流程，进一步完善扁平化指挥决策、快速反应、"四侦联动"同步上案等机制，统筹侦查资源、落实破案责任，做到相关警种打击犯罪工作的无缝对接，确保合成作战成为提高打击犯罪效能新的增长点。三是上下纵向协作。加强与上级业务部门的联动协作，健全完善"有广泛社会影响"案件侦破处置工作支援响应机制，建立与 B 市市局、省厅有关业务部门的联动机制。

(3) 创新"五点对接"工作机制。一是在警力调度上无缝对接。以指挥情报中心为主导，建立"同步出警、同步勘查、同步侦查"的联动机制。派出所作为 110 警情的首发处置力量，在第一时间内赶到现场处置，先行组织开展巡逻堵截工作，力争抓获现行。侦查、技术专业队同步赶赴现场，迅速开展现场勘查、证据收集固定和调查访问，做到所队同步、快速反应、规范处置、密切协作。二是在分工协作上无缝对接。进一步明确侦查部门与派出所的职责，严格贯彻执行省厅《关于进一步规范刑事案件办理工作的若干规定（试行）》和市局《关于印发〈市县级公安机关刑侦专业化警务改革创新指导意见〉的通知》，建立健全所队案件移交机制，确保案件流转畅通，杜绝出现推诿扯皮现象。刑侦部门发挥打击犯罪主力军作用,"重拳"出击;派出所充分发挥快速反应优势,打好"快拳",共同保持打击犯罪力度。三是在信息传递上无缝对接。由指挥情报中心对全局的情报信息实行全方位、综合性管理,明确派出所民警信息采集、录入的职责和任务。每周召开一次信息研判例会,致力于主动型、进攻型、预警型的信息实战,提高情报信息研判水平。四是在打防互动上无缝对接。建立"三个互动"运作机制,即情报信息互通机制,做到事前打防互动;抓现行机制,做到事中打防互动;案件倒查机制,做到事后打防互动。五是在捆绑考核上无缝对接。推出了《派出所与刑侦大队工作目标捆绑考核办法》,派出所破案打击工作绩效主要考核辖区刑事报警数的现场抓获率、提供线索破获刑事案件数等方面,进一步完善了"以防促打、以打促防"的考核机制,使派出所、刑侦大队互相为侦查破案和管理防范提供有效支持,所队拧成一股绳,实现了"1+1>2"的打防工作效益。

4. E市公安局刑侦工作创新做法

近年来,E市公安局深入贯彻全省公安刑侦工作会议精神,进一步加强改革创新,以提升履职能力为核心,全面推进落实打击犯罪新机制,在刑侦工作改革方面做出了新的探索。

(1) 建立更加完善的机制。E市制定了《刑侦部门管辖案件级别分工规定》,明确市局、分局刑侦部门和派出所的案件分工。各分局刑侦大队按市局要求做好案件管辖分工、接处警、受理案件程序调整工作,抓好破案分工负责、所队协作配合、捆绑考评等工作机制落实,不折不扣地落实各项改革措施,分解细化省厅、市局破案打击工作指标,主动承担起分局70%以上的破案任务,完善落实年度综合考评和刑侦绩效考核方案,有序开展考核通报等工作,保障综合警务改革顺利推进,促进警务改革与刑侦专业化建设良性互动。

（2）警力配置予以倾斜。目前，E市的6个行政分局全部完成刑侦专业化建设，并达到省厅侦查警力占总警力25%的要求。水陆交通和机场分局也围绕刑侦专业化的要求，进行了警务机制调整。目前，全市刑侦警力679名，并逐年有所增加。

（3）科技强侦再上新台阶。切实加强刑事技术体系建设，按照现代化、智能化、科技化的标准抓好技术处实验楼的装修建设，按照全国先进、全省一流的标准抓好法医检验中心建设。强化现场勘验，刑事技术工作服务和破案打击能力进一步提升。

（4）信息警务扎实推进。抓好"标准化人员信息采集平台"（二期）建设，组织召开涉案人员信息采集推进会，全市涉案人员信息采集率由23%提升到61.1%。举办"SIM卡信息采集分析系统""图像侦缉系统"应用培训，组织全市刑侦信息研判骨干开展集中研判会战。

（5）组织保障得到强化。符合条件的分局副局长提升为正处级。符合条件的分局刑侦大队长进分局党委班子，在刑侦支队建立打击电信诈骗犯罪专业队，技术处升格为正处单位，市局、分局刑事技术部门统一称谓、加挂专业技术室牌子。文件明确规定，在现场勘验、侦查案件、缉捕案犯时，刑警对派出所民警有指挥权。

（三）A省刑事侦查工作改革展望

从上述A省及各地市公安刑侦改革创新的做法可以看出，A省公安机关刑侦改革从机构设置、警力部署、刑事技术、各警种协同作战等方面，初步形成了一套打击犯罪的新机制，在实践中提升了侦破案件的能力和水平。但A省公安机关在执法监督、公安法治建设等方面改革创新仍显不足，必须在下一步的刑侦改革工作中加以探索。

1. 加强执法信息化建设

在执法信息化建设方面，A省公安厅下一步须全面启用优化升级的新版执法办案系统，让"数据多跑路，民警少跑腿"，同时实现全警全网办案，按照"全省统一、强制入轨、规范作业、质量控制"的要求，统一建设接处警、执法办案、执法监督平台等信息系统，各系统之间无缝对接，真正实现网上执法办案、网上执法监督、网上绩效考核等功能，进一步提升规范执法的能力，提高执法办案的质量和效率。

（1）全省公安机关所有的执法办案必须在执法办案平台上运行，标准统一；警情、案件的生成，数据的采集均有固定的标准，数据的采集和录入有章可循；每一起报警警情自进入执法办案系统后对应唯一的警情号，流转到执法办案系统的警情号对应唯一的案件编号，在系统内部所有有查询权限的办案监督民警面前，公开透明，对警情和案件的查询和监督方便快捷。

（2）全省所有警情都必须录入接处警平台，实现实时准确掌握全省警情动态，从源头上解决迟报、漏报、瞒报及立案不实等问题。除案情涉及国家秘密外，所有案（事）件都必须进入执法办案系统运行，严禁"网外循环"，所有证据材料都必须扫描上网，数据网上录入、实时可查。

（3）根据法律法规和各类案件办理要求，制定全省统一的办案流程，把执法办案的具体要求细化体现在执法办案平台的各个流程之中，所有办案流程均可在办案系统贯彻实行；规范证据收集，对询问（讯问）笔录扫描上传系统、录音录像资料制作保存等进行规范，依照固定格式操作；建立健全执法档案制度，制定立卷规范，执法办案系统云平台存储，电子卷宗，纸质卷宗、电子卷宗并行，确保有档可查。

（4）民警必须按照流程办案，哪个环节不规范、不符合要求，就不可能流转到下一个流程；系统平台自动报警、法制部门执法考评、督察部门强制措施报备等功能，便于及时发现、警示、整改各类执法问题。

2. 建立与完善侦查取证监督制度

"以审判为中心"诉讼制度改革的提出，对刑事证据提出了更高要求，一切侦查阶段所取得的证据都要经过法庭质证，才能作为法庭审判的依据，非法证据将予以排除。目前，A省公安机关在查处案件期间，或多或少地不按照法定程序进行调查取证，或是侦查取证过程中出现遗漏，导致在移交审查起诉时，常出现证据不足退回补充侦查，或到法庭审理期间，发现案件的证据链条并未达到"案件事实清楚，证据确实、充分"的法定要求，这些最终都将导致案件因证据不足而中断或中止，真正的犯罪分子因此逃脱法律的制裁。为达到"以审判为中心"诉讼制度改革的要求，A省公安机关必须尽快建立起侦查取证监督制度，通过公安法制部门的审核把关和执法检查实现侦查阶段非法证据的发现和排除[1]。让侦查人员的取证过程时时刻刻受到监督核查，提高证据的质量。

3. 建立重大疑难案件邀请检察机关介入的工作机制

全国各地有部分省市的公安机关已经联合检察院制定了《重大疑难案件公安机关听取检察机关意见工作指引》，A省在这块工作上应该加快步伐，与省检察院共同商议，建立重大疑难案件公安机关听取检察机关意见工作机制。检察机关介入案件侦查，有两个方面的好处：一是重大复杂案件侦破难度很大，调查取证周期长、涉及面广，检察机关介入侦查可以对侦查机关提供专业的法律意见，从法律角度对案件进行分析，对证据

---

[1] 李玉华：《侦查制度改革实证研究》，载《中国刑事法杂志》2018年第6期。

的收集和法律的适用提出意见和建议、对非法证据提出排除建议、对瑕疵证据提出完善建议、对侦查取证的方向提出意见和建议,这样有助于案件侦破顺利开展,并且由于检察机关已对案件有了整体的了解,审查起诉阶段就相对顺利,避免重复侦查,提高效率;二是对侦查人员侦办案件进行法律监督,及时发现问题,保证案件侦查沿着合法的方向进行。检察机关对侦查活动的合法性进行法律监督,分工配合,对个案正义的实现意义重大。

对于检察机关如何介入侦查,笔者认为部分省市推行的双向启动机制十分合理。公安机关在侦查中发现属于需听取检察机关意见规定情形的,由侦查部门负责人建议、分管局领导决定提请检察机关派员介入;检察机关在工作中发现公安机关正在办理的案件属于规定情形的,启动介入侦查程序。还有一点需要明确,检察机关介入侦查工作一般为同级介入,应当遵行分工负责、相互配合、互相制约原则,坚持打击犯罪和保障人权并重,做到引导而不越位、监督而不代替,真正做到各司其职,共同推动侦查工作顺利进行。

4. 建立对案件最终处理结果的分析总结制度

在以往的诉讼过程中,经常是公安机关侦查阶段的结束就代表着案件的侦破,后面的审查起诉以及法庭审判就是走走过场,按部就班地完成诉讼程序,审判的结果就是依据公安机关的证据以及结案材料所作出的。如今,在刑事诉讼过程中,公安机关认为案件事实清楚、证据充分只是初步的判断,这一论断还要提请检察机关审查,检察机关认为符合起诉条件后方能起诉,而法院对于案件的审判才是最终权威的结论。因此,公安机关对侦查工作完成好坏的标准不再是破案,而应该是能否经得起法律的检验。

为促使侦查机关在获取证据、查清事实的侦查过程中以法庭审判的标准要求自己，A省公安厅应该制定对案件最终处理结果的分析总结制度。每个地市公安机关都应当出台相关规定，不能在刑事案件侦查结束以后就对案件侦办民警进行表彰立功，要求各地市公安机关刑事案件侦查人员树立侦查结案不等于破案的侦查理念，需要对案件处理结果进行分类梳理总结。应提倡办案民警在移交检察机关审查起诉之后继续了解侦办案件的后续进展，可采取的方式有：办案民警以个人身份到法庭观看庭审；针对案件被检察机构拒绝起诉或者起诉后被告被法庭无罪释放的情形，侦查机关应当开展自查自纠，探讨研究侦查工作中所暴露出的问题，找差距，补漏洞。

第二章
检察机关法律监督权的重塑

第一节　我国检察机关法律监督权的重构*

我国宪法把检察机关定位为国家法律监督机关,行使法律监督权。理论界却一直难以对我国检察机关的性质和检察机关法律监督权的性质与内容形成统一认识,争论不休。其争论点主要集中在检察机关是行政机关还是司法机关或二者兼而有之或是法律监督机关？检察机关的法律监督权与公诉权之间的关系如何？[1]

当今,由于国家监察体制改革的展开,检察机关内部的职务犯罪侦查职能被转隶于国家监察委员会,检察机关身处的人民代表大会制、一府两院制的政权组织形式已然变革,检察机关宪法语境下的"法律监督权"势必面临重构。但是,立法者如果无法对检察机关法律监督权的性质与内容形成明确且相对一致的认识,则无法在遵循法治理念和诉讼规律的基础上进行

---

* 原载《西南石油大学学报（社会科学版）》2018年第4期,与马浩洋合作。
〔1〕 参见万毅:《检察权若干基本理论问题研究——返回检察理论研究的始点》,载《政法论坛》2008年第3期。

科学构建。因此,厘清理论纷争的缘由,发现合理正当的理论基础,对检察机关法律监督权的重构具有指导意义。

一、检察机关职能与权力性质的偏离

(一)理论渊源:一元分立的国家权力结构

理论来源于对现实的认识,当学者对现实产生了不同的认识,基于不同的认识升华出的理论势必不同且难以调和。我国学者在认识检察机关时,有的学者是基于检察机关在宪制体系下的权力属性而展开认识的,有的学者是基于刑事诉讼法和检察院组织法赋予的检察机关的权能而展开认识的,然而我国的立法者在进行制度设计时给予检察机关的权力定位和赋予检察机关的权能却不相匹配,这既导致了实践的困境,也导致了理论认知的巨大鸿沟。

由于历史原因,我国检察制度的构建主要源自对苏联检察制度的模仿,支撑我国检察制度的基本理论是列宁的法律监督思想。列宁的法律监督思想主要包含如下几个方面:其一,社会主义国家的法治应当是统一的。其二,为了维护法治的统一,必须建立专门的法律监督机关,即检察机关,其职责是纠查违法现象,对抗地方影响,保障国家法治的统一。其三,检察权与行政权分开,检察机关独立行使职权。其四,为了保证检察权的行使,列宁主张检察机关实行自上而下的集中领导。[1]

我国宪法把检察机关定性为法律监督机关,将检察机关与其他国家机关作为行使不同国家权力的独立机关分别向全国人大负责,这一设定与列宁的法律监督思想是一致的。我们姑且不论列宁的法律监督思想是否符合主流政治哲学理论或是否适

---

[1] 孙谦主编:《检察理论研究综述(1979—1989)》,中国检察出版社1990年版,第30~31页。

应我国当前的政治与法治实际,但是其实然存在于我国的宪制之中,我们必须予以承认。在宪法上,我国检察机关权力的性质是法律监督权,检察机关享有的权力是一种不同于司法权、行政权的独立国家权力,检察机关组织形式和具体权能的设定应当与宪法规定相一致。支持"法律监督权论"的学者从宪法规范中得出此观点作为依据,确然不是一种谬误。

在国家宪制体系中,人民代表大会是权力机关,其他国家机关由它产生,对它负责。人民代表大会为了实现对其他国家机关的有效监督,设立了检察机关,由检察机关实现对其他机关的监督。这一宪法制度设计来自马克思主义的宪法理论。在马克思主义的宪法理论中,国家权力统一集中于代表人民意志的权力机关——人民代表大会。"为了弥补制约监督的不足,就需要在人民代表大会所享有的最高国家权力之下设立专司监督的法律监督权,并将该权能赋予某一机关,使其成为专门的法律监督机关。"[1]

(二)制度沿袭:传统欧陆模式的国家公诉机关

苏联在列宁法律监督思想的指引下赋予了检察机关与其在一元分立国家权力模式下相一致的法律监督权能。"根据苏联宪法和检察院组织法的有关规定,苏联检察机关的职权总体上包括以下几项:①监督苏联、各加盟共和国各主管机关及各地方政权机关的命令和决议是否与苏联宪法、政府的决议和命令相抵触;②监督苏联及加盟共和国审判机关适用法律是否与苏联立法相一致;③提起刑事追诉并在全苏联各级法院支持告诉;④依据特别法令监督联合国家政治保卫局、民警局及劳动改造

---

[1] 樊崇义主编:《检察制度原理》,法律出版社2009年版,第115页。

机关的活动是否符合宪法和法律。"[1] 由此可见，苏联的检察机关享有非常广泛的权力，其监督对象覆盖了国家社会的各个方面，被称为"一般监督"。无论其制度运行能否实现预期的有效监督国家权力的效果，但是其职能在形式上与其"法律监督机关"的宪法定位是相一致的。

然而，通过观察，我们发现规定于《中华人民共和国人民检察院组织法》（以下简称《人民检察院组织法》）中的我国检察机关的职权没有采纳苏联的"一般监督"模式。《人民检察院组织法》第20条规定："人民检察院行使下列职权：

（一）依照法律规定对有关刑事案件行使侦查权；

（二）对刑事案件进行审查，批准或者决定是否逮捕犯罪嫌疑人；

（三）对刑事案件进行审查，决定是否提起公诉，对决定提起公诉的案件支持公诉；

（四）依照法律规定提起公益诉讼；

（五）对诉讼活动实行法律监督；

（六）对判决、裁定等生效法律文书的执行工作实行法律监督；

（七）对监狱、看守所的执法活动实行法律监督；

（八）法律规定的其他职权。"

我国检察机关具有的职能可概括为国家追诉、职务犯罪侦查[2]和诉讼监督。其核心职能是追诉犯罪职能，其监督职能主要体现在对追诉犯罪活动中的国家行为进行监督和追诉职务犯罪。在与法院的关系上，我国刑事诉讼法规定了"相互制约"

---

[1] 朱孝清、张智辉主编：《检察学》，中国检察出版社2010年版，第77页。
[2] 国家监察体制改革之前。

第二章 检察机关法律监督权的重塑

的原则，而并非检察机关单向监督法院。一些学者认为检察机关的权利归属行政权或司法权，或二者兼而有之，于理论于事实皆有依据。由此，导致我国理论界对检察机关权力性质争论不断且似乎各有依据的原因就在于：我国宪法对检察机关权力性质的规定与法律对检察机关职能的设定是不一致的，检察机关的职能与性质发生了偏离位。

为了弥合这一冲突，两派学者试图解释"法律监督"这一缺乏明确含义的概念。支持"法律监督权"观点的学者们认为检察机关的公诉权实质上是一种法律监督权，检察机关的监督是国家法律监督体系中的一部分，其监督内容仅限于法律赋予的公诉和司法监督职权。[1] 我国宪制运行中实然存在权力监督的空白地带，依据一元分立的宪制理论，具体的权力监督职责应当由法律监督机关承担。但是这一解释无法满足理论与现实的需要。理论上，在监督关系中监督者的地位应当高于被监督者，将追诉权与司法监督权交由同一机关行使会破坏刑事诉讼活动的控辩平等构造。现实中，我国前期借鉴苏联模式，赋予检察机关广泛的法律监督职能，并没有实现对国家权力的有效监督。

反对"法律监督权"观点的学者认为检察机关享有的职权不属于法律监督。侦查权和公诉权实质是刑事诉讼中最一般、最普通的诉讼程序上的权力。为服务于公诉职能而产生的诉讼监督职能当然也不属于法律监督。其他和我国具有相似检察制度的国家都没有把公诉权称为"法律监督权"，我国也没有必要给公诉权戴上"法律监督权"的"帽子"。另外，为确保控辩

---

〔1〕 参见韩大元、刘松山：《论我国检察机关的宪法地位》，载《中国人民大学学报》2002年第5期。

平等，公诉机关不应当享有高于审判方和辩护方的其他监督权能。[1] 这一解释符合检察制度运行的实际和诉讼规律，但是显然违背了现行宪法规范。

可是如果我国的国家权力结构发生了改变，出现了其他国家机关作为法律监督机关，行使检察机关没有行使的法律监督权能，使得宪制体系中的法律监督环节完整，那么作为并存而非唯一的法律监督机关，检察机关可以不用行使全部的法律监督权能而作为法律监督机关之一存在。至于公诉权是否属于法律监督权？当制度设计能够同时满足理论和实际的需要时，概念解释为何不能够服从于现实需求？

（三）重构契机：监察体制改革带来的国家权力调整

在引文中已经提到，当前检察制度发展所面临的新形势就是国家监察体制改革，即国家监察委员会的设立。监察体制改革对检察机关的影响存在于三方面：其一，对检察机关的内部职能产生影响，检察机关职务犯罪侦查的职能被转移于监察委员会；其二，对检察机关的国家权力结构中的定位产生影响，监察委员会应该是宪法意义上的新的法律监督机关，检察机关成为宪法规定的国家法律监督机关之一，而非唯一，法律监督机关职能的空白被填补；其三，监察委员会和检察机关之间存在国家机关间的关系，需要在改革中予以设计。

把监察委员会定位于法律监督机关的依据在哪里？《宪法》第123条规定了监察委员会是国家的监察机关，"监察"一词含有对机关和工作人员进行考察监督的含义，把"监察权"放入一元分立的宪制体系中分析，由于该体系把对国家公权力实施

---

[1] 参见陈卫东：《我国检察权的反思与重构——以公诉权为核心的分析》，载《法学研究》2002年第2期。

监督的权力定义为法律监督权,所以其在理论上应当属于法律监督权的一部分。

其他法律监督机关的出现使得检察机关不需要在理论上承担法律监督机关的全部功能,检察机关从现实中自身无法肩负的重任中解脱出来,检察机关应该在此基础上对内部工作进行重新整合,强化一些职能,扩展一些职能。新的国家机关会对国家权力结构的稳定带来新的变量,检察机关需要在变量的平衡中发挥作用。

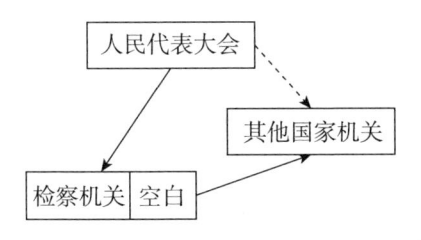

图 1 单一法律监督机关的一元分立模式

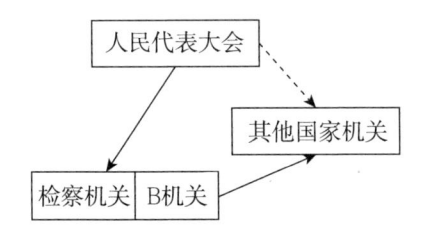

图 2 数个法律监督机关的一元分立模式

二、检察机关法律监督权的重构

新时代检察机关法律监督权的重构除了要遵循新时代的现状之外,也要与宪法规定相一致,同时由于其事关国家权力制度设计，所以必须遵循分权制衡的法治理念；由于其自身承担刑事诉讼职责，所以也不能违背审判中立、控辩平等等基本司法规律。

（一）依据宪法原则：定位于法律监督机关

我国宪法明确规定了检察机关是我国的法律监督机关。其在宪法地位上独立于其他国家机关，对人民代表大会负责。除非宪法对其性质进行修改，否则我们不能弃宪法赋予其的地位于不顾，大谈我国检察机关权力的行政权性质或司法权性质。因此在检察机关法律监督权的重构问题上，我们也不能直接消解其法律监督权并将其命名为公诉权，而必须在法律监督权的框架内予以重构。

检察机关法律监督机关地位的反对者们经常从该定位理论和现实的不一致和公诉权与其他法律监督职权的冲突来进行批评。[1] 诚然，我国没有建立起苏联式的"大检察权"模式，[2] 检察机关以公诉和侦查为主的职能确实无法充分体现其宪法中唯一的国家专门法律监督机关这一地位。但是当形势发生变化，检察机关由"唯一"变成"之一"时，这一批评就无法立足了。现实中检察机关作为公诉机关的诉讼监督权能确实存在破坏审判中立、控辩平等的可能性，但是这并非审判中立、控辩平等被破坏的根本原因，也不是除非剥离上述职权否则就无法消弭的原因。一些大陆法系国家把公诉部门设置在法院内部，然而其刑事指控与审判中立并未因此受到影响。由此可见，审

---

〔1〕 参见陈卫东：《我国检察权的反思与重构——以公诉权为核心的分析》，载《法学研究》2002年第2期。

〔2〕 孙谦主编：《人民检察制度的历史变迁》，中国检察出版社2009年版，第239~243页。

判中立、控辩平等被破坏的根本原因绝不在于检察机关的法律监督机关地位。有学者以反对赋予公诉方对审判机关审判活动的作用力在性质上不属于控诉权的监督权为理由，来反对检察机关的法律监督机关性质[1]。我国目前语境下的"审判独立"意味着任何国家监督权都不能干预审判者对案件的独立审判。在现代政治文明的语境下，法律监督本身就不能包括非审判机关对审判行为的监督。

有学者强调我国检察机关的公诉权与大陆法系检察机关的公诉权在本质上没有差异，没有必要冠以"法律监督权"的帽子，但这种理由并不能够得出公诉权不可以成为法律监督权的结论。而公诉权属于法律监督权的一部分是我国宪制语境下的现实，当找不出其他理由来推翻这一现实时，我们为何不沿着这一现实继续进行制度构建？综上所述，在宪法规定的框架内对检察机关的法律监督权进行重构是可行的。

(二) 遵循法治精神：与监察机关相互制约

法治的核心要义是通过对公权力的约束来实现人民主权和对人权的保护与尊重。大陆法系最初创设现代检察官制度，其目的就在于约束国家的行政权和司法权，通过检察官独立行使起诉权和引导侦查活动来避免纠问制模式下的法官专权擅断和警察在侦查活动中滥施权威，以此来保障普通公民的权利在刑事诉讼活动中不会被国家肆意侵害。[2] 列宁的国家法律监督思想也体现了对公权力的警惕与防范。

---

[1] 参见陈卫东：《我国检察权的反思与重构——以公诉权为核心的分析》，载《法学研究》2002 年第 2 期。

[2] 参见万毅：《检察权若干基本理论问题研究——返回检察理论研究的始点》，载《政法论坛》2008 年第 3 期。

监察委员会是单向监督其他国家公权力的国家机关,其拥有非常广泛的监督对象和非常严厉的监督手段,必须受到足够有效的监督制约。有学者在论及如何对监察委员会进行监督时提出了自我监督、人大监督、社会监督和司法监督的监督方式。[1] 然而以上四种监督方式都难以实现即时有效的监督,人大监督太远、社会监督太弱、司法监督太滞后,我们更无法将信任给予基于公权力的以道德为支撑的自我监督,因此监察机关必须接受来自其他国家机关的有效的外在监督。

笔者认为将这一任务交由检察机关行使最为合适。首先,检察机关是宪法意义上的国家法律监督机关,赋予其监督其他国家机关的职权是符合其宪法地位的;其次,检察机关由于长期从事追诉犯罪的国家任务,具备就其他机关或其工作人员的行为展开监督与调查的能力。检察机关对监察机关的监督,除了在监察机关移交的职务犯罪案件审查起诉活动中对不符合起诉要求的案件独立作出不起诉决定等刑事侦查(调查)监督之外,还应当有权直接对监察机关工作人员的涉嫌违法或犯罪的行为启动调查或侦查。把职务犯罪侦查权交由两个不同的法律监督机关行使会增加反贪反渎工作的人员成本和管理成本,甚至可能会造成两大机关间通过行使对对方职务犯罪的立案侦查权而展开相互斗争,但是笔者认为这是为了防范权力过度集中而出现难以控制的危险的必要成本。对其他国家机关及其工作人员的法律监督权在现实运作中是一种异常强大的国家权力,稍有不慎就会凌驾于其他权力之上,如果其权力的行使者存在野心,便可以通过对其他权力行使者的吞噬达到控制其他权力

---

[1] 参见马怀德:《国家监察体制改革的重要意义和主要任务》,载《国家行政学院学报》2016年第6期。

的目的,所以设置两个能够相互监督的法律监督机关是避免法律监督权膨胀的一个有效手段。我国的政治制度史中早有为维护皇权而设置两个可以相互监督的监察机关的先例,当今全国人民代表大会通过设置两个可以相互监督的法律监督机关,使得其下设的国家机构权力之间能够保持平衡,实现对国家权力的有效控制,保障人民主权,保护人权。

(三) 反映司法规律:以公诉职能为核心

以前反对检察机关法律监督机关性质的观点的偏颇之处在于无视宪法的规定和否定公诉权属于法律监督权,而坚持"法律监督权"说的学者容易犯的错误却是忽视了公诉职能是检察机关核心职能的现实,在制度构造的设想中容易脱离公诉职能,违背司法规律,有破坏控审结构的风险。

为什么强调以公诉职能为核心?首先,事实上检察机关的核心职能就是国家追诉,宪法上的检察机关行使的不是全面的法律监督权,而是以国家追诉为核心的法律监督权;其次,如果不强调以公诉职能为核心,就可能导致其他权能干扰公诉权的正当行使,而公诉权的正当行使对于保护人权的重要意义已无须赘述。

一些原本属于检察机关的职能不应当继续存在,例如审前羁押的批准权。因为审前羁押实际上是对人身自由的实体处分,而在诉讼程序中只有审判机关可以对当事人的权利作出实体处分,如此规定已然违背了诉讼规律。作为法律监督机关的检察机关可以拥有一些公诉之外的且不违背诉讼规律的法律监督职能,但是这些职能不能够影响公诉方在诉讼构造中的应有地位,应当由检察院内部的非公诉部门去承担。

为了保障公诉权不被检察院的其他权能所影响,更是为了保障公诉权的行使不会被其他国家机关干预,应当建立保障检察官独立行使公诉权的机制。在检察官独立行使公诉权的改革上，有学者建议要改革单纯的行政管理方式，推进以"主诉检察官"为重点的检察官制度以及办案制度改革，对检察官和检察业务实行分类管理，逐渐赋予检察官在诉讼法上的独立地位。[1] 虽然提出此改革方案的作者站在检察机关是司法机关的立场上提出，但是笔者不予反对，当检察机关参与到诉讼活动中，其参与诉讼活动的部门设置和运作就应当符合司法规律。

此外，应当加深对公诉活动外延的理解，公诉活动应当不仅仅是国家追诉犯罪而展开的诉讼活动，其他损害国家利益或社会公共利益的违法行为也应当是可以被提起公诉的对象，其典型是就环境侵权提起的公益诉讼和就行政违法和不作为提起的行政公益诉讼。普通公民提起的上述诉讼常常会面临立案难、取证难、胜诉难的困境，而由于检察机关具备不被行政机关干预的优势地位，拥有法定的证据调查权和诉讼方面的专业优势，所以由检察机关参与公益诉讼更有利于保护社会被侵害的法益。[2]

---

[1] 参见龙宗智：《论检察权的性质与检察机关的改革》，载《法学》1999年第10期。

[2] 参见李艳芳、吴凯杰：《论检察机关在环境公益诉讼中的角色与定位——兼评最高人民检察院〈检察机关提起公益诉讼改革试点方案〉》，载《中国人民大学学报》2016年第2期。

第二节　司法改革背景下检察权的优化配置*

一、检察权优化配置是新时代司法改革的必然要求

（一）检察权的内涵

在我国现代司法语境中，"检察"一词特指"国家法律监督机关（检察院）依法定程序进行的法律监督活动。"[1] 首先，检察仅指检察机关行使检察职权的活动。正如审判专指审判机关依法行使审判权审理案件的活动，检察活动是由检察机关所主导进行的。其次，检察活动必须在法制框架下进行。作为国家法制统一的捍卫者，检察机关也必须在法制框架下行使职权，而不具有超越国家法制的特权，否则将使国家权力运行、社会秩序陷入混乱。再次，检察活动的进行是为了维护国家和社会公益。尽管检察制度设立之初是为了代理国王，维护国王利益，但在民主共和理念深入人心的今天，检察早已成为维护国家和社会公益的制度，而不再是专门为少数人服务的工具。最后，检察活动具有较强的监督性质。

检察权是由国家法律所赋予检察机关的旨在监督司法活动、维护国家法制统一的各项职权的总称。虽然不同国家的检察权独立性程度存在着差异性，但检察权都是国家法律赋予检察机关的一项重要权力，由国家强制力保障其正常运行。在实行捕诉一体制度的国家，检察机关有权对警察进行指挥、审查，其

---

* 与肖筱合作，有改动。

[1] 中国社会科学院语言研究所词典编辑室编：《现代汉语词典》（第6版），商务印书馆2012年版，第665页。

中即包含对侦查机关进行监督的功能；在实行捕诉分立制度的国家，尽管检察机关不直接介入侦查活动，但也存在一些制约、监督机制，如不起诉权的行使本身就是对侦查活动的监督。在审判环节，检察官在公诉之外的另一个重要职责就是监督法官。

检察权具有专属性，检察权是宪法和法律赋予检察机关的专门权力。检察权是一种专属权力，其行使主体为检察机关。除检察机关外，其他任何机关无权行使检察权。[1] 审判权奉行"不告不理"原则，具有消极性，而检察权无论是在对司法工作人员职务犯罪案件的侦查活动中还是对刑事犯罪审查起诉等活动中都要求积极主动行使，具有主动性。[2]

需要明确的是，并非检察机关所享有的全部权力都属于检察权，而应当将检察院司法行政事务管理权与检察权区分开。检察权仅指检察机关为履行职责办理案件所必需的权力。首先，检察权只能由检察机关行使。正如审判权是专属于审判机关的权力，检察权也只能由检察机关专门行使，而不属于其他机关。其次，宪法确认检察机关依法行使检察权的独立地位，不受其他主体的干涉。检察权作为维护国家、社会公益、打击犯罪的专门权力，在行使过程中需要一定程度的独立性保障，否则，可能会遭到行政权的侵蚀而丧失应有的独立性，沦为侵犯国家、社会及公民个人权益的工具。最后，检察权并非单一权力，而是一项以公诉权为核心，同时包含侦查权、诉讼监督权等多项职权的复合型权力束。而检察院司法行政事务管理权是指对检察活动进行管理的权力，包括对行使检察职权的活动进行管理

---

[1] 张智辉主编：《检察权优化配置研究》，中国检察出版社 2014 年版，第 25~26 页。

[2] 石少侠：《检察权要论》，中国检察出版社 2006 年版，第 11 页。

的权力、对检察人员进行管理的权力、对检察机关的经费进行管理的权力。[1]

(二)司法改革背景下检察权优化配置的重要意义

司法改革是指通过对司法机关组织结构、司法制度等内容进行改革,以实现优化配置司法职权、保障人民权益和国家利益的目的。自党的十八大以来,我国司法改革逐渐深入开展。2013年,党的十八届三中全会提出,要推进法治中国建设,健全司法权力运行机制。[2] 2014年10月23日,党的十八届四中全会提出,要进一步推动检察权的完善,让司法职权配置更为优化,将检察院司法行政事务管理权与检察权相分离,同时探索建立公益诉讼制度。[3] 2017年,党的十九大报告明确提出,要深化司法体制改革,全面落实司法责任制。自新一轮司法改革以来,庭审实质化逐步推进,认罪认罚从宽制度覆盖范围扩大,审判机关、检察机关的人事组织更为合理,审判权、检察权的运行也朝着科学化、高效化的方向迈进,我国司法领域有了崭新变化。在司法改革这一大背景下,对检察权进行优化配置具有重要意义:

一方面,有利于检察权内部职权的协调运作。我国检察制度建立以来,检察权就在不断探索中发展。过去关于检察制度是否有必要设立就曾引发讨论,甚至在实践中也曾有过取消检察机关而将检察职权并入公安机关的做法。需要探索检察院司法行政事务管理权与检察权相分离的制度,对检察权的具体职权进行区分。司法改革提出"以审判为中心",对检察机关审查

---

[1] 张智辉:《论司法职权内部配置的优化》,载《法学家》2019年第4期。
[2] 参见《中共中央关于全面深化改革若干重大问题的决定》。
[3] 参见《中共中央关于全面推进依法治国若干重大问题的决定》。

起诉等职权提出了新的要求。[1] 同时,当前随着监察机关的设立,检察机关的自侦权大部分转隶至监察机关,学界和实务界产生了对于检察权被削弱的担忧。因此,有必要对检察权的内部职权进行重新优化配置。

另一方面,有利于司法职权的协调运行。司法改革要求健全侦查权、检察权、审判权、执行权相互配合、制约机制,检察权作为唯一贯穿刑事诉讼全过程的国家权力,承担着承上启下的作用,同时检察权所具有的监督性质也要求对司法活动中的其他权力进行监督。因此,有必要优化司法职权配置,从而让我国司法体制运行更为协调、高效。

此外,有利于健全与监察权的衔接机制和制约机制,完善具有中国特色的权力监督制度。检察权和监察权都是我国权力监督体系中的一部分,监察权的设立为检察权带来了优化改革的契机,有利于检察机关充分发挥以公诉权为核心的法律监督权能,使检察权回归诉讼职能本位。

(三) 司法改革对检察权优化配置的具体要求

1. 完善检察权自身的配置

司法改革要求将检察院司法行政事务管理权与检察权相分离,从而避免行政事务干扰检察权的正常运行。对于检察权本身来说,则需要健全以公诉权为核心的检察权内部职权体系,尤其是在检察机关的自侦权转隶之后,完善公诉权是检察权回归司法属性的一项重要举措。

司法改革要求完善检察机关的监督权行使,加强对司法活动的监督。检察机关的法律监督要贯彻到司法活动的每一个环

---

[1] 参见《中共中央关于全面推进依法治国若干重大问题的决定》。

节，检察机关除了可以自行提起民事公益诉讼、行政公益诉讼外，还要加强对民事、行政诉讼的监督。在刑事诉讼中，也要进一步加强对侦查活动、审判活动和执行活动的监督。

2. 优化司法职权的配置

建立、健全检察机关对侦查机关技术侦查的监督机制，保证对司法工作人员职务犯罪案件证据的有效固定。与公安机关侦查权相同，检察机关可以自行实施讯问、询问等专门调查手段，还可以采取拘传、取保候审等强制措施。根据我国《刑事诉讼法》第150条，检察机关可以采取技术侦查措施，但只能交由有关机关执行，其自身无法进行技术侦查。检察机关自侦案件所涉对象均为司法工作人员，较一般犯罪而言，行为人犯罪手段较隐蔽、反侦察意识较强，技术侦查、秘密侦查手段对于破案具有重要作用，但在检察机关自身无法直接进行技术侦查的情况下，难以有效调动侦查力量从而高效收集相关证据。因此，有必要赋予检察机关一定的监督权，建立技术侦查报告制度，以对有权实施技术侦查措施的侦查机关进行监督。

加强检察机关与审判机关在认罪认罚从宽制度中的分工与合作。在适用认罪认罚从宽制度的案件中，检察机关应当发挥审前阶段的主导作用，在庭审阶段，审判机关也应加强对检察机关量刑建议的审查，防止刑事被追诉人的权利被不当侵害。而在普通案件中，检察机关要对庭审活动加强监督，尤其要对审判人员利用职权实施的犯罪行为进行监督。

3. 健全与监察权的衔接机制和制约机制

2018年监察委员会正式设立，我国《宪法》《刑事诉讼法》也随之进行了一系列修改。将检察机关原有的职务犯罪侦查权大部分转隶至监察机关，检察机关仅能就司法工作人员滥用职权等职务犯罪进行侦查。根据《刑事诉讼法》第19条，人民检察院有权对司法工作人员涉嫌职务犯罪行为进行侦查。

过去反贪、反渎部门是检察机关的强势业务部门,具有极大的影响力,以至于有学者提出这种"自侦中心主义"严重阻碍了检察机关的其他职能发展。检察机关自侦权的限缩及监察权的设立无疑将造成"对传统权力运行模式的巨大冲击以及对传统检察理论的彻底革新"[1],在保障检察权行使的手段偏柔性的现状下,检察机关的诉讼监督职能可能面临进一步软化的问题。将职务犯罪侦查权剥离,总体上来说并不会对检察机关的职能产生颠覆性的影响,反而有利于检察机关充分发挥以公诉权为核心的法律监督权能,使检察权回归诉讼职能本位。

二、检察权配置的现状分析

(一)我国检察权的本质属性

检察权的性质,即检察权作为一项国家权力,与行政权、审判权等权力在本质上有何区别,在国家权力结构中应当被置于何种地位。在研究检察权性质的目的上,国内外存在着不同取向,在讨论原点上存在较大差异。域外关于检察权性质的讨论,主要是为了解决检察官的独立性保障问题,[2] 通过确定检察权的本质属性,来探讨是否需要以及从何种程度上赋予检察官以职务保障。而我国学者们对检察权本质属性的讨论大多是为了解决检察机关性质及相应职能配置问题。但无论东西方国家讨论检察权性质这一问题的目的有何差异,问题的原点都是检察权的根本属性。

---

[1] 张郡轩:《破与立:侦查转隶之后我国检察权的重构研究》,载《上海公安学院学报》2019年第5期,第79页。

[2] 万毅:《一个尚未完成的机关——底限正义视野下的检察制度》,中国检察出版社2008年版,第24页。

第二章　检察机关法律监督权的重塑

立法上，我国检察权具有下列属性：

第一，检察权具有法律监督属性。从检察权与审判权、行政权的关系来看，法律监督权不仅是检察权的实然定位，也是检察权的应然定位。检察制度设立之初就带有制衡、监督行政权、审判权的目的。根据我国《宪法》，我国权力机关享有监督权，但权力机关的宪法监督范围广泛，难以深入法律实施的各个方面进行监督，因此需要建立一个专门的法律监督机关，在权力机关的领导下对法律实施过程中的违法犯罪行为进行监督。可以说法律监督权这一定位，是在检察权的功能视野下，从检察权与侦查权、审判权之间的关系层面对检察权作出的判断。

与国家权力机关的普遍监督不同，检察机关仅能就法律实施中的违法犯罪行为予以监督。检察机关的各项具体职能都体现着法律监督的性质。首先，诉讼监督权是法律监督的核心内容。诉讼监督是指在诉讼的全过程中，检察机关可以针对侦查机关、审判机关等的违法行为提出建议或纠正意见。[1] 根据我国《人民检察院组织法》，人民检察院行使监督职权的范围包括诉讼、执行以及监狱、看守所的执法活动。可见检察机关的法律监督向前延伸至侦查阶段，向后延伸至执行阶段，贯穿于刑事诉讼整个过程。其次，检察机关自侦权转隶之前，可以对国家工作人员涉嫌职务犯罪的案件进行立案侦查。过去检察机关的自侦权被认为具有监督国家工作人员的作用，监察体制改革后，这一权力的行使范围大大限缩，仅能就司法工作人员滥用职权等职务犯罪进行侦查。但是，检察机关并未丧失全部的自侦权，只是监督重心集中于司法工作人员，这一转变反而有利于检察机关自侦权的精细化运行，从而更有效地对法律实施予

---

[1] 朱孝清、张智辉主编：《检察学》，中国检察出版社2010年版，第327页。

以监督。再次，检察机关通过审查侦查机关的逮捕申请，作出批准或不予批准的决定。最后，公诉权本身也具有监督性质，例如通过对侦查机关移送的案件进行审查，检察机关可以对侦查活动进行监督。

第二，检察权具有司法属性。检察权的法律监督权定位并不当然排斥其司法属性，正因为检察权本身不只是公诉权这一单一权力，而是多项权能集合成的权力束，所以检察权的本质属性应该从多种维度予以讨论。将检察权定位为法律监督权，只能解决检察机关在我国权力结构中的功能定位，而无法解决检察权能否独立行使以及如何独立行使的问题，故应当赋予检察权司法属性，使司法改革实践与立法相适应。

司法权不等于审判权，而是审判权与检察权的结合。从检察权的起源及运行角度来看，检察权自司法权中分化而来，却又无往不在行政权的枷锁之中。支持检察权属于行政权的学者，通常以司法权的特征为大前提进行论证，然而其往往将审判权与司法权混为一谈，用检察权与审判权的特征进行比对，必然得出二者特征不同的结论。并且，检察权不符合司法权的特征，是否必然得出其为行政权的结论也存在疑问，这种非此即彼的绝对化理念存在着逻辑悖论。将司法权从审判权的桎梏中解放出来，承认检察权与审判权共同构成司法权，对于正确认识我国司法体制及检察权本质属性具有重要意义。

检察权的职能配置也表明其具有司法属性。我国检察机关有独立的办公场所，并未附设于审判机关，检察人员的人事也独立于行政机关，由人民代表大会进行选举或任免。可见检察机关在机构、人员等方面都具有较高的独立性，而非附设于行政机关或审判机关。公诉权作为检察权的核心职权，其性质影响着检察权的本质属性。公诉权具有较强的司法性，主要体现在检察官需要依据法律法规，对案件的事实、证据进行审查并作出判断，尤其是在起诉便宜主义逐渐得到强化的今天，检察官作出的不起诉决定可以产生终止刑事诉讼的法律效果，与法官裁判权的作用极为类似。过去侦查权被认为是检察权行政性的体现，因其需要检察机关上下一体、整合检察资源以集中打击犯罪。但自监察体制改革以来，检察机关的侦查权行使范围大大限缩，故检察权的行政性也进一步被削弱，司法性更为凸显。

此外，承认检察权的司法性有利于检察权的独立行使。我国《宪法》及《刑事诉讼法》均保障检察权独立行使。承认检察权的司法属性，则有利于赋予人民检察院、检察官以人民法院、法官同等的职务保障和福利待遇，从而保障检察权运行中的独立性。此外，名正才能言顺，言顺方能事成。从法律上认可检察权的司法性，与我国当下的司法改革路径相契合，可以为司法改革实践披上合法的外衣、指引改革大方向，从而推动司法责任制、员额检察官制度等改革措施顺利进行。

因此，对检察权的本质属性作复合式理解较为适宜，无论是法律监督权还是司法权，二者并不是非此即彼的关系，而是对检察权这一国家权力不同层面上的理解。也即在国家权力结构中，检察权的本质属性为法律监督权；而在检察机关的独立性层面，应当承认检察权的司法属性。

我国法律以明文规定的方式确认我国人民检察院是国家的法律监督机关，同时我国《刑事诉讼法》第8条也明确了人民检察院在刑事诉讼中进行法律监督。但这是否意味着检察权的本质属性就必然是法律监督权？实践与立法在对检察权及检察机关的性质这一问题上存在一定程度的差异。尽管我国法律没有明文规定检察权为司法权，但从近年来发布的有关司法改革的文件中可以看到，检察机关通常与审判机关合称为"司法机关"，检察人员与审判人员合称为"司法人员"。例如在提到司法机关管理体制改革时，就将法院、检察院并列提出，审判权和检察权要与司法行政事务管理权相区分。而在规定司法人员的职责时，也将检察官与法官统称为司法人员。[1] 从以上规定中可以得知，虽然我国法律未明确检察机关的司法机关地位，也未规定检察权的本质属性，但在以上各具体文件中检察机关通常被称为"司法机关"，检察官被称为"司法人员"，可以说检察权的司法属性在实务中已得到了承认。

（二）我国检察权在权力配置中存在的问题分析

1. 检察权自身运行中存在的问题

（1）检察机关的自侦权适用范围限缩。检察机关的自侦权是检察机关对于特定类型的案件进行侦查的权力。《刑事诉讼法》第 19 条规定了公安机关负责侦查刑事案件，表明刑事案件最重要的侦查主体即为公安机关。人民检察院在刑事案件中的侦查范围仅限司法工作人员利用职权实施的特定犯罪。可见刑事诉讼中侦查权主要由公安机关行使，检察机关仅能就特定类型的犯罪立案侦查。

（2）检察机关的批准和决定逮捕权制约不足。审查逮捕制度大致有司法审查、检察审查两种模式。在域外，无论是英美法系国家还是大陆法系国家，大多采取司法审查模式，即由法院审查并签发逮捕令。根据我国《宪法》第 37 条，经检察机关批准或者决定是对公民实施逮捕的前置性条件之一。可以说检察机关的批准和决定逮捕权在宪法中得到了确认。我国基于检察监督的理论建立了社会主义检察制度，负责审查和批准逮捕

---

[1] 参见《保护司法人员依法履行法定职责规定》。

的机关为检察机关而非法院。有学者据此提出,我国刑事诉讼应当将审查、批准逮捕的权力交由法院行使,否则,在捕诉一体化程度加深的今天,检察机关的权力本就向侦查阶段深入扩张,若再由其审查批捕,将产生检察机关滥用权力的风险。

事实上,由检察机关进行审查批捕符合我国检察监督这一制度的内核,也是我国的司法实践现状所要求的。与西方国家不同,我国采取的是人民代表大会领导下的"一府一委两院"体制,法院与权力机关之间并非相互制约而是由后者监督前者的关系;检察机关也不隶属于行政机关,而是独立的国家机关,是宪法确认的法律监督机关,通过审查批捕可以对侦查机关的侦查活动进行一定程度上的监督,以达到法律监督目的。[1] 故在西方国家由法院审查批捕以对行政权掣肘的设计,在我国并不具有相同的制度基础,由检察机关进行审查、批准逮捕具有合理性。

根据最高人民检察院于2019年公布的《人民检察院刑事诉讼规则》,同一检察官或检察官办案组的行动将贯穿同一案件始终,这在一定程度上有利于检察官对案件的深入研究,但也可能导致其在审查逮捕时产生先入为主的印象,而在后续的审查起诉等阶段难以改变既有印象,从而作出不符合客观事实的决定,侵犯刑事被追诉人的合法权益。并且,我国法律仅赋予检察机关以独立行使检察权的地位,检察官作为具体行使检察权的主体却并不具有独立性。在这样的司法实践下,部分检察官难以抵御来自行政机关或者上级领导的干涉,从而作出违背司法公正的逮捕决定,造成非法羁押等侵犯公民人身权利的严重

---

[1] 胡琪:《以审判为中心视角下的审查起诉程序问题研究》,河北大学2018年硕士学位论文。

（3）检察机关公益诉权在民事、刑事案件中运行不畅。公益诉讼制度的建立赋予了检察机关以公益诉权。过去检察机关仅能对刑事犯罪提起公诉，2017 年通过对《中华人民共和国民事诉讼法》《中华人民共和国行政诉讼法》进行修正，明确了检察机关有权以公益诉讼起诉人身份提起公益诉讼。但是，在民事公益诉讼领域，检察机关提起民事公益诉讼的前置条件中没有考虑行政机关的介入情况，可能会引起对行政权的僭越问题；在行政公益诉讼领域，《中华人民共和国行政诉讼法》第 25 条规定，检察机关提起行政公益诉讼的前提条件之一是向相关行政机关提出检察建议后，该行政机关未依法履行。但对于行政机关"不依法履行职责"的评定存在着标准不一的问题，举证责任的分配方式还需要进一步完善。

2. 检察权与侦查权关系中存在的问题

从外部关系看，检察权与侦查权、审判权共同构成了我国刑事诉讼中的三大权力关系，分别代表着侦查、审查并提起公诉、审判三个阶段。我国《宪法》及《刑事诉讼法》确立了在刑事诉讼中，公安司法机关分工负责、互相配合、互相制约的原则。但是在立法及实践中，公安司法机关之间的互相配合及制约方面还存在一定漏洞。另外，监察委员会的成立也使得检察权与监察权之间的关系成为亟待讨论的问题。

当前我国检察权与侦查权的关系还存在一些需要改进之处，在分工基础上的互相配合还不够深入，互相制约还未能落到实处。例如检察机关审查批捕在一定程度上对公安机关的侦查活动起到了制约作用，但在审查批捕之外，检察机关是不能参与公安机关的其他活动的;[1] 尽管提前介入制度的展开在一定程度上加深了检警合作,但是该制度的具体实施还缺乏相关法律规定。

(1) 检察机关与公安机关配合有余、制约不足。学界关于"捕诉合一"还是"捕诉分立"的争论一直未停歇过。在实行"捕诉合一"的国家,大多采取检察机关领导或者监督警察的模式,由检察机关主导侦查活动。我国虽未实行"捕诉合一",但近年来的司法改革实践中有加深检警关系的趋势,例如过去检察权对侦查权的监督主要体现在审查批捕等方面,属于事后监督,而提前介入制度的引入深化了检察机关在侦查活动中的监督作用,是提升我国刑事诉讼效率及司法公正的有力举措。提前介入制度的引入,有助于形成检警合力,检察监督权得到强化。[2] 过去我国刑事诉讼呈现侦查中心主义的特点,即侦查机关对刑事诉讼程序及结果有着最为重要的影响。在"以审判为中心"的司法改革背景下,对于庭审实质化的要求日渐明确,同时证据在审判中的作用更为凸显,[3] 因此有必要对侦查机关的侦查活动进行一定制约。当前,我国缺乏专门的法律法规对检察机关提前介入制度作出详细规定,仅有零星的地方检察机关制定了相应的工作办法,导致各地标准不一,难以确定何种情况下应当由检察机关提前介入;同时,检察机关提前介入的具体流程以及检察官对警察的指令具有何种效力在立法上还未

---

[1] 胡玉霞、胡晓涛:《推动我国"警检配合制约"发展的有效对策——基于刑事诉讼视角的分析》,载《中共山西省委党校学报》2020年第2期。

[2] 齐利民、赵东源、闻冬梅:《检察机关提前介入侦查制度的研究》,载《吉林广播电视大学学报》2019年第12期。

[3] 胡引富、王飞、周梅:《检察机关提前介入侦查问题研究》,载《人民检察》2018年第4期。

得到明确。

此外，在强制性侦查措施方面，检察机关仅能通过审查批准的方式进行监督，而无法对公安机关的拘留、扣押、查封、冻结等强制性侦查措施进行监督，除逮捕外的强制性措施都可以由公安机关自行决定并执行。检察机关在自侦案件中所采取的强制性侦查措施均由其自行决定，缺乏其他国家机关对检察机关的制约机制。

（2）检察机关的不起诉权与公安机关的侦查权制约机制不完善。我国《刑事诉讼法》规定，检察机关可以根据案件事实及证据作出不起诉决定。不起诉制度对于审前案件分流具有重要作用，可以使审判机关集中资源审理疑难、复杂、社会影响重大的案件，促进庭审实质化改革的顺利进行。但是在司法实践中，经公安机关侦查并提交审查起诉的案件绝大部分都能得到起诉。据学者研究，2013—2016年我国起诉率均保持在94%以上，酌定不起诉率平均为3.5%左右，法定、存疑不诉率均保持在2%以下。[1] 高起诉率的背后是检察不起诉权的低频率使用，一方面由于近年来侦查技术手段不断发展、侦查人员素质不断提高，移送审查起诉的案件质量较高；另一方面也是由于检警之间未形成良性的互动关系。检察机关在对侦查活动的监督中，具体监督的范围有限，当前提前介入制度的出台在一定程度上加强了检察机关的监督职能，但具有强制性的监督手段只有审查批捕；同时，侦查机关移送审查起诉的案件，都是经过侦查机关筛选认为符合起诉条件的案件，检察机关审查空间

---

〔1〕 参见冯志恒：《从酌定不起诉的发展审视检警关系的演变》，载黄河主编：《深化依法治国实践背景下的检察权运行——第十四届国家高级检察官论坛论文集》，中国检察出版社2018年版，第399~400页。

本就不大。对于部分经检察机关审查符合不起诉条件的案件,往往通过退回侦查机关处理来避免作出不起诉决定。

（3）检察机关对公安机关法律监督柔性有余、刚性不足。检察机关与侦查机关之间配合有余、制约不足还体现在检察机关的法律监督手段多为建议、通知,而没有直接决定权。例如《刑事诉讼法》第95条规定,刑事被追诉人被逮捕后,人民检察院仍然有审查羁押的必要性。当检察机关审查发现不需要对刑事被追诉人继续羁押时,只能通过提出检察建议的方式予以纠正,无权自行决定解除或变更强制措施,并且刑事被追诉人处于公安机关控制下,检察机关的这种"建议"是否能够产生作用以及能够产生多大的作用恐怕都要打上问号。在检察机关对公安机关的制约措施缺乏强制性的情况下,检察监督难以产生实质性效果,互相制约难以落到实处。

3. 检察权与审判权关系中存在的问题

审判机关、检察机关之间同样需要在分工负责的基础上实现良性衔接,从我国立法及司法实践来看,二者也存在着配合有余、制约不足的问题。

（1）认罪认罚从宽制度中检察机关裁量权的制约机制不健全。自我国认罪认罚从宽制度施行以来,检察机关在审前阶段的主导作用愈渐凸显,2020年认罪认罚从宽制度的适用率已高达85%。[1] 认罪认罚从宽制度并非美国"辩诉交易"制度的中国版,而是具有中国特色的以量刑协商方式给予刑事被追诉人从宽处罚的制度,是我国"宽严相济"的刑事政策的具体体现。检察机关与犯罪嫌疑人之间可以就量刑进行协商,提起公诉时

---

[1] 2021年《最高人民检察院工作报告》:全年认罪认罚从宽制度适用率超过85%。

须提出量刑建议。适用认罪认罚从宽制度的案件一般庭审时间较短,法官经询问确认被告人认罪认罚的自愿性后即可作出判决。对于采用认罪认罚从宽制度的案件,法庭审判过程相对简单,有的案件甚至可以在 3 分钟内完成审理,这样固然可以提升诉讼效率、节省诉讼资源,但也带来了检察机关裁量权边界难以确定、被告人权利难以得到保障等问题。由此,审判权对检察权的制约存在一定的漏洞。

（2）审判阶段检察机关的诉讼监督不到位。尽管我国刑事诉讼并未采取当事人主义的诉讼构造,但毫无疑问检察机关也是其中的参与者。一些否认检察权法律监督地位的学者认为,目前对检察机关的制约机制还不完善,因而难以真正发挥检察监督作用。这一观点具有一定的合理性。我们赋予检察权以监督职权的初衷是好的,但检察权的行使者实际上是检察官,而检察官并非冷漠的法律机器,某些检察官在公诉过程中并不总是能置自身利益于度外,可能为了追求有罪判决而侵犯被告人的权益,诉讼监督自然也难以得到落实。

4. 检察权与监察权关系中存在的问题

（1）检察机关与监察机关在司法工作人员职务犯罪案件中管辖竞合。在对司法工作人员职务犯罪案件的侦查方面,检察权与监察权存在着管辖上的竞合问题。《中华人民共和国监察法》（以下简称《监察法》）规定,公职人员职务犯罪一般以监察机关调查为主,但对于司法工作人员的某些职务犯罪,检察机关同样可以行使侦查权。在《关于加强和完善监察执法与刑事司法衔接机制的意见（试行）》这一文件中,尽管对检察机关有权管辖的 14 个罪名进行了明确,监察机关仍然对涉嫌这些罪名的案件享有管辖权,由此产生如何协调管辖的问题。

（2）检察机关与监察机关在刑事诉讼程序中衔接不畅。监察机关与检察机关在刑事诉讼程序的衔接中,监察机关移送的证据是否具有刑事诉讼法意义上的证据效力,检察机关能否直接作为证据使用还存在一定的疑问。另外,监察机关提出的从宽建议具有何种效力,即该从宽建议对于检察机关而言是否具有强制性,这些都是需要解决的问题。

三、检察权配置的完善

(一)检察权自身配置的完善

检察权的平稳运行离不开对检察权内部职能的合理配置。总的来说,检察权内部职能的合理配置需要遵循以下原则:

第一,有利于符合司法公正的原则。检察权与审判权都是我国司法权的重要组成部分,我国宪法赋予检察机关的法律监督定位也是为了实现司法公正的终极目标。在刑事诉讼中,只有检察机关的活动贯穿刑事诉讼整个过程,向前延伸至侦查阶段、向后延伸至审判阶段,因而检察权的正常运行对于司法公正的实现也具有重要作用。

第二,有利于符合提升司法效率、节省司法资源的原则。司法效率的提升有利于公平正义的实现。检察机关对案件的处理虽然不具有终局性效力,但检察权运行的效率提升对于司法效率提升具有积极意义。无论是自行侦查还是审查批捕、审查起诉,检察权的高效运行是刑事诉讼程序顺利进行的重要前提。

1.检察权的司法化改造

当前我国司法实践中,检察机关与审判机关被共同作为"司法机关"对待,并且从检察权的法律监督权能来看,都需要确认检察权的司法属性。对检察权进行司法化改造,可以为当前我国司法实践中的检察权能司法化倾向正名,同时也有利于在理论方面为未来检察权改革道路指引方向。

规范公诉裁量权,拓展检察裁量空间。与审判权类似,检察权的行使也离不开检察官的裁量。当前我国采取以"起诉法定主义"为主、"起诉便宜主义"为辅的公诉模式,在司法改革背景下,"起诉便宜主义"仍然具有扩大使用的空间。2018年《刑事诉讼法》新增特别不起诉规定。由此,我国建立起了多样化的不起诉制度,为检察裁量权的行使提供了制度基础。但也应注意到,提升检察官综合素质,赋予检察官以相应权限,给予其充分的独立性保障,是规范检察裁量权行使的重要前提。探索实行听证程序,对于检察机关作出不起诉决定的案件,通过召开有犯罪嫌疑人、被害人等多方参与的听证会,充分听取多方意见,规范不起诉权的行使。

保障检察权独立行使,以提升检察权中立性。司法权以司法理性作为自身行为准则,保障检察机关以及检察官自身的独立性,有利于检察机关、检察官在司法理性之下正确运用司法权,而不被其他非理性行为所控制。[1] 公诉制度原本是维护社会公益的同时保障被告人合法权益的良好制度,但是部分检察官为追求定罪率而侵犯被告人权益,由此产生刑事错案。因此,要从制度上保证检察权的独立运行,需要从实践中保障具体行使检察权的检察官履职独立性,建立科学的考核机制及完善的职务保障。

对检察权进行司法化改造,需要健全检察机关批准和决定逮捕权的审查机制。《宪法》《刑事诉讼法》赋予检察机关批准和决定逮捕公民的权力,检察机关在行使这项权力时,应当以审慎态度进行审查,避免对刑事被追诉人权利的不当侵害。当前,一些西方国家采取司法审查逮捕必要性的做法,但这缺乏

---

[1] 谢佑平等:《中国检察监督的政治性与司法性研究》,中国检察出版社2010年版,第361页。

立法规定，且不符合我国司法实践。我国可以考虑对检察机关批准和审查逮捕进行司法化改造，让检察官得以独立对审查批捕事项作出决定。同时，还可以探索不起诉或非法证据排除案件的听证制度，根据案件类型分别依职权和依申请启动，充分听取刑事被追诉人及其辩护人的意见，保障刑事被追诉人的合法权益。

2. 充分发挥检察权的法律监督作用

一方面，完善检察机关在侦查活动中的监督制度。除审查、批准逮捕外，可以将侦查机关执行的拘留等人身性质的强制性措施审查权交由检察机关行使，拓宽检察机关司法审查范围，限制侦查机关对刑事被追诉人人身权利的随意侵犯，防止侦查机关对强制性措施的滥用。此外，还需要完善检察机关提前介入侦查的案件种类、介入时间、介入方式以及检察官意见的效力等方面内容，从而保障检察机关有效介入，建立良性互动的检警关系。

另一方面，完善检察机关自身的监督制度。检察机关的法律监督权能贯穿于刑事诉讼全过程，[1] 对于其自身的监督也应作为充分发挥法律监督作用的前提。只有建立起一支高素质、专业化、精英化的检察队伍，自身保持廉洁性、专业化，才能使被监督对象信服，从而更好地履行监督职能。当前对于检察权的内部和外部监督还缺乏完善的制度构建。例如检察机关自侦权行使过程中的违法行为，只能由检察机关内部的侦查监督部门或者公诉部门进行监督，这种不完善的内部监督制度往往难以发挥应有的作用，反而成为人情庇护的工具。因此，应当

---

[1] 陈光中：《刑事诉讼中检察权的合理配置》，载《人民检察》2005年第13期。

完善检察机关内部监督制度，打造高效运行的检察系统，从而更好地为法律监督服务。

3. 完善公益诉讼制度的配套措施

完善民事公益诉讼制度。需要对检察机关提起民事公益诉讼的前置条件进行明确，即在相关行政机关已经有效介入的情况下，无需再通过检察院提起民事公益诉讼。同时，在环境公益诉讼方面，要对民事公益诉讼和行政公益诉讼进行区分，应首先对有违法行为或是不作为的行政机关进行监督，而不要径直越过行政机关对相关主体提起诉讼。

完善行政公益诉讼制度。对"不履行职责"的判定，检察机关应当站在客观立场上，充分结合行政机关的行为与结果进行判断，即该行政机关不仅要有履职的行动，也要有履职的效果，否则可能导致敷衍塞责情况的发生。还需要明确举证责任，我国行政诉讼采取由被告承担举证责任的方式，而行政公益诉讼中检察机关同样属于国家机关，应当承担一定的举证责任，包括向行政机关提出检察建议而未被履行、行政机关作为或不作为而导致的损害结果等证据。

（二）检察权与侦查权配置的完善

1. 完善检察机关提前介入侦查制度

细化检察机关提前介入案件范围。检察机关提前介入侦查活动是其行使监督职权的现实要求，但当前在立法上还缺少对提前介入制度的直接规定。在《人民检察院刑事诉讼规则》中，只对检察机关提前介入制度适用的案件范围作了粗略规定。可以考虑对提前介入案件的范围进行细化规定，例如具有重大影响的严重暴力犯罪，恐怖组织或黑社会性质等有组织的犯罪，或者其他具有较大社会影响、法律适用存在疑难、案情较为复杂的案件，可以适用检察机关提前介入制度。

明确检察机关在提前介入制度中的职责。检察机关提前介入侦查活动,并非要将公安机关取而代之,而是对公安机关进行法律监督。一方面,检察机关要对侦查活动的取证进行法律引导,确保取证程序合法、所取得的证据合法;另一方面,检察机关要对侦查活动进行监督,及时纠正公安机关取证活动中的违法行为。

2. 强化检察权对侦查权的法律监督

应当赋予检察机关更为"硬性"的监督手段。例如,在公安机关执行逮捕后,检察机关经羁押必要性审查,认为刑事被追诉人无需继续羁押,向公安机关发出文书后其拒不履行,经再次审查,仍然认为无需继续羁押的,可以直接要求公安机关解除或者变更强制性措施,而不是仅能提出建议、意见。但也应当注意,检察机关的"硬性"监督手段行使范围是特定的,限定在与刑事被追诉人人身权利相关的程序中,否则有检察权过度扩张的危险。

(三)检察权与审判权配置的完善

1. 完善检察机关量刑建议机制

在认罪认罚从宽案件中,量刑建议是检察机关与刑事被追诉人之间合意的结果[1],既要体现公平、正义,又要体现对刑事被追诉人的权利保障。一方面,在协商过程中,检察机关在认罪认罚从宽案件中有主导地位,并不意味着其是以居高临下的姿态面对刑事被追诉人,而是应当以审慎、平等的态度进行协商。在达成合意后,检察机关也应当遵守量刑建议的约束,而不能随意更改量刑建议内容,如果发生新的情况或是有其他

---

[1] 郑自飞:《确定刑量刑建议制度价值诠释》,载《检察日报》2020年9月14日,第3版。

法定事由的，方能进行调整，否则会影响认罪认罚从宽制度的严肃性，导致今后刑事被追诉人对这一制度产生怀疑。另一方面，尽管法律规定审判机关一般应当采纳检察机关的量刑建议，但这并不是对审判机关责任的减轻，而是应当对量刑建议的内容以及被告人的自愿性进行审查，对符合刑事诉讼法规定的量刑建议予以采纳。

2. 加强检察权对审判权的有效制约

需要完善检察机关在审判活动中的监督制度，促进庭审实质化。在审判活动中，检察机关不仅是诉讼结构中的一方，还是庭审监督者，这也意味着检察机关并非作为当事人的一方参与庭审，而是以法律监督者的身份监督庭审程序的正常进行。当然，庭审实质化改革要求法官充分发挥核心作用，检察官的监督活动应当建立在尊重法官主持庭审的基础上。同时，检察机关的法律监督权能也不意味着有相对被告人的优势地位，对于被指控的犯罪行为，检察机关必须提交充分证据以证明案件事实，否则，审判机关应当依法退回检察机关补充侦查或者宣告被告人无罪。

（四）检察权与监察权配置的完善

在刑事诉讼中，检察权与监察权应当建立起良性衔接、有效制约的关系。根据我国宪法，检察机关是国家的法律监督机关，我国各级监察委员会是国家的监察机关。

1. 健全检察权与监察权的衔接机制

检察权与监察权在司法工作人员行使职权过程中实施的非法拘禁等犯罪中具有一定重合性，应当明确，监察权的行使对象是所有国家工作人员，而检察权的行使对象只包含司法工作人员。在检察机关和监察机关对司法工作人员涉嫌职务犯罪的案件中产生管辖竞合时，可以考虑建立案前协商机制，由双方对管辖事项进行协商。在具体实践中，必要时可以建立联合办案专组，以监察人员为主进行调查，其他机关人员协助侦查，以降低沟通成本，提升沟通效率。

2. 完善检察权与监察权的制约机制

监察机关的自我监督固然能够发挥一定制约作用，但缺乏外部监督可能导致权力的滥用。当前立法中，经监察机关调查后需要移送审查起诉的职务犯罪案件，仍需按照刑事诉讼程序进行处理。监察机关移送审查起诉的案件证据必须符合刑事诉讼规则。对于监察机关随案移送的证据，可以通过检察官先对证据进行审查，再对犯罪嫌疑人进行讯问的方式，以保证证据符合《刑事诉讼法》的要求、保障犯罪嫌疑人的权利。对于监察机关提出的从宽建议，检察机关应当结合案情、法律进行综合考虑，而不能一概采纳。

总之，监察权的设立为检察权带来了优化改革的契机，二者都是我国权力监督体系中的一部分。应当建立检察权与监察权的良性互动机制，从而构建具有中国特色的权力监督制度。

第三章
刑事审判程序的完善

第一节 我国庭前会议制度完善[*]

庭前会议制度最早源自英美法系国家。美国对庭前会议（pretrial conference）作出了明确的规定："在提交大陪审团起诉书或检察官起诉后，法庭根据当事人申请或自行裁量，可以命令召开一次或数次会议以考虑有助于促进审判公正和审判效率的事项。"[1]美国对这一制度的规定主要还是回归于其对审判公正与司法诉讼效率的促进上。进一步说，庭前会议服务于审判活动。相较于美国来说，英国并没有关于庭前会议的明文规定，但是在开庭审理案件之前却有着一系列保障公正审判与诉讼效率的程序设计，比如答辩与指导听审程序以及预备听审程序，其实这些与《美国联邦刑事诉讼规则》的相关规定本质上具有相同的初衷。对于大陆法系国家来说，考虑到司法资源的制约以及庭审无法集中审理所带来的不良后果，各个国家也在正式的庭审程序前设置了一系列类似的程序，只是与前者相比

---

[*] 与李淑萍合作，有改动。
[1]《美国联邦刑事诉讼规则》第17.1条。

后者有更强的职权主义色彩，多方面的内容规定更加突出法官对案件事实真相的查明，这就使得司法实践中或多或少地忽视了对被告人诉讼权利的合理保障，忽视了对控辩双方平衡制约的考虑。

一、我国庭前会议制度的历史沿革

在我国，首次官方的庭前会议的概念规定来自2012年《刑事诉讼法》第182条第2款，立法者主要从主持者、参与主体、内容，以及开展和运行的方式等方面来界定我国庭前会议制度。庭前会议的召集者是法官，参与人是控辩双方，内容涉及后续庭审有关的事项，其运行模式类似于一种交流性会议。此外需要特别注意的是，并不是每一个进入庭审程序的案件都必须经过此环节。学者们对庭前会议概念的研究其实更多地体现在对其功能的明晰以及在刑事诉讼程序中的定位上。比如，有的学者认为庭前会议是一个承载着公正与效率等价值，具有保证庭审实质化、程序分流以及防止预断功能的程序。[1]有的学者认为"庭前会议是开庭前法官主持的由控辩双方共同参加的解决、梳理案件程序性问题及部分实体性问题、为庭审扫清障碍、保证庭审集中审理的准备程序"。[2]通过对学者们观点的分析，本书认为对庭前会议的定义主要还是落脚在庭前会议是庭前准备程序的一部分，兼具公正与效率价值，由法官组织，控辩双方参与，探讨有利于保证案件集中审理，提高诉讼效率的一个程序。

庭前会议制度在我国的历史发展大概分为两个阶段，第一

---

[1] 参见陈卫东、杜磊：《庭前会议制度的规范建构与制度适用——兼评〈刑事诉讼法〉第182条第2款之规定》，载《浙江社会科学》2012年第11期。

[2] 闵春雷、贾志强：《刑事庭前会议制度探析》，载《中国刑事法杂志》2013年第3期。

阶段本书将其称为庭前会议制度的确立时期。在该阶段庭前会议制度被提升到立法层面，主要表现在最高人民法院、最高人民检察院纷纷出台了相关规定，以及随后各地方对庭前会议的适用与探索。第二阶段为庭前会议的发展时期，即庭前会议制度走向细化。

（一）庭前会议制度的确立

将庭前会议制度放在整个刑事诉讼程序中来看，其位于公诉审查之后正式庭审程序之前，是正式庭前准备程序中最重要的一部分，该制度对于提高审判效率，使庭审活动能够顺利进行举足轻重。[1] 但是，2012年之前的立法对该部分的内容规定非常简陋，甚至庭前准备程序仅将"传唤""通知"等简单的内容作为正式开庭的准备活动。这样一来几乎所有的争议性问题都必须带到正式的庭审环节中予以解决，但事实上，像回避、非法证据排除以及证人出庭名单、管辖等问题很多时候并不能在庭审中立刻解决。此外，考虑到司法实践中控辩双方之间的对抗关系，双方都存在证据突袭的可能，这些都会带来庭审的拖延与中断，使集中审理原则难以贯彻。[2] 同时对于法官来说一些复杂疑难的案件，如果没有一个中间程序来进行梳理、总结，必然会增加法官的工作难度，影响正式庭审环节的集中审理。基于此，有学者将这一时期的诉审判活动评价为"一步到庭"的审判模式[3]。为了真正解决司法实践中的上述制度性问

---

〔1〕 参见闵春雷、贾志强：《刑事庭前会议制度探析》，载《中国刑事法杂志》2013年第3期。

〔2〕 参见孟庆胜、刘宏成：《论刑事诉讼庭前证据开示——以新〈律师法〉之律师阅卷权为切入》，载《法学杂志》2009年第2期。

〔3〕 参见陈卫东、杜磊：《庭前会议制度的规范建构与制度适用——兼评〈刑事诉讼法〉第182条第2款之规定》，载《浙江社会科学》2012年第11期。

题，使法庭能够集中审理，使庭审高效顺利地进行，2012年修正《刑事诉讼法》时，在第182条第2款对庭前准备程序做了进一步的完善，将庭前会议制度提升到立法层面，以期摆脱庭前准备程序形式化的弊端。

庭前会议制度的出现无疑是刑事诉讼法立法进程中的一大进步，也是我国司法改革中重视程序正义的一个关键性体现。但是2012年《刑事诉讼法》对庭前会议制度的规定仅仅包含一个款项，该制度到底应该如何开展，效力如何，条文中多采取"等""相关""了解""可以"这种比较模糊的说法，并未对该制度作出详细规定。可以说这并不是一个完整的制度设计，更像是一种制度的引入。立法上的这种不够健全就使得在刑事司法实践中较难适用这一制度，加之这又是一个新规定，司法实践者对其比较陌生，难免有抵触的心理。出于这样的立法现状，相关的司法解释很快就出台了，2012年最高人民法院《关于适用〈中华人民共和国刑事诉讼法〉的解释》（已失效，以下简称《刑诉法解释》）第99、183、184条，《人民检察院刑事诉讼规则（试行）》（已失效）第430、431、432条分别从法官与检察官办理案件的角度对该制度加以补充。这些相较于立法规定的进步之处在于，规定了庭前会议的4种适用范围，8种程序性事项，简略的证据开示以及对附带民事诉讼的调解。但是关于庭前会议具体主持人、参与人、时间、次数、方式、笔录效力、如何调解等内容都没有加以明确。为了弥补上述缺陷并且响应庭前会议制度在我国司法领域的适用，地方司法机关如河北新华、江西南康、山东金乡也陆续出台相应的文件以贯彻实施。

就是在这样的立法实践和司法背景下庭前会议制度开始在我国逐步发展和适用。但是庭前会议制度并没有完全发挥出其保障庭审活动集中审理、提高诉讼效率的作用，反而出现了一些问题。首先，该制度的适用率较低。有学者对庭前会议制度的适用状况曾经做过实证调查分析，某些地区的法院对庭前会议的适用率仅达 0.2%。[1] 数据背后的原因来自法官对该制度的排斥，有些法官不仅不认为庭前会议是一个帮助其庭审期间顺利审理案件的活动，甚至认为这种程序上的设置反而会增加其工作量。此外，检察官在诉讼活动中本来就占据着主动的地位，对证据开示之类的事项没有太大的积极性，所以很多时候即使举行了庭前会议，检察官也可能并不出席。其次，这一时期该制度还存在侵袭庭审程序的可能。因为在法官处理事项时，法律或者司法解释都没有予以明确，法官很容易在庭前会议期间就处理涉及实体性事项的问题，甚至是会议期间就已经形成对案件的预断，致使庭审环节如同流水线。

（二）庭前会议制度的发展

庭前会议制度自其确立以来，在我国已有数年的司法实践。由于当初立法的模糊性，司法实践中庭前会议的运用并未实现当初的立法愿景，有些地方开展的庭前会议制度越过庭审程序，损害了被告人的权利。2014 年党的十八届四中全会提出了以审判为中心的诉讼制度改革，要求确保案件经得起检验，促进庭审的实质化。基于此，考虑到庭前会议制度本身存在的问题，对庭前会议制度的完善和重构不得不引起重视。随后最高人民法院、最高人民检察院、公安部等于 2016 年 7 月 20 日联合印发了《关于推进以审判为中心的刑事诉讼制度改革的意见》，其中第 10 条明确提出对庭前会议制度的完善要求。随后，为了贯彻

---

[1] 左卫民：《未完成的变革 刑事庭前会议实证研究》，载《中外法学》2015 年第 2 期。

落实该意见，完善庭前会议制度，落实集中审理原则，2017年11月27日最高人民法院印发了《人民法院办理刑事案件庭前会议规程（试行）》（以下简称《庭前会议规程》）。该文件填补了这个制度的诸多空白，在启动方式、参与者、处理事项、处理结果的效力等诸多方面都作出详细的规定，不仅完成庭前会议制度在我国的细化性工作，还在刑事司法实践领域统一了法律适用，使庭前会议制度的应用迈向新的层次。

从历史沿革层面研究庭前会议制度，明晰庭前会议制度的立法起源、实践经过以及变革进步的过程，应该认识到庭前会议制度在我国的确立实属必要。从小的方面来说，庭前会议制度是为了减轻庭审的负担，提高效率；从大的方面来说，该制度更是为实质庭审做好准备，使司法裁判更为公正。只是随着诉讼制度的发展与完善，该制度的设计仍存缺陷，即使是新出台的《庭前会议规程》也有其欠缺的地方，这些仍需要我们进一步改善，使该制度与以审判为中心的诉讼制度改革更为契合。

二、庭前会议制度的基本功能

无论是理论界还是司法实务工作者对庭前会议所应发挥的功能有不同的阐释。有的人认为庭前会议应该集中在该制度的程序性功能上；[1] 有的人则认为"信息交叉汇集"是庭前会议功能的应有之义；[2] 还有的人认为庭前会议具有防止法官预断的功能。[3] 通过分析，学者们对于该制度功能的阐释，最终的

---

[1] 参见宋建伟、蒋鹿夏：《检察权行使与庭前会议的功能实现——基于庭审实质化视角的探讨》，载《中国检察官》2018年第1期。

[2] 参王康辉：《基于审判中心主义的庭前会议功能与效力探析》，载《哈尔滨学院学报》2018年第7期。

[3] 参见陈卫东、杜磊：《庭前会议制度的规范建构与制度适用——兼评〈刑事诉讼法〉第182条第2款之规定》，载《浙江社会科学》2012年第11期。

落脚点都在该制度对于保障实质庭审，发现案件事实真相，提高庭审效率的重要意义上。随着近年来的司法改革，庭前会议制度相关内容基本成型，庭前会议的功能定位也基本明确。

（一）证据开示是该制度的一项基础性功能

证据开示起源于英美法系国家，是当事人主义诉讼模式下形式正义对职权主义诉讼模式下实质正义的借鉴。起初，在"竞技司法理念"的指引下，控辩双方的法律地位是一种针锋相对的竞争性关系，这种理念下的案件审理结果最终并不是取决于案件的事实真相，而是控辩双方对诉讼规则的运用，追求的是完全的形式正义，引来了人们对该诉讼理念的批评，"司法竞技理念"下的形式正义忽略了控辩双方之间的实力差距。[1] 一方是对犯罪嫌疑人或被告人行使追诉权的控诉方，代表的是国家的利益，其背后拥有丰富的国家资源来支持他们开展诉讼活动；另一方则是势单力薄的个人，他们对辩护活动的准备无论是人力、物力还是财力方面都是有所局限的，这样势必会导致实质正义的缺失。此外，"司法竞技理念"还有另外一个弊端，完全竞争的控辩双方都企图在庭审期间进行证据突袭来获得诉讼上的优势地位，以此赢得案件的胜利。庭审期间的证据突袭势必会导致庭审的中断与延长，不但不利于案件的集中审理，查明事实真相，同时也是对司法资源的一种严重浪费。正是在这样的背景下，证据开示制度得以确立，通过法律规定或者赋予控辩双方申请的权利来展示证据，以此弥补控辩双方先天的

---

〔1〕 参见韩德明：《竞技主义到商谈合作：诉讼哲学的演进和转型》，载《法学论坛》2010 年第 2 期。

实力差距，同时也为当事人主义诉讼模式注入实质正义。[1] 证据开示是英美法系国家的产物，但是其背后的理念对我国庭前会议制度的建构有一定的借鉴意义。我国法律虽然规定辩护人享有阅卷权，但是控辩双方本身就是一种天然的对抗关系，尤其是在阅卷权缺乏相应的救济措施的前提下，使得多年来我国司法实践中律师阅卷总会遇到一些难题，这势必导致控辩双方诉讼权利先天的不平衡，也会加剧证据突袭的心理。因此，有必要在法官的组织下，通过证据开示让控辩双方能有一个交流的平台，确定不同的证据展示义务以保障庭审时控辩双方的平等地对抗，同时减少突袭情况的发生。此外，会议期间开展的诸项活动例如争点的整理、非法证据排除等都是以其为基础的，由此可见，证据开示是该制度一项重中之重的功能。

（二）庭前会议制度具有整理案件，避免庭审中断的功能

庭前会议保障庭审的顺利进行，其背后的法理性依据则是集中审理原则，即庭审应尽量一气呵成，直至判决前均不得中断。[2] 贯彻该原则一方面能够提高庭审的效率，对被告人的追诉及早作出决断；另一方面也符合人类普遍意义的认知规律，可以避免因庭审不停地中断而弱化法官对案件的印象，以此保障法官对案件形成一个全面、清晰的认识，作出公正的裁判。正因如此，有的学者提出，贯彻集中审理原则是法官形成正确心证的有力手段。[3] 但是实际上，面对成千上万的案件加之复

---

〔1〕 参见韩红兴：《刑事公诉庭前程序研究》，法律出版社2011年版，第240~243页。

〔2〕 于增尊：《为刑事审限制度辩护——以集中审理原则之功能反思为视角》，载《政法论坛》2014年第6期。

〔3〕 陈卫东、刘计划：《论集中审理原则与合议庭功能的强化——兼评〈关于人民法院合议庭工作的若干规定〉》，载《中国法学》2003年第1期。

杂的案情,我们并不能保证进入庭审环节的案件都是能够在庭审期间得到迅速高效的集中审理。为此,对于有些案件有必要从两个方面着手。首先,在庭前会议期间应对类似于管辖异议、相关人员回避、新证据的提供、非法证据的排除等程序性问题进行整理并加以解决。因为这些问题并不影响庭审期间法官对案件事实以及相关证据的认定,如果将这些程序性事项带入到庭审环节予以处理,一方面会使庭审进程更加复杂、冗长,不利于法官集中精力对案件的事实、证据予以认定;另一方面如果不能立马解决这些问题,势必导致庭审的中断。这样一来,庭审可能会不停地中断,进而影响法官对案件清晰的认识,不利于公正裁判的作出。其次,在司法实践中有些案件仅证据材料就有成千上万页,如果所有的证据都要在庭审期间经过严格的调查、辩论环节,那么必然也会使庭审拖延、中断,因此有必要在庭前会议期间对案件的证据以及事实争议进行总结。当然应当特别注意这种总结活动并不是在庭前会议期间开展的实质性讨论。通过这样一个环节就能将案件的焦点性问题分离出来,在庭审期间着重审理,避免将庭审环节的注意力放在非焦点问题上。综合以上内容,整理案件,避免庭审中断,是庭前会议功能的应有之义。

(三) 庭前会议制度具有节约司法资源,程序分流的功能

随着我国司法制度的不断改革与完善,尤其是在依法治国政策的强烈号召下,刑事诉讼领域取得了一系列的重大进展。但是,"诉讼爆炸"[1]以及实际案件的复杂多样,使我们在一定程度上面临着司法资源短缺的问题。如果法官由于案件数量的猛增,每天都背负着沉重的压力去工作,那么久而久之将会使

---

[1] 汤景桢:《刑事庭前程序研究》,上海人民出版社2016年版,第73页。

其审理案件的质量下降。而庭前会议制度就为我国目前司法资源的短缺提供了一个解决机制。在庭前会议期间，提供给被告人程序上的选择权，如果被告人认罪认罚，态度良好，在法官核实其自愿性与真实性之后，可以决定让案件进入速裁程序或简易程序。[1] 这一方面使复杂和简单的案件相分离，减少进入普通程序的案件，缓解法官工作压力，节约我国的司法资源；另一方面，赋予被告人以选择权的同时又确保这种选择的真实性与自愿性，也符合司法公正的要求，使公正与效率得到兼顾。庭前会议期间的程序分流近似于美国的传讯与答辩制度，另外也和英国的答辩和指导听审相类似。如果被告人作出的是有罪答辩，那么案件就进入到量刑环节，提高案件审理的效率。[2] 此外大陆法系的法、德等国家也陆陆续续地在庭前程序中进行程序分流，可见庭前会议的这一功能符合目前世界潮流。

三、庭前会议制度的现实分析

在我国庭前会议制度从最初的空白状态到如今初具体系的《庭前会议规程》，尽管经历了很多的坎坷，但现今庭前会议制度无论是在相关规定的完备情况方面，还是在实践中的运用成熟度方面都取得了重大进展，有了一定的积淀。这也是我国司法改革取得成绩，司法环境朝着更为公正、公平的方向发展的一个见证。虽然如此，但庭前会议制度在我国现行状况并不是十全十美的，文本式的规定以及司法实践上的应用都仍然存在着一些不足之处。

---

〔1〕 参见吴思远：《刑事程序分流机制：困境的突破与超越》，载《犯罪研究》2016年第2期。

〔2〕 汤景桢：《刑事庭前程序研究》，上海人民出版社2016年版，第89~98页。

(一) 庭前会议制度的法律规定

1. 庭前会议的适用范围

2012年刑事诉讼领域改革，增设庭前会议制度，对其相关法律条文进行分析发现，立法之初，该制度的适用范围在法律条文中并未明确，法条仅仅就会议可能涉及的事项作了简单的规定。这样的立法状态无疑会给法官在司法实践中开展庭前会议带来困扰。正是基于此，随后的2012年《刑诉法解释》第183条对这一问题做出了回应。在司法解释中具体规定了三种类型的案件可以召开庭前会议，此外还设置了"其他"项，在案件的适用范围上给予法官一定的自由裁量。相较于法律条文与司法解释，2017年《庭前会议规程》第1条对于该制度的适用范围仅做了微小调整。将案件范围中的申请排除非法证据扩展为控辩双方对事实证据存在较大争议，这样一来庭前会议的适用范围就不应仅局限在排除非法证据的问题上，对于其他争议较大的问题也应当纳入到该范围中。此外，《庭前会议规程》第1条最后还增加了"等情形"，这一点类似之前的"其他"，对于那些可能使庭审进程中断的申请或者异议，也可以召开庭前会议，以避免庭审不必要的延长与中断。从庭前会议的适用范围的细微变动来看，《庭前会议规程》更加体现了其整理争点的功能，使法官在庭审程序开始前将有争议的问题梳理出来，便于在庭审期间集中审理。此外，如果控辩双方争议很大，通过这样一个程序性平台也能加强彼此之间的沟通了解，为庭审做好准备。

2. 庭前会议的基本规程

基本规程类似于一些程序性规定，主要包括该会议的启动、召开方式、主持人、参与人以及召开时间与地点等有关问题。[1]《庭前会议规程》发布之前，涉及基本规程的内容无论是法律条文还是司法解释都比较模糊。首先，就会议的启动来说，法官可以根据其对案件情况的判断依职权来启动，但是相关规定并未明确当事人是否可以就一些问题申请召开庭前会议。其次，就召开方式、召开时间与地点来说，到底是采用公开的形式还是非公开的形式，是只在一审庭审前召开庭前会议，还是所有的庭审前但凡有需要都可以召开庭前会议，庭前会议到底可以在哪些地方召开，我们都找不到对这些问题十分明确的规定。最后，就庭前会议的主持人、参与人来说，虽然规定了"审判人员"的主持资格，但是对"审判人员"到底应该做何解释，参与人员又会涉及哪些人，有关规定也没有给出明确的答案。而《庭前会议规程》一改往日模糊、笼统的规定，对上述问题基本上都给予了答复。除了法官依职权召开，也可以依申请召开，但是申请并不一定使会议被召开，最终还是要由法官予以定夺；针对排除非法证据的情况，《庭前会议规程》明确要求"应当"召开；会议一般采用非公开的模式开展，同时考虑到实际办案中的复杂情况，可以利用电子设备，采用视频会议的方式召开，可以在法庭或者看守所以及其他办案场所灵活召开；会议的召开也不仅仅局限于首次开庭前，休庭后如果有需要仍然可以再次召开；进一步界定了主持人的范围，即主审法官或合议庭人员；此外，公诉人与辩护人有出席会议的义务，对于那些涉及被告人申请参加会议或者排除非法证据的，还规定了法院有通知其到场的义务。可以说，《庭前会议规程》对基

---

[1] 参见戴长林：《庭前会议、非法证据排除、法庭调查等三项规程的基本思路》，载《证据科学》2018年第5期。

本规程的内容作了很大完善，使之前空缺的地方得到填补，争议的地方得到明确，同时还进一步加强了对被告人权利的保障，与之前的规定相比，无疑是一大进步。

3. 庭前会议的内容

2012年《刑事诉讼法》第182条第2款对庭前会议内容的规定并不细致。这一条款明确列举出来的内容主要包括回避、出庭证人名单以及非法证据排除三项。除此之外，还在列举事项之后加上"与审判相关的问题"，使法官能够在实际操作过程中进行自由裁量。但是，"与审判相关的问题"这一表述太过模糊、宽泛，随后的司法解释在上述列举的三个事项基础上又增加了管辖异议、提供新证据、案件审理的公开性、调取证据，最后再加上"与审判相关的其他问题"对庭前会议的内容予以补充。实际上仅仅通过列举并不能明确庭前会议的内容，关键是到底应该如何理解"与审判相关的问题"这样一个宽泛的表述。因为"与审判相关的问题"有很多，既包括实体问题也包括程序问题，那么是否就意味着庭前会议既可以处理程序性事项又可以处理实体性事项。正是因为对这一点的理解不同，实务中对庭前会议的适用很混乱，使庭前会议功能"溢出"[1]，侵害实质庭审程序，损害司法公正。虽然《庭前会议规程》第10条仍然是采用类似于之前的表述对庭前会议的内容予以规定，但是第2条对庭前会议的内容做了进一步的细化，这可以说是对之前宽泛的规定进行了直接回应。在《庭前会议规程》中，除了可以处理程序性事项，还可以进行证据展示，完成案件事实与证据争点的总结，为庭审的集中审理做好准备；可以开展

---

[1] 参见魏晓娜：《庭前会议制度之功能"缺省"与"溢出"——以审判为中心的考察》，载《苏州大学学报（哲学社会科学版）》2016年第1期。

附带民事案件的审前调解；决定案件的审理程序，以实现案件的繁简分流；此外对于"事实不清，证据不足"的案件法官还可以附带性审查。

4. 庭前会议的效力

庭前会议的效力是一个非常重要的问题，因为它在很大程度上决定着庭前会议功能发挥的力度。如果在庭前会议中法官所做的决定以及控辩双方达成的合意事后没有任何约束力的话，就很可能使庭前会议这一程序设计丧失价值。之前立法上对该制度效力问题的规定并不清晰，仅仅要求制作笔录，但是这样一个笔录到底在庭审期间有着怎样的约束力，我们并不明了。同样的，随后的司法解释也是如此规定。这样的规定就使得庭前会议更像是一种控辩审三方之间的简单交流，并没有什么实质性的法律约束力。正是因为缺乏效力上的约束力，致使实践中庭前会议制度流于形式，使其功能"缺省"[1]。为了解决上述问题，《庭前会议规程》第10、14、23、24条都对庭前会议的效力做了进一步的明确，使庭前会议摆脱了尴尬地位。对于那些已经在会议期间处理了的程序性事项，如果在庭审环节没有新理由，再次就之前的程序性问题提出申请或异议的，法官应当直接驳回；对于经过证据开示，控辩双方达成合意的事项，法官仅需在庭审中核实确认，如果在庭审期间，二者没有正当理由，对其合意反悔的，除有正当理由外，一般不再进行处理；对于在庭前会议期间就有争议的问题，法官在庭审中重点审理。通过这些明确的效力规定，一方面使庭前会议摆脱形式化的模式结构；另一方面能够很好地实现庭前会议与庭审程序之间的

---

[1] 参见魏晓娜：《庭前会议制度之功能"缺省"与"溢出"——以审判为中心的考察》，载《苏州大学学报（哲学社会科学版）》2016年第1期。

衔接，真正使庭前会议为庭审的集中审理做好准备。

（二）庭前会议制度现存问题的分析

1. *启动程序存在职权主义色彩*

从庭前会议多年来的司法运作实践来看，法官在庭前会议中扮演着十分重要的角色。法官是庭前会议是否举行的最终决定者，其组织证据展示，归纳争议焦点，引导着整个庭前会议的活动。尽管《庭前会议规程》较之前的规定有了很大的完善，但是会议是否启动依然存在职权主义色彩。在这里我们并不是说职权主义就一定不如当事人主义，它也有其自身的优势，法官在发现案件事实真相的过程中起着主导性作用，这种主导作用有利于诉讼进程的推进，在某种程度上来说，有利于尽快查清案件事实，提高诉讼效率。[1]但是，职权主义强调的这种法官的主动性，可能会在某些方面忽视对犯罪嫌疑人、被告人权利的保障。具体到庭前会议上来说，这很可能导致庭前会议的大门较难被打开。虽然《庭前会议规程》规定法官主动启动与控辩双方申请启动两种模式，但是详细分析，法官在会议的启动上仍然处于主导地位。因为会议并不会因为有了申请就直接召开，其仍然需经过法官的审查，只有在法官认为有必要的情况下才会召开。此外，《庭前会议规程》第1条第3款与之前的法律或司法解释相比，进步之处是明确非法证据排除属于"应当"召开的范围。但是这里的"应当"看似是一种硬性规定，法官没有选择的权利，实则不然。应当召开的条件除了申请的理由是非法证据排除，申请人还必须依照法律提供相关"线索"或者"材料"。至于这些线索、材料达到什么标准才会召开庭前

---

[1] 参见陈瑞华：《刑事诉讼的前沿问题》（第4版），中国人民大学出版社2013年版。

会议，法律并未明确规定，在司法实践中，其实最终的启动权仍然会回归到法官手中，由法官自由裁量。其实笔者并不是认为由法官自由裁量不好，因为实践中会存在一些带着不正当目的的恶意申请。但是，召开庭前会议是一个复杂的工作，需要沟通、选择并确定时间、选择地点等，这无疑会增加法官的工作量，而现实中法官每天的工作量已经很大，因此很难保证法官适用庭前会议的积极性。有些试点地区的法院存在为了形式上的庭前会议而开庭前会议的情况，这势必会影响庭前会议的质量，违背设立庭前会议的初衷。当然也不仅体现于此，《庭前会议规程》以及对于庭前会议的一些司法解释大多是来自法院，这些规定本身就更偏向于方便法官办案，从这个角度来说，也体现了该制度职权主义的一面。

2. 法官预断难以避免

法官是整个案件的引导者，具有主导地位。职权主义下的刑事诉讼法更加追求案件的事实真相，所以相关规定更愿意帮助法官查明案件的事实真相。但是这也带来一个问题，法官的过于主动（尤其是在真正的庭审活动之前）会使法官在庭审前形成一定程度的预断，庭前接触案件的内容将会影响到庭审期间的心证，进而影响司法裁判，甚至会使整个庭审活动形式化，这严重违背了以审判为中心诉讼制度改革的方向。从《庭前会议规程》第3条第1款的规定来看，我国庭前会议的主持者并未实现与庭审法官的分离。这就要求庭前会议的内容要尽可能地减少会导致法官产生预断的因素，避免影响到庭审中法官的自由心证。但是事实上，法官在庭前会议中所接触的因素又不仅仅全是像申请回避、管辖异议、申请公开、申请调取证据这样纯粹的程序性问题，尤其是当涉及证据开示、附带民事调解的问题时，法官很可能产生预断。因为在这些环节法官往往起主导作用，经过证据展示，法官会对证据内容有所了解，法官还要就这些问题"听取意见，了解情况"，对案件的争议点进行整理，我们很难保证法官经过这些事项的处理不受到任何影响，他很可能就会无形地形成对案件的某些看法，在庭前就对案件形成一个内心确定。此外，对于附带民事的调解，法官既然要做好调解工作，肯定首先要弄清案件的某些事实，而最终的调解结果也很有可能会让法官预先认为被告人承认自己的罪行；还有一些比较模糊的内容，很难区分他们到底是属于程序问题还是实体问题，这些都是可能导致法官预断的因素。因此，采用这种主持人与庭审法官不分离的模式，其实很难避免预断的产生。

3. 庭前会议制度制约机制的缺失

一个制度的某些条款如果仅仅规定相关人员应该怎么样做，而不存在对其相应的制约机制，当相关人员不按照该制度的要求去做时，在法律上并不会产生任何对其不利的后果，那么这个制度的相关规定看起来是有效的，但是在司法实践中却很难保证它的有效性。《庭前会议规程》同样面临着这样一个问题，虽然其对庭前会议制度作了进一步的细化，其中不乏采用"应当"的形式对庭前会议的很多内容作出明确要求，但是如果仅仅只是要求而无违反相关规定的后果，那么这些条款的实施效果会大打折扣。这主要体现在法院对被告人参加庭前会议的通知义务以及控辩双方在庭前会议中的证据出示层面上。《庭前会议规程》第3条除了对会议的主持人作出了进一步的规定，还对会议可能涉及的其他参与人员也作了一定的规定。首先，该规程明确指出控辩双方应当参加此会议，但是，涉及被告人参加与否，条文中并没有任何硬性规定，只是规定如果被告人申请参加或者申请排除非法证据的，法院需要履行其通知到场义务。从字面上看，在上述两种情况下，被告人是否到场完全是由被告人自己决定。但是实际上，由于《庭前会议规程》并没有规定法院到底如何通知被告人到场，对于应当履行通知义务而没有履行的，也没有相应的惩罚措施，缺少对未通知义务的制约，再加上实践中被告人有可能是多人，通知他们到场还要考虑防止串供等问题，需要将同一案件的多个被告人分开，被告人还有可能因为路途遥远等其他因素到场困难，这些无疑加大了召开庭前会议法官的工作量。这些因素最终很容易导致法官自由决定是否通知，因为即使法官不履行通知到场义务也不会产生对法官不利的后果。至于那些不涉及上述事项而召开庭前会议的情形，法官让被告人参加会议的积极性可能会更小。除此之外，《庭前会议规程》对于控辩双方证据开示也缺少相应的制约机制。证据开示是庭前会议的一项重要功能，它是非法证据排除、法官进行争议点整理、案件能够进行程序分流的基石，同时证据开示还承担着减少庭审期间证据突袭以保障集中审理的功能。因此必须保证会议期间这一功能的有效发挥。《庭前会议规程》第18条在这方面相较于之前规定的进步之处在于其规定了公诉人、辩护人对证据的披露义务，公诉人需要将全部的证据予以提交，至于辩护人，则需要将那些能够证明被告人无罪或者不负刑事责任的证据予以提交。如果双方都能够按照上述规定移交证据，这无疑能够实现庭前的讯息交流，进而为庭审做好准备，有利于庭审的集中审理或者使被告人及早摆脱追诉。但是事实上由于《庭前会议规程》并没有规定违反上述义务的后果，缺乏对控辩双方的制约，使双方仍然存在利用证据突袭来占据诉讼上优势的心理，在庭审环节才出示证据，这无疑不利于庭审的集中审理，也不能实现庭前会议为庭审做出充分准备的制度性作用。

4. 被告人权利的保护机制不完善

在正式的开庭程序之前，设置庭前会议这一环节，能够在很大程度上帮助法庭实现集中审理，不仅可以提高庭审的效率，同时也可以提高庭审的质量，从某种程度上来说还可以为减少冤假错案的发生提供支持。[1] 庭审的集中审理并不仅仅强调法官的作用，其实它需要控辩审三方的共同努力。因此，庭前会议的设计不仅仅要从法院的角度考虑，方便法官办案，还要周全地考虑控辩双方的需求，只有这样才能真正发挥这一制度的作用，实现其保证集中审理，提高庭审质量与效率的目的。但是从目前的《庭前会议规程》来看，相关规定对被告人的权利保护考虑并不周到。庭前会议的内容除了处理像申请回避、提出管辖异议、庭审是否公开等纯粹的程序性问题，还会涉及非法证据排除、附带民事调解、通过证据开示对案件进行繁简分流等问题，而这些问题往往与被告人切身的诉讼权利密切相关，有的处理结果甚至可能直接影响庭审中的量刑问题。被告人作为一个对法律并不了解的人，对其自身所拥有的很多诉讼权利并不像精通法律知识的人那么清楚和透彻，这可能会使被告人在并不真正了解问题的情况下就作出决定。此外，庭前会议作为控辩审三方交流的平台，如果没有辩护人的参与，那么庭前会议可能会使本来就不平衡的控辩对抗变得更加不平衡，这种程序设计上的缺陷会导致庭审结果最终的不公正。因此，庭前会议在处理上述事项时应当切实保障被告人获得辩护的权利。《庭前会议规程》第3条第2、3款看似对被告人获得辩护的权利给予了一定的关注，但是仔细分析这种关注仍然是不足的。

---

[1] 参见左卫民：《地方法院庭审实质化改革实证研究》，载《中国社会科学》2018年第6期。

规定中只有当涉及非法证据排除的问题才会为其指派律师。至于那些涉及其他情况而召开庭前会议的且被告人又没有辩护律师的，法院是否需要为他们指派律师，在《庭前会议规程》中只字未提。最后，《庭前会议规程》也没有确保被告人在庭前会议前的权利知情权，这很可能影响到被告人权利的行使。由此可见，我国庭前会议的这种设计对被告人诉讼权利的保障确实欠缺考虑，这不利于控辩平衡的实现。

四、庭前会议制度的完善

2017年11月27日发布的《庭前会议规程》使我国庭前会议制度的内容更具体，更成体系，功能更加明确，相较于之前的规定，可以说庭前会议制度在我国取得了重大进展。但是通过上文的研究分析，本书发现庭前会议制度在法官预断问题的控制、庭前会议启动的方式、制约机制以及对被告人权利的保障措施上，仍然存在一些问题，这很可能会影响庭前会议功能的发挥。在此笔者也分析了美、英、日三国相关的制度规定，通过研究发现域外不同国家的相关制度与我国庭前会议制度存在差别，之所以会出现这种情况，其实还是因为不同国家出于对自身司法实际的考虑，对相关问题的衡量采取了不同的态度。因此在没有相同诉讼构造、相同诉讼环境的情况下，我们不能照搬域外国家的经验，但是这些国家对于某些问题的设计思路，仍然是我们需要学习的，本书正是在这样的基础之上结合实际情况提出我国庭前会议制度的完善路径。

（一）调整庭前会议的启动模式

通过前文的分析，案件经过庭前会议可以实现繁简分流，节约司法资源并且提高庭审效率；可以解决程序性事项，降低庭审被中断的可能性；可以进行证据开示，总结争点，使庭审聚焦于争点。[1] 庭前会议不仅具有为庭审做准备的辅助性价值，还具有促进控辩双方实力平衡的独特价值。而我国目前该制度的启动权实际上掌握在法官手中，同时我们又不能像英美法系国家那样保证法官对这一程序启动的积极性。由此可见，这不利于控辩双方实现讯息交流，也不利于促进控辩双方平等对抗程序价值的实现。因此本书认为需要对这种启动模式做适当的调整。

庭前会议的启动模式仍然是法官依职权启动或依据申请根据实际情况决定是否召开。因为司法实践中我们不能排除那些为了拖延时间恶意申请召开庭前会议浪费司法资源的情况，赋予法官必要的审查权可以过滤掉不当的申请。但是我们不能仅仅因为害怕有不当的申请而忽视了对当事人权利的保障。为此笔者认为可以适当地扩大庭前会议"应当"开启的范围，将被告人或者辩护人申请证据开示，控诉方与辩护方都申请召开庭前会议的情况纳入庭前会议"应当"召开的范围。一方面，在庭前会议期间保障辩护人知悉控诉方证据的权利有利于改善司法实践中辩护人查阅证据难的现实局面，使辩护人为庭审做好充足的准备，作出更加有效的辩护，有利于对被告人权利的保障，这也是对我国控辩实力不平衡的一种有效改变。另一方面，一个案件如果控方与辩方都申请召开庭前会议，那么就说明双方都有需要在庭前会议中解决的问题，此时确实有召开庭前会议的必要，就应纳入到"应当"召开的范围，而不是再由法官做进一步的裁量。另外，本书认为下一步的改革还可以通过列举的方式进一步明确申请非法证据排除时应该提供什么样的证

---

[1] 参见刘晶：《刑事庭前程序研究》，中国社会科学出版社 2016 年版，第 17~19 页。

据，什么程度的证据可以使法官组织召开庭前会议，以此来限制法官随意决定庭前会议是否召开，避免过度的自由裁量。

(二) 限制法官预断的产生

法官在庭审前接触案件，这有可能导致法官的预断，进而影响庭审时的中立、公正，甚至是在庭审之前就作出预先的决断，架空庭审。当然，预断问题的产生并不仅仅局限在庭前会议这一程序中，还涉及其他程序，但是我们依然有必要限制庭前会议期间预断的产生。为此有的学者主张将庭前会议的主持者与案件的审判者相分离，由其他人员来主持庭前会议，比如立案庭法官[1]；另有学者认为法官助理主持会议是该制度未来的出路。[2] 这两种方式确实能够隔离法官接触案件，减少预断的产生，但是却不适宜。首先，如果案件由法官助理主持，那么就不能保证该制度诸多功能得以充分发挥，因为会议期间会涉及很多事项比如非法证据排除、证据开示等都需要有经验的法官来处理，而法官助理在实际上可能并不具有这样的能力。另外，庭前会议的适用范围一般都是案件很复杂，争点很多或者社会影响很大的案件，这些复杂的案件随时随地都有可能有突发情况，最终会导致法官助理对案件争点的整理不充分或者不正确，这将严重影响庭审的集中审理，应该解决的问题没有解决反而浪费了司法资源。而且笔者通过上文对域外国家相关问题的研究，其他国家的庭前准备工作也多是由法官来主持。因此，由法官助理主持庭前会议并不是一个很合理的选择。

---

[1] 参见陈卫东、杜磊：《庭前会议制度的规范建构与制度适用——兼评〈刑事诉讼法〉第182条第2款之规定》，载《浙江社会科学》2012年第11期。

[2] 参见牟军、张青：《法院审前准备与刑事庭审程序的运行》，载《西南民族大学学报（人文社会科学版）》2012年第5期。

另外，考虑我国现阶段整体的司法环境，案件数量多，审判人员少，法官工作量非常大，由立案庭法官主持庭前会议确实不会增加额外的司法人员，也能起到一定的作用。但是考虑到我国目前司法人员的总体水平，这种方式会使庭前会议所实现的效果很难在之后的庭审法官身上体现，法官最终可能还会回归到庭前阅卷上，既不利于提高效率也不利于庭审的集中审理，到头来只会是各个程序相互割裂和分离。其实，法官预断形成的原因并不只是因为庭前会议的主持者与庭审法官未分离，目前我国仍然采用全案卷宗移送的模式，这样即使庭审法官与庭前会议主持者分离，仍然不能从根本上阻止法官接触案件。通过综合考量，本书认为上述两种措施都不符合现阶段的司法状况。本书认为目前仍然由庭审法官主持庭前会议是比较妥当的，对于可能存在的预断问题我们应当更为理性地进行分析，当然这并不是说对预断问题听之任之。其实现阶段的解决措施不应过于纠结在主持人是否能够实现分离的问题上，而是应当考虑通过什么样的形式限制法官预断的产生，这样循序渐进，待时机成熟时再考虑采用会议主持者与审判者相分离的模式，为此笔者为应对庭前会议期间法官可能产生的预断提出了以下建议。

1. 限制附带民事调解条件

无论是司法解释还是《庭前会议规程》都允许会议期间进行附带民事案件的调解，本书认为对于这一事项的处理不应一刀切，而是应当予以限制。其实无论是在理论上还是实践中，刑事案件有刑事案件的程序与规则，民事案件有民事案件的规则与程序，各项处理规则和认定标准都不一样，刑民案件互不交叉，但是考虑到受有限司法资源的制约，提高诉讼效率在司法活动中越来越重要，因此有必要开展刑事附带民事诉讼，以实现审判一体化,提高整个诉讼活动的效率。[1] 附带民事诉讼的案件常规式的处理顺序是在庭审环节先弄清案件的事实真相,完成法官对被告人的定罪量刑,然后再解决民事问题。但是这种处理顺序带来的一个后果则是被害人的具体请求很难在对被告人定罪量刑之后得到满足,尤其是在我国目前社会救助制度仍然不完善的状况下,最后很难保障被害人的损失得到真正的弥补。因此,如果能在庭前会议中进行该类案件的调解,并把被告人积极履行赔偿责任作为量刑的考虑因素,那么无论对被告人还是被害人来说都是一种好的方式,同时还能缓和社会矛盾。但是在庭前会议中进行附带民事调解很难不涉及案件的事实经过,如果被告人与被害人最终调解成功,其实很容易让法官认为被告人承认了全部罪行。因此本书认为法官不能对所有的附带民事案件进行调解,只有被告人认罪的案件法官才可以进行附带民事调解,因为被告人认罪的案件,庭审中就更集中地处理有关被告人的量刑问题,与法官预断没有太大的联系。通过这种方式,可以控制法官预断对案件产生的影响,实现司法公正,同时达到实现被害人民事诉求的合理效果。至于被告人没有完全认罪的案件,衡量法官预断与被害人民事诉求,本书认为更应该保障被告人的诉讼权利,保障法官公正审判,依旧按照先刑后民的方式处理,并进一步探讨其他促进被告人履行民事赔偿义务的措施或者完善国家的社会救助制度。

2. 明确庭前会议处理的具体事项

《庭前会议规程》相较于之前的法条和司法解释最大的进步是严格限制庭前会议期间对定罪量刑有关的实体性问题予以处

---

[1] 参见张军、姜伟、田文昌:《新控辩审三人谈》,北京大学出版社 2014 年版,第 198~208 页。

理。但实际上这一规定更像一个原则性的规定,看似明确实则模糊。因为刑事诉讼中的很多问题并不是非此即彼的,有些问题可能不仅涉及案件的程序性事项还可能与被告人的实体权利密切相关,可能有些问题法官也难以区分到底是属于程序性事项还是属于实体性事项。比如关于被告人罪名的变更问题,不同的学者对此持有不同的态度,有的就主张在会议期间可以处理这一事项,这并不影响案件的实体性问题。[1] 其实之所以会有这种观点,主要还是考虑到庭前会议期间经过证据开示,控辩双方以及法官都有了一定的交流,如果发现起诉的罪名不正确可以更正,这样在庭前会议结束到正式庭审期间,辩护人就可以针对这个新罪名做好更充分的准备,此外还可以减少因为突然的罪名变更而导致的庭审中断。[2] 庭前会议期间如果可以变更罪名确实能够减少因为庭审期间罪名变更问题而导致的庭审中断问题,也能在一定程度上给控辩双方一个更充分的准备机会。但是本书并不赞同庭前会议期间对罪名进行变更,罪名的变更其实更偏向于案件的实体性问题,如果法官在庭前会议期间对于案件实体性问题牵涉过多,很容易就会使庭前会议取代真正的庭审,使实质化的庭审提前,法官也难以避免先定后审的嫌疑,这背离了审判中心主义要求下庭审实质化的进一步推动。虽然在庭前会议期间解决这些问题,能够进一步促进庭审的集中审理,但是不可否认的是,很多案件本身就非常复杂,加之实际的司法审判环节本身就难以避免突发情况的发生,因

---

〔1〕 参见汤景桢:《刑事庭前程序研究》,上海人民出版社 2016 年版,第 216 页。

〔2〕 参见汤景桢:《刑事庭前程序研究》,上海人民出版社 2016 年版,第 217 页。

第三章　刑事审判程序的完善

此我们并不能保证所有的案件经过一次庭审就可以彻底将案件事实真相搞清楚，完成被告人定罪量刑的问题。所以综合考虑效率与公正的价值因素，本书认为那些类似于罪名变更的问题不应当在庭前会议期间予以处理，即使其会带来庭审的被迫中断，这也是一种有必要的中断。落实到庭前会议的处理事项上来，本书认为仅仅规定不可以处理实体性问题仍然不够具体，随着《庭前会议规程》的进一步推进，可能仍然会出现一些类似的问题，下一步的改革可以通过司法解释对实体性问题予以明确，或者是将这些可能会严重影响庭审实质化开展的事项排除在庭前会议之外。

（三）完善庭前会议的制约机制

通过前文的分析，可以说《庭前会议规程》对之前的规定进行了很大的改善，使之前空缺的内容进一步得到丰富，这也为司法实践中法官如何主持召开庭前会议提供了指引。但是《庭前会议规程》中最大的不足则是缺少相应的制约机制，这就使得庭前会议中的很多制度性设计并不能达到预期的效果，甚至因为制约机制的缺失而使庭前会议的功能不能真正发挥出来。因此必须完善庭前会议的制约机制。

1. 建立对法官的制约机制

要完善对法官的制约机制，就要建立有效的检察监督机制。如前文所述庭前会议的召开、进行以及最终作出决定都突出了法官的主导作用，从《庭前会议规程》的具体内容来看，依旧赋予法官较大的自由裁量权，这在提高效率、发现案件事实真相方面有一定的好处，但是却不可避免地存在法官滥用权力或者懈怠职责的现象。我们知道检察机关在我国刑事诉讼中的角色不仅仅是一个刑事案件的控诉方，它还是我国法律运行体系的专门监督机构。[1] 目前的庭前会议规定多强调控诉方对庭前会议的参与，而对庭前会议期间开展的各项活动，尤其是法官在庭前会议中的行为的监督缺乏关注。因此本书认为有必须建立一个这样的检查监督机制，如果存在法官怠于程序的启动行为，不履行相应的通知义务或者其主持的活动涉及案件实体性问题等违法的现象，检察机关可以提出检察建议进行纠正，并将文书送达法院。同时，参加庭前会议的控诉人还应当转变自己的思路，应当加强对其自身法律监督身份的认识，改变以往那种公检法三机关在办理案件的过程中强调配合忽视制约的惯性思维。除此之外，本书认为如果法院作出不召开庭前会议的决定，法院履行对被告人的通知义务时，应当将这些决定、理由或通知落实到书面形式而不是简简单单地通过口头形式完成。落实到书面形式从某种程度上来说也能起到对法官的监督效果。

2. 建立对控辩双方的制约机制

建立制约机制还要完善对控辩双方的制约机制。庭前会议的一项重要功能是通过证据开示进行争点整理，这不仅保障了庭审的集中审理，还可以使控辩双方为庭审做好充分的准备。但是庭前会议这些功能的实现必须建立在控辩双方合理地进行证据开示之上。如果控辩双方依然存在证据突袭的心理，企图通过这种方式赢得在庭审期间的有利地位，这不仅不利于庭审的集中审理，还可能造成庭审活动不必要的拖延。为此各国都为防止这种证据突袭行为作出了相应的规定，比如英国规定如果控诉方不履行证据开示义务则丧失第二次获得控诉方证据开示的机会，控诉方不履行义务则可能会造成对其不利的推定。

---

[1] 参见卞建林、许慧君：《论刑事诉讼中检察机关的职权配置》，载《中国刑事法杂志》2015年第1期。

同样，目前我国的庭前会议也有防止证据突袭的相关规定，但是由于对控辩双方制约机制的缺失，这种规定所起的作用是较为有限的。考虑到案件的事实真相，对于那些在庭前就形成的，只是到庭审中才突然提出来的证据，庭审期间依然要接受这些证据，因为这些证据仍然关系到案件事实真相的认定，关乎着被告人的定罪量刑问题。但是法官可以对这些证据突袭的控诉人或辩护人进行警告批评。具体来说对于庭前不披露证据的公诉人，法院可以对其进行批评，情节严重的可以将这种批评反馈到公诉人所在的单位；对于辩护人在庭前就收集到被告人无罪或者依法不负刑事责任的证据，但是却不提交、不披露的，法院可以对其进行批评，严重的可以将批评通知到辩护人所在的律师协会。通过这种模式可以进一步控制公诉人以及辩护人证据突袭现象的发生，为庭审的集中审理，效率的提高做好铺垫。当然还可以给予双方经济上的制裁，因为一方行为导致的庭审拖延、中断，如果另一方因此而加大了诉讼费用，那么导致庭审拖延、中断的一方就应承担该部分的费用。

（四）健全对被告人的保护机制

由于庭前会议制度设计上存在职权主义色彩，加上我国刑事司法实践中存在公检法三机关配合有余制约不足的现象，如果不能保障被告人在刑事诉讼过程中的权利，不调整本就不平衡的控辩结构，那么就很容易导致冤假错案的发生。[1] 因此在审判中心主义的指引下，构建一个合理的符合我国司法实际运行状况的庭前会议，健全对被告人权利的保护机制实属必要，这也是实现控辩双方平等对抗再迈进一步的表现，只有这样才

---

[1] 参见张建伟：《以审判为中心：权利保障角度的纵深解读》，载《中国政法大学学报》2016 年第 5 期。

能真正实现庭审的实质化,实现司法的公正。

1. 完善被告人与辩护人的参与规定

在庭前会议制度中完善对被告人的保护机制,就应当完善辩护人与被告人参与庭前会议的相关规定。多年来的司法实践关于被告人与辩护人参与庭前会议一直存在争议,为此《庭前会议规程》无论是在是否参与还是在参与方式、参与地点等方面都作出了回应,但是本书通过研究发现相关规定更强调方便法官判案,而缺少对被告人权利的考虑。其实考虑被告人与辩护人参与庭前会议的问题不仅涉及诉讼程序正义还涉及我国有限司法资源的调配问题。综合这两个方面,本书认为应当根据不同的情况来确定被告人与辩护人是否参与庭前会议。首先,在一个案件中如果决定召开庭前会议,而实际情况却是被告人没有辩护人,那么无论出于何种原因一定要保障被告人对该会议的参与,如果有路途遥远或者其他不便于被告人参与庭前会议的情形,可以通过网络视频的方式灵活开展庭前会议。之所以保障被告人的参与权利是因为如果被告人不参与,庭前会议就很可能演化成公诉人与审判者庭前商讨案件的会议,这会使本来就不平衡的控辩天平变得更加倾斜。其次,对于有些案件还必须确保被告人有辩护律师。其实美国的庭前会议就严格要求辩护律师参与,如果被告人没有辩护律师,在控辩失衡的状态下,就不得举行庭前会议。[1] 考虑到我国司法条件实际情况,本书认为如果案件涉及被告人庭前认罪、附带民事调解的情况,法官必须确保案件有辩护律师的参与。因为上述涉及的事项都是比较专业的问题,被告人对相关的法律问题并不清晰,对其拥有的很多诉讼权利以及对权利的放弃后果并不熟悉,而

---

[1] 参见王兆鹏:《美国刑事诉讼法》,北京大学出版社 2005 年版,第 15 页。

此时涉及的事项又与被告人的实体诉讼权利密切相关，因此为被告人指定辩护律师确有必要；除此之外，辩护律师的参与也会对案件实现程序的分流、调解起到一定的促进作用，也可以减少庭审期间程序的变更。

2. 健全法官告知程序

完善对被告人的保护机制，庭前会议制度除了要进一步完善与被告人、辩护人出席庭前会议相关的规定外，还需要进一步完善会议前法官的告知程序。《庭前会议规程》第8条虽然也规定了法官的告知义务，但是该条仅仅简要地要求法官将时间、地点、人员以及会议涉及事项等通知参会人员即可。一方面，该条最后虽然加了"等"使法官可以适当增加通知的内容，但这一条对于被告人的权利告知并没有任何硬性规定；另一方面，参会人员中可能并不包括被告人。从这两个方面来说，这一条简单的设计并不能保障被告人庭前会议开启前充分的知情权，这将影响被告人权利的行使。此外，庭前会议涉及的许多内容可能直接影响后续的庭审环节，有的处理结果还带有终局性，这些都与被告人的切身利益密切相关。因此，本书认为在召开庭前会议前尤其是在没有辩护人参与的情况下，庭前会议规定应当增加法官对被告人会议前的权利告知义务，确保被告人在庭前会议举行前对其所拥有的权利能够明确知悉。因为对于一个不懂法律的被告人来说，只有在了解自己所拥有权利的情况下，才能更好地行使权力，由被告人对自己权利的行使与否进行选择。综上所述，笔者认为这些都是在考虑我国目前司法资源紧张的情况下对被告人权利保护的必然要求，我们不能因为现阶段的司法资源紧缺问题而忽视对被告人权利的保障，这也不利于审判中心主义下的司法改革目标的实现。

第二节　正当程序主义在刑事案件速裁程序中的体现[*]

一、正当程序主义与刑事速裁程序

正当程序的概念最早源于英国,强调公民的财产与自由乃至生命的剥夺必须经过法律规定的程序"答辩"后才能进行。[1]当然正当程序的概念远不止于此,其在刑事诉讼法中是一个含义丰富的术语,美国学者阿瑟·萨瑟兰曾戏谑地称其为"便于利用的暧昧的短语"。[2]在美国法中,正当程序是植根于宪法的基本概念,通过"《宪法修正案》第5条和第14条"适用于联邦和各州,其含义通常被区分为实体上的正当程序,指在立法上必须为良法,实体内容要符合公平正义观念;以及程序上的正当程序,即要求公民个人的生命、自由或财产被剥夺必须经过合理的程序令当事人参与进来并发表意见。[3]程序观念上的正当程序系各国所共通理解之概念,强调诉讼程序要及时告知相对人,并赋予其参与庭审、提出主张等权利。

在日本法中,正当程序的概念还可以是站在宪法的视角,杂糅了必罚主义与人权保障含义的折中概念,"基于人权保障和必罚要求的利益衡量,确认宪法上正当的程序",是一种人权保

---

[*] 与褚智林合作,有改动。

[1] 参见[英]丹宁勋爵:《法律的正当程序》,李克强、杨百揆、刘庸安译,法律出版社1999年版,第1页。

[2] 参见张建伟:《司法竞技主义——英美诉讼传统与中国庭审方式》,北京大学出版社2005年版,第376页。

[3] 汪进元:《论宪法的正当程序原则》,载《法学研究》2001年第2期。

障的最低标准。[1] 当然，更多的时候正当程序主义用来表示刑事诉讼中的"人权主义"，即"多与被告人的人权保障交替使用"。[2] 这在刑事诉讼的具体要求是：被提前告知指控罪名；由具有资格的律师为其辩护；有权针对指控而进行对质和盘诘；审讯的过程有书面记录；由不偏不倚的法官作公正而快速的审判；对于判决，有向上级法院提出上诉的权利。[3]

为了建构正当程序从而保护被追诉人人权，刑事诉讼法预设了周全的程序体系来实现这一目的，无论是诉讼阶段论下的"层控"体制，即通过三个诉讼阶段把控案件质量，还是详尽的法庭调查程序，通过交叉询问去伪存真，保障诉讼结果的公正与准确等都是如此。而高举诉讼效率大旗的刑事案件速裁程序，基于种种理由简化了刑事诉讼法构建的周密、详尽的程序，实现了"正当程序的简易化"，却也带来了"简易程序的正当化"问题。[4] 在实际运行中，被过分简化的刑事案件速裁程序还能否贯彻正当程序主义实现人权保障之目标是值得怀疑的。正如在美国辩诉交易制度不断发展壮大的过程中，学者阿尔斯楚勒所担忧的那样："我们离有罪答辩不被鼓励和诉讼被认为是'正义最可靠的检验方法'的时代的距离已经很遥远了……法官不再宣布不允许施加任何形式的压力来使当事人放弃任何权利或

---

[1] [日] 铃木茂嗣：《刑事诉讼法的基本问题》，成文堂1988年版，第2~5页。另参见 [日] 谷口安平：《程序的正义与诉讼》，王亚新、刘荣军译，中国政法大学出版社1996年版，第4页。

[2] 参见王敏远主编：《刑事诉讼法学》（上册），知识产权出版社2013年版，第129页。

[3] 参见张建伟：《司法竞技主义——英美诉讼传统与中国庭审方式》，北京大学出版社2005年版，第193页。

[4] 参见陈卫东、李洪江：《正当程序的简易化与简易程序的正当化》，载《法学研究》1998年第2期。

者优势,哪怕是最轻微的压力。"[1]

当下之中国,以效率为导向的刑事程序简易化改革往往表现为刑事案件办理的去诉讼化倾向,在刑事案件速裁程序中,值班律师形同虚设,法庭辩论与质证完全废除,废除上诉审实行一审终审的观点甚嚣尘上,基于此笔者不得不也像美国的阿尔斯楚勒教授一样,担忧我国的刑事案件速裁程序改革在"去诉讼化"的道路上一路高歌猛进,在偏离正当程序的航道中越行越远。当下,正当程序主义作为刑事诉讼法必须坚守的目的,在刑事案件速裁程序中是否得到了实现,在接下来的改革中如何节制速裁程序所体现的"去诉讼化"趋势值得深思。

二、正当程序主义在速裁程序中的变革

刑事案件速裁程序在审查起诉和一审程序的种种安排都暗含着一种以效率为导向的价值观,甚至有学者认为速裁程序只应当追求效率。[2] 但是当我们承认刑事诉讼的最高价值是实现公正,而刑事案件速裁程序和普通程序相比又在一定程度上降低了对当事人的保护力度,我们就必须为刑事案件速裁程序偏离正当程序主义的倾向寻找异于效率论的理由。

笔者认为"速裁程序偏离正当程序主义"的问题可以在刑事诉讼的合作性司法模式中得到解答。所谓"合作性司法",是指控辩双方为最大限度地获取共同的诉讼利益而放弃对抗的诉讼模式,一般表现为被告人自愿作出有罪供述,公诉机关采取终止刑事追诉、采取轻缓追诉措施、寻求法院判处轻刑等"优

---

[1] 参见张建伟:《司法竞技主义——英美诉讼传统与中国庭审方式》,北京大学出版社2005年版,第376页。

[2] 参见汪建成:《以效率为价值导向的刑事速裁程序论纲》,载《政法论坛》2016年第1期。

惠性"措施。[1] 这种"合作"往往体现在被追诉一方与刑事追诉机构通过协商、妥协来决定被告人刑事责任，因而也有许多论者称其为"协商性司法"。[2] 这一理论对刑事案件速裁程序在"构建正当程序"上的正当性体现在以下几个方面。

（一）认罪认罚减弱了刑事诉讼中的对抗性

洞悉刑事诉讼法的历史发展进程，我们可以看到刑事诉讼体现的对抗性与"国家追诉主义"的兴起和确立相伴而生，刑事诉讼法逐渐演化出以"国家—被追诉人"的关系为中心的构建理念。英美法系国家伴随着自由主义、个人主义的思想传统，逐渐形成了"司法竞技主义"的诉讼传统，依靠控辩双方的抗争推进刑事诉讼的进行为代表的"当事人主义"诉讼构造成为典型。大陆法系国家虽然不及英美法系如此极端，承认法官依职权主导诉讼进行，并可以在适时依职权调取证据，重在对事实真相的探知，但是代表国家的公诉方与被追诉人之间进行的刑事诉讼活动依然被理解为是一场"你死我活的零和游戏"。

1. 正当程序生长的土壤：在激烈的诉讼对抗中保护弱者的需求

基于刑事诉讼中控辩双方存在根本的利益冲突与激烈的诉讼对抗这一背景，刑事诉讼法通过建构"无罪推定"原则为核心的举证责任、证明标准制度，以及以独立行使的辩护权为核心的律师协助权等，强化了被追诉一方的防御权；设计了诸如回避制度、起诉状一本主义的原则，实现了裁判者的中立、客

---

[1] 参见陈瑞华：《司法过程中的对抗与合作——一种新的刑事诉讼模式理论》，载《法学研究》2007年第3期。

[2] 参见马明亮：《正义的妥协——协商性司法在中国的兴起》，载《中外法学》2004年第1期。

观的诉讼地位；而以覆审制为核心的上诉审程序构建及以非法证据排除制度为代表的程序性制裁制度也充分限制了恣意行使的国家追诉权，由此在刑事诉讼中逐渐形成了"以控辩双方理性对抗为标志的诉讼形态"。[1]

可见，正是基于实现正当程序主义对被追诉人人权保障的现实需求，为了让被追诉人在庞大的国家机器面前不再软弱无力，这种基于保护弱者，实现控辩平等的正当程序理念才落地生根发芽。

2. 正当程序变革的环境：因认罪认罚而大幅度缓和了诉讼两造的对抗

美国著名的证据法教授乔恩·R.华尔兹曾说："对抗式审判是不相一致的事实陈述和法律理论之间的竞争。"[2] 当我们把目光投向司法实践中，会发现对抗式审判的特点在刑事案件速裁程序中不复存在。

在刑事案件速裁程序中，被追诉人全部放弃对抗而认罪认罚，辩护人一般不再进行无罪辩护，在审查起诉阶段，被追诉人与追诉机关还能进行"控辩协商"，只有被追诉人对量刑建议和程序适用表示同意并签署具结书的，刑事速裁程序才能继续进行。可见速裁程序中控辩双方不再是剑拔弩张，激烈地进行对抗，而是可以就定罪量刑及适用程序的相关事项进行平等、耐心的交流，不相一致的事实陈述和法律理论在被追诉人签署具结书之后不复存在。

---

[1] 陈瑞华：《刑事诉讼的前沿问题》（第5版），中国人民大学出版社2016年版，第434页。

[2] [美]乔恩·R.华尔兹：《刑事证据大全》，何家弘等译，中国人民公安大学出版社1993年版，第7页。

第三章　刑事审判程序的完善

　　由于产生于激烈诉讼对抗中保护弱者的需求的消解，在刑事案件速裁程序中，律师帮助权只是以值班咨询律师的形式出现而并非强制辩护，实行一审终审的思潮等制度变革就有了新的注解，正当程序正在逐渐从平衡控辩双方诉讼力量、维护"司法竞技"的公平性转向保证被追诉人认罪认罚的自愿性与裁判结果的公信力，在此意义上正当程序主义也在进行一次内在更新和重构。

　　(二) 被追诉人对裁判形成施加影响的方式变化

　　从实现程序正义的视角理解正当程序的作用，可以对问题的讨论更加具体化。正当程序主义所体现的程序参与原则发生了一定程度的改变，被追诉人对裁判形成施加影响的方式发生了变化，由此推动了正当程序主义在刑事速裁程序中的发展。

　　1. 正当程序主义所蕴含的"程序参与"要素

　　陈瑞华教授通过分析程序正义的理论渊源，归纳出程序正义的几个标准：参与、中立、对等、司法理性、及时性、终结性。其中程序参与原则是实现程序正义的首要原则，其核心思想是：权益可能会被侵害的当事人能够有机会参与到程序之中并影响最终结果。[1]

　　这种定义下的"程序参与原则"依然是站在"激烈的诉讼对抗"这一背景下进行理解的：控辩双方拥有势均力敌的参与能力；确保各方提出有利的证据和主张，并和对方进行充分的质证、辩论；控辩双方的对抗行为能够充分影响裁判者心证的形成。

　　在传统的理解中，构建如此的"正当程序"才能保障被追

---

〔1〕 陈瑞华：《刑事诉讼的前沿问题》（第5版），中国人民大学出版社2016年版，第171页。

诉人作为诉讼主体积极地参与到对其不利的刑事诉讼程序之中，实现被追诉人与行使刑罚权的国家平等交流、对话，从而防止被追诉人沦为诉讼客体。由此，被追诉人在决定其命运的审判中成为对话者、参与者和说服者。在此意义上，虽然是存在犯罪嫌疑的被追诉人，但他的人格尊严依然得到了充分的尊重，我们才可以客观地评价这样的追诉程序是"正当的"，终局的裁判结果是值得信服的。

2. 被追诉人影响裁判结果的方式变化：由参与诉讼对抗变为程序选择

相比控辩双方激烈对抗的案件，程序参与原则在速裁程序中实现的方式悄然发生了改变。笔者尝试着进行大胆地概括：刑事案件速裁程序的运行本身就是被追诉人积极参与诉讼并对裁判形成施加积极影响的结果。

首先，从程序上，被告人选择适用速裁程序直接改变了人民法院审理案件的方式，使得裁判结果具有高度的可预见性。依据《关于在部分地区开展刑事案件认罪认罚从宽制度试点工作的办法》（以下简称《认罪认罚从宽工作办法》）第16条、第27条和《关于在部分地区开展刑事案件速裁程序试点工作的办法》（以下简称《刑事案件速裁程序工作办法》）第16条，被追诉人认罪认罚的，庭审将直接进入到被告人最后陈述环节。这样带来的直接效果就是人民法院基本在确认了被告人认罪认罚自愿性和适用速裁程序的合法性之后就对检察机关的量刑建议加以确认。而由于量刑建议在审查起诉阶段就得到了被追诉人的确认，因此适用刑事速裁程序审理的案件，其判决结果对被告人来说具有高度的可预见性。

其次，从实体上，被告人认罪认罚适用速裁程序必然带来量刑上的优惠，依据《刑事案件速裁程序试点工作座谈会纪要

(二)》第 5 条的规定,适用刑事案件速裁程序要充分体现量刑激励。被告人同意适用速裁程序的,在确保法律效果的前提下,可以减少基准刑的 10%~30%。适用刑事案件速裁程序必然导致量刑上的从宽,当被告人放弃了接受普通程序的审判时,作为"对价"或"优惠",实体上的量刑从轻也是被告人通过行使程序选择权进而影响案件最终裁判的明证。

这种"新型的程序参与原则",有学者将其概括为是刑事速裁程序体现的一种"新的基于合作的程序正义观"。[1] 刑事案件速裁程序依然实现了正当程序主义,只不过这种实现的方式与体现对抗性的普通程序有所不同罢了,速裁程序的被告人不需要通过与控诉方间平等、公平的抗争来对裁判结果施加影响,而是通过行使程序选择权来积极地获得较轻的处罚结果从而最终影响裁判的结果。

三、正当程序主义在速裁程序中的退却危险

基于合作性司法模式,公诉机关与被追诉人似乎达成了最低限度的合作:事实清楚,证据充分的案件,被追诉人认罪与国家合作换取较低的量刑;同时被告人通过行使程序选择权充分参与并影响了裁判的最终形成。在这一背景下建构的诉讼程序虽然大幅度简化但依然满足正当程序主义的要求。

值得我们警惕的是我国刑事速裁程序的改革并没有丧失正当程序对人权的保护,但有失去的危险。当我们谨慎地观察当下速裁程序改革的发起和运行时,会发现其处于从正当程序主义退却的危险之中。

---

[1] 参见张新:《刑事速裁程序启动与转化问题研究》,载《时代法学》2016年第 4 期。

（一）适用范围扩大影响了诉讼程序体系的协调

速裁程序改革的目标旨在形成多元化的诉讼程序体系，实现普通程序—简易程序—刑事案件速裁程序的三级诉讼程序阶梯的目标，实现案件繁简分流，提升效率，集中资源办理疑难案件。这一设想无疑是正确而且具有前瞻性的，但是在认罪认罚从宽制度试点正式铺开后，速裁程序适用范围大幅扩大，适用案件的罪名种类不再限定，罪行的轻重程度变为"可能判处3年有期徒刑以下刑罚"。而这样的扩大，目前还鲜有论者对其进行批判性反思。

1. 繁简分流的目标难以实现

刑事案件速裁程序经过两年的试点，其效果得到认可，在认罪认罚从宽制度试点过程中被继续加强，适用范围进一步扩大，以期更好地实现案件繁简分流，但是这一改革目标是否能够落到实处，扩大刑事案件速裁程序适用范围究竟是实现了繁简分流还是造成了简与更简的分流？

回答这一问题我们必须将目光拉回到速裁程序改革的动因——"案多人少，效率低下"上来。回顾我国的刑事诉讼法发展史，对诉讼程序进行简化的需求一直十分强烈。经济发展伴随着轻微刑事犯罪的爆炸性增长，为了应对这一局面，从1996年修正《刑事诉讼法》增设简易程序，到2003年司法实践中出现的"普通程序简易审"，再到2006年的"轻微刑事案件快速办理机制"，最后到2012年对刑事简易程序的修正，可以看到简易办理的轻微刑事案件范围不断扩大，审理程序也一再被简化。

而2014年开始的刑事案件速裁程序改革更是表达了对诉讼程序进一步简化的强烈需求与愿望。而支撑起如此强烈改革愿望的原因被认为是我国刑事诉讼程序没有建立起有效的繁简分流机制，面对爆炸性增长的刑事案件、"案多人少"的困境，诉讼程序不堪其累。

但是案件是否多到司法机关无法承受，办案人员人数不足的问题又是否必须通过简化诉讼程序来解决值得费一番笔墨进行讨论。

首先，我国的普通程序本身就很简化，在"以审判为中心"的诉讼制度改革尚未落实之前，较低的证人出庭率、案卷笔录中心主义的问题还没有得到有效解决。

如此看来，诉讼程序不堪其累的现实图景似乎和那些坚定的改革者所想的并不同。我国的普通程序本身就比较简化，严重刑事犯罪所投入的司法资源也并非如此之多，那么实现"繁简分流"，在一定意义上就变为了"简与更简的分流"。

其次，我们还必须考察造成所谓"案多人少"困境的真正原因。笔者认为造成这一困境的原因除了轻微刑事案件每年大量增长与我国未建立有效的繁简分流机制外，还有以下几个方面的问题：一是在某些地方的司法实践中，法官、检察官除了承担本职工作外往往还要承担维稳等任务，冗杂的政策性会议也经常挤占了一线司法工作者的办案时间；二是员额制改革就目前看来还未完全落到实处，员额制是让法官脱身于烦琐的行政事务腾出精力办案，但是实践中承担行政职责的司法机关管理人员，依据政策依然可以入额，并且放宽其每年办理案件的数量，这使得通过员额制改革充实办案力量存在落空的危险；三是过高的法检人才流失现象，造成一线办案力量流失严重，水准下降。

这些诉讼程序的外部因素在笔者看来是制约诉讼程序体系发挥功效的一大原因，而"案多人少"只是这些外部因素的表现形式，如果不能和解决这些问题的改革措施齐头并进的话，繁简分流依然难以实现，其结果反而是形成了案件"简与更简"的分流，让轻微刑事犯罪的程序保障程度降低。

2. 简易程序有被架空的危险

刑事案件速裁程序适用范围扩大后，重构了简易程序与刑事速裁程序的关系，其目标在于实现普通程序——简易程序——刑事案件速裁程序的三级诉讼程序阶梯，提高诉讼程序体系应对案件的适应能力，案件由繁至简适用不同的程序，从而提高司法资源的分配效率。但是如此目标得以实现的要求是诉讼程序"三级阶梯"之间彼此衔接严密、合理，形成严密的诉讼程序体系。而这样的诉讼程序体系随着刑事速裁程序适用范围的扩大，可能出现衔接失衡的危险，特别是简易程序有被架空的危险。

以3年有期徒刑为标准作为划分轻罪与重罪的分界线，会发现我国司法实践中轻罪与重罪的分布也符合"简单多数与复杂少数"的"二八定理"[1]，轻微刑事案件通常占到全部刑事案件的80%左右。[2]通过引入经验事实我们可以知道，被告人基于理性人的选择，犯罪行为越是轻微，其预期的刑期越短，才越有可能和司法机关形成最低限度的合作，若是其可能判处的刑罚在3年以上，其认罪认罚的可能性就越低，越是严重的刑事犯罪，越不认罪，与司法机关对抗的预期收益就越高，其心理动因就越强。在这一推理成立的条件下，有可能处以3年以上有期徒刑的重罪案件不及全部刑事案件的20%，又因为罪行越重认罪认罚可能性越低，刑事简易程序适用比例将大幅度

---

[1] 参见李本森:《法律中的二八定理——基于被告人认罪案件审理的定量分析》，载《中国社会科学》2013年第3期。

[2] 2012年至2014年，判处3年有期徒刑以下刑罚的案件占全部案件的比例分别为78.28%、82.28%、84.36%。数据分别参见《2013中国法律年鉴》第1210页、《2014中国法律年鉴》第1133页、《2015中国法律年鉴》第1014页。

减少,大量的认罪案件只适用刑事案件速裁程序审理,形成了普通程序与刑事速裁程序的二元局面,简易程序在实践中被架空了。速裁程序虽然能为刑事司法体系带来更大的效率提升,但由于其对诉讼程序的过度简化,对正当程序主义的偏离倾向,在立法论上对速裁程序的适用应当谨慎克制。简易程序虽然简化,但相比速裁程序仍能给被告人带来更为周全的程序保障,而目前的改革,大踏步地令速裁程序挤占简易程序的适用空间并不足取。由此观之,三级诉讼程序的阶梯衔接不仅存在失衡的状态,而且还难以实现繁简分流的改革目标,对正当程序主义形成冲击。

(二) 值班律师制度难以保证认罪认罚的自愿性

刑事律师的参与是保障公平审判的结构性要素,是判断诉讼程序是否符合正当程序的标志。特别是在刑事案件速裁程序的改革中,基于被追诉人认罪认罚,放弃与追诉机关之间的对抗,程序的大幅度省略与压缩带来了诉讼效率的提升,也导致了庭审发现真实功能的削减,裁判结果的公信力有所减弱。因此为了保证裁判结果的公正性,只能通过加强刑事案件速裁程序的正当性来解决,充分保障被追诉人认罪认罚的自愿性与明智性,通过程序正义补足对追求实体正义的松懈。

而实现被追诉人认罪认罚自愿性与明智性的制度前提,就是保障被追诉人的律师帮助权。令人欣慰的是,2017 年 10 月 9 日,最高人民法院、司法部发布了《关于开展刑事案件律师辩护全覆盖试点工作的办法》,加强了刑事律师在刑事案件中的参与作用,扩大了指定辩护的范围,在一定程度上实现刑事辩护"全覆盖"。但是值得注意的是,该办法仍然按照诉讼程序的简易程度对刑事律师参与案件做了区分,将一审普通程序、二审程序和再审程序纳入强制辩护的适用范围,而被告人认罪认罚的刑事简易程序和速裁程序仍旧由值班律师提供"法律帮助"。[1]

1. 律师协助权发挥作用的三大支柱

律师协助权是实现正当程序主义的核心。在实行当事人主义构造的英美法中，被告在审判或上诉审程序中享有律师权时，若其律师协助权受侵害，构成当然发回的效果（automatic reversal）。[2] 辩护制度的设立依据在于维护控辩双方在知识与经验上以及诉讼程序总体上的对等性，保护被追诉人的权益。[3] 究其原因在于当事人主义构造中，法官消极中立，面对强大的控诉方，若不能以较强的辩护权加以平衡，当事人无法实现推进诉讼进程。

律师协助权得以发挥其补强被追诉一方诉讼能力的缺陷、实现"平等武装"作用的支柱可以概括为三个方面：

（1）忠诚义务为核心的职业伦理。作为接受犯罪嫌疑人、被告人委托而担任辩护人的诉讼参与者，辩护律师受以忠诚于委托人利益为中心的职业伦理规范。[4] 职业伦理的范围很多，包括认真勤勉、规避利益冲突等，但最重要的是辩护人对委托人的忠诚义务，即忠诚于委托人的利益，综合全案的证据材料，竭尽全力为被追诉人减轻罪责，甚至争取无罪结果，同时保障其在刑事追诉过程中的诉讼权利与人身、财产安全。

---

[1] 参见《关于开展刑事案件律师辩护全覆盖试点工作的办法》第2条。
[2] 参见王兆鹏：《美国刑事诉讼法》（第2版），北京大学出版社2014年版，第380~381页。
[3] 参见王兆鹏：《美国刑事诉讼法》（第2版），北京大学出版社2014年版，第370页。
[4] 参见陈瑞华：《刑事诉讼的前沿问题》（第5版），中国人民大学出版社2016年版，第666页。

（2）基于民事代理合同产生的自由身份。辩护制度的设立目的在于补强被追诉人在庞大的国家机器面前十分弱小的防御能力。这一点体现在诉讼法上就是诉讼角色及其职能的分化——即公诉人与辩护人、控诉与辩护职能的对立。

而维持这种泾渭分明的职能分化的根源实际来源于被追诉人与辩护律师之间签订的委托代理合同。基于这一民事合同，辩护律师具有"私主体"的性质，在一定程度上具有了类似"商人"的身份，通过自己的法律知识和富有创造性的劳动成果获取较为可观的报酬，这一点从根本上区别于检察官的"客观义务"。[1] 可以说若是没有基于委托合同产生的"私主体"身份，辩护人的独立辩护地位就难免与公诉人的控诉职能混同，从而危害被追诉人的合法权益。[2]

（3）受刑事诉讼法保护的辩护权。除了基于职业伦理产生的忠诚义务和基于委托合同产生的"私主体"身份外，律师协助权能够正常行使还依附于诸如会见权、调查取证权、代理申诉控告权等具体的辩护权的权能。加强和充实辩护权一直是刑事诉讼法的逻辑主线，日本的田口守一教授曾说"刑事诉讼法的发展史就是辩护权的扩充史"，说的就是这个道理。[3] 没有了辩护权具体权能的保护，刑事律师就无法实质性地参与诉讼活动。

---

〔1〕 参见程雷：《检察官的客观义务比较研究》，载《国家检察官学院学报》2005年第4期。

〔2〕 参见陈瑞华：《刑事诉讼的前沿问题》（第5版），中国人民大学出版社2016年版，第664页。

〔3〕 参见［日］田口守一：《刑事诉讼法》（第5版），张凌、于秀峰译，中国政法大学出版社2010年版，第107页。

2. 值班律师制度的局限

刑事速裁程序的改革，存在庭审形式化的问题，法官从查明真实的任务中解脱出来，法官不能再像在普通程序中，依靠职权纠正控诉方与被告人之间的不平等，以往被认为是职权主义构造的优点在速裁程序中不复存在，而值班律师本身存在的缺陷并不足以扛起权利保障的大旗。

（1）值班律师的职能过于狭窄。比较法视角下，各国的值班律师制度除了常规地提供法律咨询服务，都在一定程度上履行辩护人的职能，英国的法庭值班律师在被告人未委托辩护人时必须亲自出庭，否则需要委托另一名值班律师代为出庭；加拿大的值班律师还具有申请保释的法定职责，代表被告人与检察官就保释问题进行协商；日本的值班律师不仅可以提供法律咨询服务，还可以作为辩护人出庭辩护。[1]

我国的值班律师的工作内容仅限于简单的法律咨询服务。[2] 这种类似法律顾问式的功能往往沦为流水作业式的操作，其效果往往得不到保障，因此有的学者认为应当将刑事速裁程序中的值班律师定位为"法律咨询师""法律急诊医生""法律援助引导员"。[3]

（2）刑事辩护律师之所以可以代表私权利（被追诉人利益）与强大的公权力机关正面抗衡，为当事人的合法权益据理力争，这样的"法律驱动力"在一定程度上来源于被追诉人与

---

[1] 参见张海粟、郎金刚：《〈激辩值班律师制度〉系列报道之五：域外值班律师制度简介》，载《民主与法制》2017年第24期。

[2] 参见司法部《关于切实发挥职能作用做好刑事案件速裁程序试点相关工作的通知》第1条。

[3] 参见陈文聪：《值班律师制度的反思与重构》，载《中国律师》2016年第10期。

律师签订的民事代理合同。由此产生了对委托人的忠诚义务为核心的职业伦理以及私主体性质的身份，而与公权力机关无涉。然而，依据《认罪认罚从宽工作办法》第5条，值班律师由人民法院、看守所等公权力机构单方面派驻或安排，其并不像辩护人一样与被追诉人签订委托合同。

由此观之，支撑着辩护制度或者传统法律援助制度能够焕发生机的两大支柱在刑事速裁程序中都不存在，值班律师由公权力机关单方面委派，经费开支由国家拨付，同时值班律师与被追诉人之间没有委托协议的约束，委托人——当事人之间的信赖、忠诚义务无法产生。

（3）缺乏阅卷权等权利的保障。值班律师由于不具有辩护人的地位，自然也就无法依据《刑事诉讼法》获得阅卷权、调查取证权等权利，而这些权利恰恰是行使律师协助权充分保障被追诉人认罪认罚自愿性、明智性的前提和基础。因为在司法实践中往往存在着这样的现象：被追诉人实际并没有犯罪，或者依据法律有获得不起诉决定的可能，但迫于压力及已经先期羁押一定时日，此时认罪认罚往往当即就能重获自由。而值班律师若是不能全面了解案情，站在被追诉人角度进行思考，往往就会丧失提出法律意见的独立性。

当下，刑事辩护全覆盖的改革已经推开并开始试点，在刑事辩护律师数量不足且经费有限的情况下，采用值班律师制度的方式只能是权宜之计，是临时性的救急措施。[1] 在简易化的刑事诉讼程序中适用值班律师制度，由于其本身职能仅限于"顾问式"的法律服务，而没有以民事委托合同为核心建立起来

---

〔1〕 参见王敏远：《认罪认罚从宽制度疑难问题研究》，载《中国法学》2017年第1期。

的"信赖、忠诚纽带",又没有《刑事诉讼法》所保护的实体性权利支撑,被追诉人将随时可能从"正当程序"的断崖边坠落,刑事速裁程序也将逐渐从正当程序主义中退却。

(三) 一审终审制的思潮偏离了正当程序的轨道

被告人上诉权的正当性争议一直持续不断。支持废除刑事速裁案件被告人上诉权有以下几种代表性观点:从上诉审程序的实际运行来看,上诉审程序对原审的事实认定、法律适用的准确性和诉讼程序的合法性审查流于形式;[1]允许被告人在认罪认罚之后仍可以上诉违反诉讼公平和诚信;实践中上诉比例低,且被告人存在利用法律漏洞滥用上诉权的情形,不再具有赋予被告人上诉权的必要性等。

刑事速裁程序相比普通程序进行了大幅度的简化,特别是在刑事审判程序中,上诉审制度是对被告人权利救济的核心,对于要在刑事速裁案件中废除上诉审制度的观点必须要慎重对待,对于被告人在速裁案件中的上诉权需要重新加以审视。从刑事诉讼目的出发,刑事判决的公信力一半来源于对事实真相的准确挖掘,另一半来源于《刑事诉讼法》构建的正当程序能够充分保障人权。上诉审程序在速裁程序中主要是作为"正当程序"的结构性要素出现的。被告人滥用上诉权的行为的确不当,但考虑到我国的司法现状,速裁案件的上诉审程序值得保留。

我国的刑事速裁程序和普通程序相比,只是将审查起诉和

---

[1] 参见刘广三、李晓:《刑事速裁程序实施问题与对策研究——以北京市C区法院为样本》,载《法学论坛》2016年第5期。

一审程序进行了内容删减和压缩，而最终定罪的效果无差。[1]考察上诉审程序之外的其他制度，难以保障被告人认罪认罚的自愿性，实现正当程序主义。前已述及，我国的普通程序本就已十分简略，而值班律师的法律帮助着实有限。在这样的制度背景下，废除速裁案件被告人的上诉权就必须暂缓图之。

从上诉审程序吸收不满的功能进行考量，在速裁案件中保留被告人的上诉权有助于增强判决的可接受性。上诉审程序除了保证第一审裁判事实精确性、纠正第一审裁判之错误的功能，还具有吸收当事人不满，满足诉愿功能。[2]特别是速裁程序因为程序的简化带来的自身正当化的减弱，也提高了对诉讼程序吸收不满功能的要求。通过上诉审程序对判决结果的再次确认能够让被告人更为信服地接受判决的结果，增强判决的公信力。

从刑事司法的特殊性出发，应当允许被追诉人所谓的诉讼"不诚信"的行为。刑事司法关乎公民的自由、财产安全，出于保障人权，维护刑事诉讼中正当程序的目的，当对诉讼权利的周延保护和诉讼效率产生正面冲突之时，国家应当允许被追诉人打一些"小算盘"，要一些"小聪明"，被告人之背信行为所产生的诉累可能也是《刑事诉讼法》本身要承担的负担。

在刑事速裁程序中废除上诉权实行一审终审的观点不符合诉讼法理与我国实际情况，有些过于超前，当下刑事速裁程序有偏离正当程序主义诉讼目的的倾向。

---

[1] 张建升等：《刑事案件速裁程序的试点探索与理论建构》，载《人民检察》2015年第19期。

[2] 参见易延友：《刑事诉讼法——规则、原理与应用》（第4版），法律出版社2013年版，第407~408页。

第三节　刑事速裁案件上诉审程序的完善

2016年9月3日，全国人大授权"两高"进行"认罪认罚从宽制度"的试点，将速裁程序的继续探索并入了这一试点工作，有针对性地调整速裁案件的上诉程序也作为试点工作的一大调研课题。少有论者对速裁案件的上诉程序问题进行深入探讨。刑事案件速裁程序中是否需要废除被告人的上诉权，实行一审终审；若是不废除被告人上诉权，刑事速裁案件的上诉审程序是否需要对其结构进行有针对性的调整，从而有别于一般的上诉审程序；若是需要有针对性的调整，如何构建和刑事案件速裁程序相衔接的上诉审程序。这些问题都亟须在速裁程序的试点过程中进行思考和解决。

一、废除刑事速裁案件被告人的上诉权宜商榷

从试点开始，在刑事案件速裁程序中是否实行"一审终审"就一直争议不断，随着速裁程序并入"认罪认罚从宽制度"的继续试点，这一声音有所减弱，但被告人上诉权的正当性争议仍在持续。正当程序的简易化必然带来简易程序的正当化问题。在普通程序基础上由"简上加简"发展而来的刑事案件速裁程序强调进一步简化其程序，实行"一审终审"必然会带来速裁程序本身正当性是否充分的问题。同时，作为对裁判结果进行救济的上诉制度，关乎被告人的人权保障问题，对上诉权加以限制甚至废除，进而颠覆刑事速裁案件上诉审程序须慎之又慎。

（一）废除上诉权之争议

支持废除刑事速裁案件被告人上诉权的理由，有以下四种代表性观点：

第一种观点认为，上诉审徒具形式。废除速裁案件的二审程序、实行"一裁终局"的观点认为，与速裁程序衔接的上诉审程序徒具形式，其意义本身已被消解。由于速裁程序本身删除了法庭调查程序，没有质证环节，裁判文书上没有关于法官认证的内容。在此情况下，二审无法对一审程序中证据的采纳和采信进行审查，所谓的二审程序徒有其表。从极少数上诉案件看，二审法院亦均在较短时间内进行书面审查，并作出维持原判的裁定。因此，废除只具有形式的二审程序是体现刑事速裁程序所注重诉讼经济和效率的应有之义。

第二种观点认为，违反诉讼公平和诉讼诚信。主张废除速裁案件被告人上诉权的论者认为，被告人认罪认罚适用速裁程序审理的对价就是相应的量刑优惠。被告人在知悉法律后果的情况下选择了速裁程序，应视为放弃了上诉权，是认罪认罚、服从判决、接受改造的表现。如果被告人因为认罪认罚得到从宽处罚又提出上诉，有悖诉讼诚信原则，而且受上诉不加刑原则限制，二审无法撤销从宽判决、加重判刑，有失公平。

第三种观点认为，废除上诉权符合域外的实践经验。意大利的辩诉交易制度等均规定，除被迫协商等法定情形外，原则上不允许上诉。德国、法国的处罚令程序，也是一审终审。[1] 因此，该观点主张我国的速裁程序也可借鉴辩诉交易制度和处罚令程序实行一审终审。

第四种观点认为，实践中上诉比例低，且主要是"技术性上诉"。最高人民法院、最高人民检察院《关于刑事案件速裁程序试点情况的中期报告》的数据显示，速裁程序试点中"检察

---

[1] 参见沈亮：《关于刑事案件速裁程序试点若干问题的思考》，载《法律适用》2016年第4期。

机关抗诉率、附带民事诉讼原告人上诉率为 0,被告人上诉率仅为 2.10%"。现行刑事诉讼法将看守所代为执行的有期徒刑由原先的一年改为三个月以下的规定,使得部分被告人为了可以在看守所服刑,选择利用上诉程序进行无诉求的上诉,以期延长羁押期限抵减服刑时间。除了为了"留所服刑",许多诸如"危险驾驶罪"的轻微刑事案件被告人审前未被羁押,为了获得"片刻自由",逃避前往看守所、监狱服刑而提出上诉,进而拖延时间。真正因为对定罪、量刑、诉讼程序等不服而上诉的几乎没有,且上诉后均在较短时间内撤回上诉。[1] 正是由于速裁案件本身上诉率就很低,而且上诉的被告人多是出于"留所服刑"和追求"片刻自由"而提出的"技术性上诉",这使得上诉审设立必要性遭到了削减。

(二)废除上诉权之回应

上述四种观点并不足以支持废除上诉权实行一审终审的结论,理由如下:

第一,上诉权作为基本人权,不可随意因让渡或交换而消灭。当下,上诉权早已成为国际社会公认的一项基本人权被吸纳入《公民权利及政治权利国际公约》中了。其作为接受公平审判权的一部分,在一般情况下绝非可以让渡或交换的权利,上述论者多将刑事诉讼与民事诉讼类比,用民事诉讼法中的"诚实信用原则"来诠释刑事案件速裁程序,且不论这种方法说服力几何,站在正当程序主义视角下,以所谓的"诚信"和"禁止被告人反言"作为支持废除上诉审程序的依据实在单薄。而且,我国刑事诉讼从本质上异于民事诉讼,其实质在于确定

---

[1] 参见刘广三、李晓:《刑事速裁程序实施问题与对策研究——以北京市 C 区法院为样本》,载《法学论坛》2016 年第 5 期。

具体案件中国家刑罚权的存在与否及其可适用的范围，其后果深切关乎公民的自由、财产安全。刑事案件速裁程序与民事诉讼中的小额速裁程序虽均被称为"速裁"程序但其实质实在南辕北辙，不可等量齐观。因此，出于保障人权，维护刑事诉讼中正当程序的目的，我们思考的着眼点应落在如何落实二审程序的功能而不是一废了之，也非讨论被告人这种"背信"行为是否违反公平。

第二，上诉权在当下速裁程序人权保障有待加强的背景下有保留之必要。正像达玛斯卡所言，"比较他国制度的过程是自我重新定位的过程"，而不是在他国制度面前断章取义，亦步亦趋。这些外国立法例有一个共同的趋势就是："增强第一审的终局性，强调上诉审法院应该审理那些具有价值的案件。"可见，认为国外类似"速裁程序"的诉讼程序采用一审终审制，我国也应如此的论断是值得商榷的。实践中，种种"钻法律空子"的投机取巧之举，的确深刻地动摇了二审程序的根基。就我国刑事司法的现实而论，限制被告人的上诉权还缺乏现实的条件。我国的刑事速裁程序有以下特点：其一，简化的只是追诉程序，定罪的法律效果与普通程序没有差别。其二，有关被告人自愿认罪的程序保障也还存在一些缺陷，如认罪前是否全面了解了控方的证据材料；是否真正知道认罪的法律后果；是否为职业律师帮助而作出的理性选择。由此可见，就诉讼程序整体对人权的保障效果而言，不能因为被告人此种"技术性上诉"的方式比较多见，就推导出必须整体废除速裁案件被告人上诉权的结论。

第三，从上诉审程序满足诉愿的功能进行考量，速裁案件的上诉审程序也值得保留，速裁案件被告人之上诉权不能一废了之。上诉审程序除了保证第一审裁判事实精确性、纠正第一审裁判之错误的功能，还具有为遭受不利于己之裁判的当事人发挥不满的途径。通过对第一审认定事实和适用法律的再次确认，加强判决的权威性。由于速裁程序本身过于简易化的趋势，致使其本身在一定程度上偏离了正当程序主义的诉讼目的。为了实现"简易程序的正当化"，需要保留上诉审程序对其进行补强。

综上，在刑事速裁程序中废除上诉权实行一审终审的观点有些过于超前，且不符合诉讼法理和我国的实际情况。在当下刑事速裁程序仍有偏离实体真实主义与正当程序主义的倾向之时，废除被告人上诉权，实行一审终审应当三思之后"不行"。

二、建立刑事速裁案件上诉审程序的理论设计

无论是从刑事诉讼本身之性质，还是从保障人权之目的，抑或是上诉审程序通过吸收不满补强速裁程序正当性之功能来看，刑事速裁案件上诉审程序需要保留，刑事速裁案件被告人之上诉权不能废除。然而，刑事案件速裁程序由于省略法庭调查与法庭辩论程序，以被告人对案件认罪认罚没有争议作为适用条件之一，这些特性就决定了刑事速裁案件的上诉审程序和一般意义上的二审程序不同，应当建立与这些特性相适应的特殊的上诉审程序。如何建立这种特殊的上诉审程序，需要结合刑事案件速裁程序本身的特点进行理论设计。

（一）适用条件的限缩——从"权利上诉"走向"裁量上诉"

由于速裁案件的特殊性，坚持目前不受限制的权利上诉权的确不符合现状，比较好的做法就是借鉴目前从权利上诉到裁量上诉的立法趋势。部分学者也持此种观点，主张"借鉴有限上诉权的做法，即在刑事案件速裁程序的上诉程序中设置前置过滤审查程序，淘汰不符合上诉条件的上诉案件"。权利上诉与裁量上诉之间的区分就像阀门一样控制着刑事案件在上下级法院之间的传递数量，从而促进上下级法院之间的职能分工，确保刑事审级制度得以有序和高效地运转。可见，在速裁程序和二审程序添加裁量上诉的阀门，被告人在提出上诉时必须经过审核而不是一律被准许，借以筛掉诸如"技术性上诉"等不合理的滥用上诉权的现象是可行的破局之道。

至于裁量上诉的具体做法，可以参考他国做法。例如，在德国，被告人对判处不满15日额的罚金或保留刑罚之警告的判决提出上诉以及检察官为被告人利益就这类判决提出上诉的，或者检察官对宣告无罪、中止诉讼程序的判决上诉要求判处不满30日额的罚金的，如果上诉"明显无理"，也可直接裁定驳回；但在驳回被告人的上诉之前，应当听取上诉人的意见。在日本，对于上诉审的态度也经历了变化。在旧刑事诉讼法中，申请人只要提出申请书即可。《刑事诉讼法》修改后，申请提出的"控诉"，必须根据法律提出具体的理由，包含：诉讼程序违法、适用法令错误、量刑不当、误认事实、判决以后情况变化，如果控诉审法院对于控诉申请书进行初步审查后发现控诉理由书记载的理由明显不属于法定的控诉理由的，直接裁定驳回控诉。

借鉴他国"裁量上诉"型的立法模式，我国在刑事速裁案件的上诉审程序中也应该设立相应的上诉理由，要求上诉人必须提出明确而具体的理由，对那些纯粹为了留所服刑、追求短暂自由的"技术性上诉"直接驳回。

（二）灵活的全面审查原则——以量刑审查为核心

现代刑事诉讼法的构建逻辑是基于刑事诉讼中控辩双方存在根本的利益冲突与激烈的诉讼对抗这一背景。由于在刑事案件速裁程序中被告人认罪认罚，选择与检察机关进行"控辩协商"，放弃对抗，对是否构成犯罪不再持有异议。因此，以往被二审程序奉为圭臬的"全面审查原则"就出现了松动,二审法院对于一审法院就被告人是否构成犯罪进行审查的意义相比普通程序不复存在。

由此,应当建立一种特殊的"复审制":原则上只对原审的量刑部分展开"全面复审",当确有证据证明原审的定罪依据不足时进行的"全面复审"作为例外。这种上诉审结构具体表现为:以调查讯问式审理为原则,开庭审理为例外;当遇到原审事实不清证据不足的情形时,必须重新开庭组织质证,若证明原审定案事实不清,证据不足时,应当发回原审法院适用普通程序重新审理。这样,实际形成了一种以被告人上诉理由为依据进行动态调整的结构,是一种灵活的"全面审查原则"。当被告人对原判事实认定没有合理的理由反驳时,只审查原审的量刑裁判,对相应的量刑事实展开证据调查,控辩双方可以就适用缓刑、管制,依法从轻、减轻处罚补充新的证据。而当被告人有合理的理由和比较充分的证据证明原审认定的事实确有错误时,则仍适用"全面审查原则",重新组织质证,对原审从事实认定、法律适用、程序合法性进行全面的审查。

可以说,实行以量刑审查为核心的上诉审结构,确立灵活、动态的全面审查原则,也在现有的诉讼法框架之内,符合未来的改革趋势。在党的十八届四中全会《中共中央关于全面推进依法治国若干重大问题的决定》中明确提出二审要"重在解决事实法律争议",这就要求二审审理要明确案件争议点,对于有争议的事实认定或者法律适用问题且不涉及冤假错案的,可以适度简化审理程序。

(三)增强诉讼程序的正当性——增加对认罪认罚自愿性的复核机制

速裁程序中控辩协商机制的引入,可能会给我国刑事诉讼制度带来一个新的不确定因素,那就是某些检察官有可能利用其公诉资源和独特优势,使被告人接受量刑方案。部分法官在普遍期望快速结案的心态影响下,也可能会纵容检察官的行为。此时,作为体现人权保障价值的诉讼程序,其正当性就被极大程度地削弱。同时,由于速裁一审程序过分追求效率,庭审程序的设计极具形式化,法官对被告人认罪认罚自愿性的审查往往只是沦为格式化的询问,难以发现被告人不自愿、不明智地认罪认罚。为此,就需要引入对速裁程序本身这一控辩协商机制的司法控制。

保障被告人在刑事案件速裁程序中认罪认罚自愿性的制度设计有两个方案:一是通过值班律师的法律咨询,使被告人对认罪认罚的法律后果和程序选择等问题能有清楚的认识。二是在速裁程序的庭审过程中,通过独任审判法官的当庭讯问来审查被告人是否是自愿、明智地认罪认罚,选择速裁程序审理案件。在目前看来,这两个方案还不够令人满意。一方面,一直存在值班律师制度被虚置的现象,在北京的速裁程序单独试点中,几乎没有向人民法院申请值班律师提供法律帮助的案件出现。另一方面,速裁程序的庭审由于存在形式化现象,平均一次庭审时间仅有几分钟,也较难保障通过庭审来确保被告人认罪认罚的自愿性。

因此,确保被告人在刑事案件速裁程序中的认罪认罚自愿性,合乎逻辑地经由上诉审程序进行。构建具有复核认罪认罚自愿性、审查适用速裁程序合法性的上诉审程序就成了完善刑事速裁案件上诉审程序的重中之重。

三、完善刑事速裁案件上诉审程序的基本思路

完善刑事速裁案件上诉审程序,符合速裁程序本身的价值,能更好地发挥上诉审程序的作用,保障被告人的诉讼权利。其具体的完善方案可以从上诉审的结构入手。上诉审结构由一系列具体要素以不同的方式组合而成，在这些要素中最为关键的有四个，即审判对象、审理范围、审理方式与裁判方式。上述四个方面的不同安排、彼此联系形成各种上诉审结构的具体形态。刑事案件速裁程序覆盖了审查起诉和一审程序，因此，刑事速裁案件的上诉审结构从逻辑上讲应当与普通的上诉审程序并无二致。但是，当我们把目光聚焦在实际运行中的速裁案件二审程序以及相应的法律规范中时，会发现由于速裁程序本身的特殊性，与其衔接的上诉审程序具有自己独特的品格，可以据此归纳出刑事速裁程序的完善思路。

（一）上诉审的对象——从"全面审查"转向为"量刑审查"

通过"威科先行"法律数据库，以"速裁程序""中级人民法院"为搜索条件，共检索到自试点以来刑事速裁案件上诉审的裁判文书582份（其中不包含抗诉），由被告人单独提出上诉的案件有569件。其中，以"事实不清、证据不足"为上诉理由的案件仅5起。也就是说，在速裁案件的上诉审程序中，99.12%案件的被告人只对原审的量刑不满而提起上诉，对认定事实没有争议。

适用速裁程序的基本条件是：基层人民法院管辖的可能判处3年有期徒刑以下刑罚的案件，事实清楚、证据充分，当事人对适用法律没有争议，被告人认罪认罚并同意适用速裁程序。可见，案件事实的无争议性是速裁案件的一个基本特征，这也同时决定了针对速裁案件判决的上诉基本上都和案件的犯罪事实无关。上述99.12%的速裁上诉案件都是只针对原审的量刑事实及法律适用，而不涉及对基本犯罪事实的认定问题。我国刑事诉讼法实行"全面审查原则"，第二审人民法院在全面审查的基础上，对案件要做出全面处理，即通盘考虑上诉、抗诉的理由是否充分,第一审判决、裁定是否正确,程序是否合法,从而使上诉状或抗诉书已指出或未指出的、涉及已上诉或未上诉的被告人的错误判决都能够得到纠正。依据这一原则,针对速裁案件的上诉审程序的审判对象,既包括原审的定罪事实也包括量刑事实及程序事实,对于被告人无争议的内容也仍然要进行审查。

由于速裁程序省略了法庭调查和法庭辩论环节,定罪证据均未经过质证就被采信,二审程序再对原审的犯罪事实认定和证据采纳进行的审查实际上徒具形式,形成了"只审不查"的局面。虽然速裁案件上诉审程序仍坚持"全面审查原则",但实际上审查的对象只限定为原审量刑的相关事实和法律适用而已。因此,从上诉审的对象来看,为了能够和刑事诉讼法的"全面审查原则"相调和,应当如上所述建立起"灵活的全面审查原则"。一般情况下只对原审的量刑裁判进行审查,只有在上诉人拿出一定的事实依据并具有较为充分的理由时才对原审进行全面的审查。

(二)上诉审的审理范围——以量刑证据为调查中心

审理范围特指法庭的证据调查范围。对于以原审案件为审判对象的上诉审结构,又可以对其审理范围作两种不同的区分。其一,上诉审法院应就案件中所有证据(包括原审中调查的证据与原判决作出后新发现的证据)展开法庭调查,不受原审证据调查结果的约束。其二,上诉法院的审理范围亦可被法律限定为原审结束之后发现的新证据,而不得就已调查的证据展开重复调查。[1] 这一因素也是上诉审三大模式(复审制、续审制、事后审制)的最主要区分因素。我国刑事诉讼法二审程序

---

[1] 参见孙远:《论刑事上诉审构造》,载《法学家》2012年第4期。

采"全面审查原则",其审理结构仍是一种复审制结构,二审法院仍将调查原审证据和新提交的证据。但是,由于速裁程序本身的特殊性,速裁案件上诉审的对象实质上变为原审的量刑问题了,速裁案件上诉审的审理范围也随之发生了变化,庭审中的证据调查普遍围绕着关于原审和新提交的量刑事实的证据展开。

通过现实观察,可以发现速裁案件上诉审程序在证据调查方面有以下两个特色:

第一,针对"积极赔偿"的量刑证据的调查。《认罪认罚从宽工作办法》第7条和《刑事案件速裁程序工作办法》第13条都规定了这样的内容:犯罪嫌疑人、被告人与被害人达成和解协议或者赔偿被害人损失,并取得被害人谅解,可作为量刑的重要考虑因素依法从宽。在速裁案件二审的证据调查中,被告人一审结束后与被害人达成了和解协议或者积极赔偿的证据往往作为庭审调查的重点。例如,在张某应危险驾驶罪案件中,二审法院认定:"在一审宣判后的上诉期间内,张某应与被害人达成调解协议,积极赔偿了被害人的经济损失并取得被害人的谅解……相关材料经本院审核属实,予以确认……鉴于张某应在一审宣判后的上诉期间内积极赔偿被害人的经济损失并取得被害人的谅解等情节,本院对其酌予从轻处罚。"[1] 此种完全针对量刑情节,并且形成于一审判决之后的新证据并不只是个别现象,反而是辩护人在速裁案件上诉审程序中进行有效辩护的一个突破口,也成了速裁案件上诉审证据调查的一个特色。

第二,"适用缓刑、管制"的委托调查评估。《刑事案件速裁程序工作办法》第7条所规定的适用缓刑和管制委托司法行

---

[1] 参见北京市第二中级人民法院(2016)京02刑终703号刑事判决书。

政机关调查评估制度存在被虚置的情形。检察机关对被告人缓刑、管制的量刑建议比例很低,适用速裁程序审理的案件非监禁刑的适用比例不高。[1] 这也就造成了在速裁案件的二审程序中,被告人往往因为没有获得缓刑而提起上诉。针对这一问题,速裁案件上诉审中人民法院通过主动提起"适用缓刑、管制"的委托调查评估,向被告人所在地的司法局发出调查函,对被告人的罪行能否适用缓刑进行证据调查。例如,在陈某元危险驾驶罪案件中:"上诉人陈某元及其辩护人的上诉、辩护提出,其二审期间检举并协助公安机关抓获犯罪嫌疑人,具有立功情节,血液酒精含量较低,案发后已赔偿被害人经济损失并获得谅解,归案后认罪态度好。请求本院改判缓刑。""在审理期间,陈某元缴交了罚金人民币 3000 元。经本院发函,厦门市湖里区司法局出具《调查评估意见书》,认为陈某元适用社区矫正",最终人民法院认可了《调查评估意见书》的意见,改判被告人陈某元缓刑。[2] 该案的审理极为特殊,审查起诉阶段检察机关未进行委托评估调查,而是由二审法院依职权发出调查函委托司法行政机关进行适用缓刑的调查评估。类似的情况在黄某危险驾驶罪案件中也有体现。在二审的质证过程中,被告人补充了"上诉人黄某与其丈夫蔡 1 于 2015 年 11 月 24 日经重庆市渝北区人民法院调解离婚,其所生子女蔡 2、蔡 3 由上诉人黄某抚养。二审期间上诉人黄某主动交来罚金人民币 21 000 元"。据此,二审法院认为:"上诉人黄某系初犯,认罪态度好,二审期间积极缴纳罚金,有悔罪表现,有两名年幼的子女需要抚养,

---

〔1〕 参见李本森:《刑事速裁程序试点实效检验——基于 12 666 份速裁案件裁判文书的实证分析》,载《法学研究》2017 年第 5 期。

〔2〕 参见福建省厦门市中级人民法院(2016)闽 02 刑终 244 号刑事判决书。

综合考量可对其宣告缓刑。"[1]

由于检察机关审查起诉阶段未能很好地开展适用缓刑、管制委托调查制度，使得速裁程序被告人不同程度对一审判决未获得缓刑而不满，进而促使二审阶段的证据调查程序以被告人能否适用缓刑的量刑证据调查为核心展开。速裁案件上诉审程序的审理范围基本脱离了对原审的定罪量刑证据进行全面调查，而变成以量刑证据为核心的调查。因此，刑事速裁案件的上诉审程序的审理范围应当坚持对量刑证据的复核以及对新补充的量刑证据的确认，同时就上诉人能否适用缓刑、管制展开详细的法庭调查与辩论。

（三）上诉审的审理方式——以不开庭审理为原则

我国刑事诉讼二审程序是一直强调以开庭审理为原则的。[2] 1996年《刑事诉讼法》修正时强调，上诉案件原则上应当组成合议庭，实行开庭审理。2012年《刑事诉讼法》修正时对二审案件的开庭审理问题作出了更加严格的规定，这体现在我国2018年《刑事诉讼法》第234条的规定上：第1款明确了应当组成合议庭开庭审理的几种情形，第2款规定了如果第二审人民法院决定不开庭审理，应当讯问被告人，听取其他当事人、辩护人、诉讼代理人的意见。然而，以开庭审理为原则、以不开庭审理为例外的精神在速裁案件的二审程序中受到了挑战。速裁程序本身的适用条件就包含案件事实清楚，证据充分以及被告人认罪认罚。同时，从实践中看，二审上诉的理由基本上全是针对一审的量刑问题，因此很自然就可以推导出二审

---

[1] 参见重庆市第一中级人民法院（2016）渝01刑终524号刑事判决书。

[2] 参见王超：《刑事审级制度的多维视角》，法律出版社2016年版，第287~289页。

由于事实清楚将采取不开庭的调查讯问式审理方式。这一点在《认罪认罚从宽工作办法》的第23条有了具体的体现："第二审人民法院对被告人不服适用速裁程序作出的第一审判决提起上诉的案件，可以不开庭审理。"可见，虽然规范本身用语是"可以"，但这实际上改变了以开庭审理为原则的刑事诉讼法精神，可以说是对速裁案件的上诉审程序特点的一个现实回应。

此外，速裁案件的上诉审以不开庭审理作为原则还有一个很重要的因素就是速裁案件二审开庭审理在质证环节会面临一个困局。由于速裁程序本身省略了法庭调查和法庭辩论环节，相关的定案证据未经质证就被采信，而当被告人以事实不清、证据不足为由提出上诉后，上诉审开庭审理将必然导致对原审证据重新组织质证。此时，二审程序将完全演变成一个真正意义上的第一审程序。对于有争议的案件事实，实际只经过一个审级的充分质证和辩论，这对被告人的权利无疑是一个侵犯。

速裁程序由于省略了法庭调查和法庭辩论环节，不可避免地与实体真实发现主义发生摩擦。二审程序在可能存在错误的事实认定问题上开庭审理，重新组织质证，这无疑是对速裁程序对实体真实主义偏离的一次补救。这一立场是值得肯定的。因此，对于速裁案件的上诉审程序开庭审理方式应当坚持《认罪认罚从宽工作办法》的规范意旨。在上诉人以事实不清、证据不足为由上诉，却不能提出充分的事实依据的情况下，坚持不开庭审理，除非上诉人有充分的事实依据证明其认罪认罚系被强迫或者定罪证据严重不足。

（四）上诉审的裁判——事实不清、证据不足的案件"应当"发回重审

依据《刑事诉讼法》第236条第1款第3项的规定，原判决事实不清楚或者证据不足的，可以在查清事实后改判；也可

以裁定撤销原判,发回原审人民法院重新审判。由此可知对于事实不清、证据不足的上诉审案件,二审法院是具有自由裁量权的,既可以查清事实后直接改判,也可以直接撤销原判,发回重审。基于速裁案件本身的特殊性,这一规则在速裁案件上诉审中发生了微妙的变化。《认罪认罚从宽工作办法》第23条规定:速裁程序上诉审案件中,原判事实不清或者证据不足的,应当裁定撤销原判,发回原审人民法院适用普通程序重新审判。这一规则表面上看,似乎改变了二审法院对事实不清、证据不足的速裁上诉案件的自由裁量权。但实际上,从法律解释论出发,这一变化仍然是刑事诉讼法的应有之义。当被告人认为原审判决事实不清证据不足而提出上诉时,上诉审法院不可避免地要重新开庭组织质证,这就带来了相应关键事实只经过一次审级的质证,侵害了被告人的审级利益。同时,出于补强速裁程序本身对实体真实发现主义的偏离,重新质证又是十分必要的。为了解决这一冲突,二审法院不能直接依据质证的结果和查明的事实作出裁判,而"应当"发回原审法院适用普通程序重新审判。

在陈某春盗窃案中,"由于抗诉机关在二审期间出示了新证据,原审被告人陈某春的盗窃行为可能涉嫌同时触犯盗窃罪和破坏电力设备罪的罪名。……根据《中华人民共和国刑事诉讼法》第210条'对可能判处的有期徒刑超过三年的,应当组成合议庭进行审判'的规定,为保证原审被告人的诉讼权利,不影响公正审判,本院依照《中华人民共和国刑事诉讼法》第227条第5项的规定,裁定如下……发回万州区人民法院重新审判"。[1] 可以看出,一审中对陈某春盗窃案适用刑事案件速裁

---

[1] 参见重庆市第二中级人民法院(2016)渝02刑终269号刑事裁定书。

程序进行了审理。陈某春以事实不清、证据不足提出上诉，检察机关也提出了抗诉，并提交了新证据，人民法院对此开庭审理并重新组织质证。同时，为了保护被告人的审级利益，该案的判决援引的是《刑事诉讼法》关于一审违反正当程序规定的兜底条款而发回重审的，而不是依据《认罪认罚从宽工作办法》第 23 条的精神而发回重审的。这一立场应当坚持。在事实不清证据不足的情况下，二审法院不再具有裁量权，不能选择在案件查清后直接改判而要一律发回。

总之，刑事案件速裁程序的上诉审结构有着不同于一般二审程序的构造，审理对象和范围呈缩减趋势，而审理方式和裁判方式也呈现出不同以往的运行逻辑。由此可见，建立适应于刑事案件速裁程序的独特上诉审程序，不仅十分必要，而且迫在眉睫。

第四章
刑事特别程序的优化

第一节 我国刑事缺席审判法庭审理的缺陷与优化*

一、刑事缺席审判法庭审理的法治要求

在法治国家,标准意义上的刑事审判,是一场"以公诉机关或自诉人向法院提起控诉为前提,在控辩双方的共同参与下,通过法庭上的听证和审理活动,由法院作出一项有关指控成立与否的裁决"[1]的活动。绝大多数法治国家的刑事诉讼法规定,在刑事审判中被告人应当在场。被告人拥有在场权,体现了被告人在诉讼活动中的主体地位,为被告人提供了为自己辩护的机会,同时使得法官能够直接观察争讼双方不同角度的陈述,有利于发现事实真相。[2]因此,大多数法治国家长期以来不允许刑事缺席审判存在。进入20世纪中期以后,世界各国出于打

---

* 原载《福建警察学院学报》2019年第3期,与马浩洋合作。

〔1〕 陈瑞华:《刑事审判原理论》(第2版),北京大学出版社2003年版,第6页。

〔2〕 参见白彦、宁松等:《刑事被告人概论》,中国政法大学出版社2006年版,第124~126页。

击腐败犯罪和严重跨国犯罪的需要，对诉讼程序价值进行综合考量，在刑事诉讼法中设立了缺席审判制度。在设置刑事缺席审判制度的大部分法治国家，刑事缺席审判制度是一项特殊程序，其具备相对严格的程序启动条件和更充分的事后救济手段，以减小被告人缺席给程序公正带来的损害以及防止发生实体不公的结果。[1] 我国全国人大常委会在2018年修正《刑事诉讼法》时，增加了刑事缺席审判制度。

刑事诉讼制度需要兼顾发现事实真相、打击犯罪和追求程序公正、保障人权的两方面价值。刑事缺席审判程序的主要立法目的是提高追诉犯罪的效率，有效打击职务犯罪，但是追求打击犯罪的同时不能置程序公正和人权保障于不顾。因此，在设置刑事缺席审判程序的《中华人民共和国刑事诉讼法（修正草案）》公布之后，学术界和实务界从价值平衡的角度出发，把关注点聚焦于刑事缺席审判程序的适用范围、启动条件、辩护权保障和事后救济之上，试图通过合理规范程序适用范围，严格规制程序启动条件，确保律师辩护和赋予当事人较充分异议权来补偿缺席审判给当事人出庭参加审理的权利造成的损害。[2]

然而，法庭审判是刑事诉讼活动的核心环节，刑事诉讼价值平衡的实现不能够仅通过审前环节和救济环节来实现，缺席审判的法庭审理环节需要予以关注。一般意义上，符合程序法治要求的法庭审理，在构造上要求控辩双方平等对抗，法官居中裁判，在内容上要求法官在法庭上调查质证，查明案件事实。

---

[1] 参见万毅：《刑事缺席判决制度引论》，载《当代法学》2004年第1期。
[2] 参见陈光中、肖沛权：《刑事诉讼法修正草案：完善刑事诉讼制度的新成就和新期待》，载《中国刑事法杂志》2018年第3期。

即便被告人缺席，也应当尽力避免诉讼构造不过分偏移于控辩双方平等对抗、法院居中裁判的等腰三角形结构，也应当发挥庭审在查明事实过程中的决定性作用。当下，随着"以审判为中心"的刑事诉讼体制改革的推进，我国刑事诉讼制度正在经历从侧重于强职权主义的"线性结构"向侧重于当事人主义的"三角结构"诉讼结构变革，[1]从"案卷中心主义"到"法庭调查中心主义"审理方式变革。[2]构建刑事缺席审判制度，需要顺应当下刑事诉讼制度改革的总体方向，处理好被告人缺席的新情况对传统法庭审理方式产生的影响，确保刑事缺席审判的审理活动能够符合程序法治之基本要求，让缺席审判程序的构建能够与"以审判为中心"的刑事司法总体改革方向相一致，在打击犯罪、发现事实真相与保障人权之间实现平衡。

二、刑事缺席审判法庭审理的规范性缺陷

被告人在场权被剥夺致使审判不公正的可能性增加，是公认的刑事缺席审判的典型消极表现。[3]综观世界各国之刑事诉讼法典，凡有缺席审判制度的国家，皆对适用缺席审判之范围、适用条件和救济程序详加规定，以消减这一特征带来的负面影响。例如《法国刑事诉讼法典》在第二卷"审判法庭"中分别规定重罪、轻罪和违警罪适用缺席判决程序的不同条件以及异议。[4]《日本刑事诉讼法典》在其第284条至第286条中规定

---

[1] 参见龙宗智：《刑事诉讼的两重结构辨析》，载《现代法学》1991年第3期。

[2] 参见陈瑞华：《案卷笔录中心主义——对中国刑事审判方式的重新考察》，载《法学研究》2006年第4期。

[3] 参见邓思清：《刑事缺席审判制度研究》，载《法学研究》2007年第3期。

[4] 参见《法国刑事诉讼法典》，罗结珍译，法制出版社2006年版，第212~345页。

第四章　刑事特别程序的优化

被告人不出庭的案件类型以及处理方式。[1]《德国刑事诉讼法典》第231条、第231a条、第231b条、第231c条和第232条规定了缺席审理的条件和审理前程序。[2]至于缺席审判具体如何进行审理，尤其是如何进行法庭调查，各国的刑事诉讼法典中均没有具体的审理规则，除较多规定辩护人代替被告人在庭审中行使辩护权，或者必须由辩护人代理缺席被告人在场。各国刑事缺席审判皆按照普通程序之审判规则进行审理。

就我国而言，《刑事诉讼法》第291条对刑事缺席审判的法庭审理作出规定：人民法院进行审查后，对于起诉书中有明确的指控犯罪事实，符合缺席审判程序适用条件的，应当决定开庭审判。前款案件，由犯罪地、被告人离境前居住地或者最高人民法院指定的中级人民法院组成合议庭进行审理。第293条规定：人民法院缺席审判案件，被告人有权委托辩护人，被告人的近亲属可以代为委托辩护人。被告人及其近亲属没有委托辩护人的，人民法院应当通知法律援助机构指派律师为其提供辩护。缺席审判的案件由法院组成合议庭开庭审理，被告人必须有辩护人为其辩护，这是我国刑事诉讼法缺席审判的法庭审理环节的全部规定。刑事缺席审判是我国刑事诉讼的一项特殊诉讼制度，其审理环节在法典中没有特别规定，那么应当按照普通程序之规定展开。

但是，无论是在程序还是证据上，缺席审判之法庭审理同有被告人出席的审理之间存在重大差异。这种差异既是各法治

---

[1]　参见张凌、于秀峰编译：《日本刑事诉讼法律总览》，人民法院出版社2017年版，第71页。

[2]　参见《德国刑事诉讼法典》，岳礼玲、林静译，中国检察出版社2016年版，第102、103页。

国家的刑事诉讼程序所共有的，也会由于我国特有的刑事司法实践状况和刑事诉讼文化而具备明显的中国特色，可能会对未来司法实践中的缺席审判活动产生影响。因此，即便各国刑事诉讼法典并未详细规定缺席审判程序的法庭审理方式，我们仍然需要对缺席审判法庭审理的消极表现特征以及未来我国法院在适用缺席审判时的法庭审理环节进行深入研究。

（一）消极的程序特征：法庭审理不完整、控辩平等失衡

在刑事缺席审判中，由于被告人不出庭，导致需要被告人参与才能展开的审理环节无法进行，最为典型的是我国《刑事诉讼法》第191条规定的国家专门机关工作人员和其他诉讼参与人向被告人发问的环节。《刑事诉讼法》中的一项审理规则在全部的缺席审判案件中无法适用，被告人之缺席对法庭审理程序之影响不可谓不重。

相比于形式上的影响，更为重大的影响则在于被告人缺席对控辩双方的力量对比的实质影响。需要被告人亲自行使的诉讼权利，包括在庭审中亲自向法官辩解、对质、接受辩护人询问和最后陈述的权利，无法在法庭上行使，这使得辩护方的诉讼权利受到严重削减。辩护律师虽然可以代替被告人行使部分诉讼权利，但是辩护律师不是案件事实的亲历者，难以当庭向法庭提供和当事人能够提供的同样详细、充分地主张事实。原本应当处于控辩双方平等对抗状态下的诉讼构造，由于辩护方受到空前削弱，控辩双方之间的平衡被破坏。[1]

由此可见，刑事缺席审判的法庭审理阶段在程序上具备两个消极特征：其一，相比较于普通程序，法庭审理环节存在不完整性；其二，辩护权受到削弱，控辩平等的诉讼构造被破坏。

---

[1] 参见王敏远：《刑事缺席审判制度探讨》，载《法学杂志》2018年第8期。

第四章 刑事特别程序的优化

缺席审判制度之所以一直以来饱受争议,其原因集中于第二项特征,控辩之间平等对抗是实现审判公正价值之基石,平等不在,公正则难以维系。[1]正因为如此,所以许多国家规定了刑事缺席审判制度,并赋予缺席审判被告人极广泛的程序救济权利,以此矫正缺席审判中缺失的公正。

我国的刑事审判,并未完全按照"控辩平等对抗"之诉讼观念予以构建,被告人作为国家追诉犯罪之客体的思想仍体现在刑事诉讼法之中,普通程序法庭审理之结构不完全具备"控辩平等"之特征,辩护方相较于控诉方,处于弱势地位。[2]而缺席审判是对辩护权的进一步削弱,必然使得诉讼构造之不平等程度进一步加深。

(二)证据特征:口供缺失、辩方质证难度提高、法官认证难度提高

在适用缺席审判程序审理被告人外逃的职务犯罪案件时,由于被告人始终不到案,调查机关和检控方必然无法取得被告人供述。[3]被告人供述的缺失给审判活动的证据方面带来的影响是全方位的,不仅仅会影响证据材料的获取,也会影响控辩双方的质证活动和法官的认证活动,甚至影响证明标准。

首先,证据材料获取受到影响。在犯罪嫌疑人到案的一般案件中,侦查或调查机关可以通过讯问犯罪嫌疑人,让犯罪嫌疑人交代出没有被侦查或调查机关发现的隐蔽物证、书证等实

---

[1] 参见陈瑞华:《刑事审判原理论》(第2版),北京大学出版社2003年版,第227页以下。

[2] 参见冀祥德:《对我国控辩平等的检视与思考》,载《法学论坛》2007年第6期。

[3] 参见胡志风:《刑事缺席审判中的证明标准》,载《国家检察官学院学报》2018年第3期。

物证据,这些物证或书证往往是证明力极强的关键证据。如果犯罪嫌疑人不到案,侦查或调查机关除了无法获得口供外,还失去了以口供为线索发现隐蔽实物证据的机会。对于指控方来说,可以用于证明案件事实的证据材料来源大大减少,提出确实、充分的证据的难度大大提高。

其次,质证环节受到影响。在刑事审判的质证过程中,控辩双方会就证据材料之证据能力与证明力展开交叉询问、对质和辩论。在我国的司法实践中,辩护方极少调查取证,几乎所有证据都是由控方提出的对被告人不利的证据,所以就证据的证据能力和证明力展开攻击,否定证据之证据能力,削弱其证明力的任务主要由辩护方承担。而辩护人制定质证之策略,往往需以与指控事实相反之事实主张为指引,发现非法取证或伪造证据的线索,而通常意义上最能提出合理之相反事实主张者,莫过于亲历案件事实的被告人本人。尤其与证人的对质环节,如果检控方提供的证人证言为谎言,那么大概率会与被告人亲历的事实不一致,被告人即可当庭与证人对质,动摇证人证言的可靠性。在被告人缺席,尤其是被告人潜逃境外的情况下,即便辩护人可以会见被告人或者与被告人进行通信,也难以确保被告人可以把案件事实的全部相关细节告知辩护人,通常辩护人质证的效果难以达到被告人亲自对质的效果。

最后,认证受到影响。案件事实的查明是审理者通过观察控辩双方的质证活动形成内心确信的过程。[1]在被告人缺席的情况下,控方想要通过证据证明自己的事实主张无限接近于案件事实真相的难度增加,辩护方想要反驳控方事实主张的难度

---

[1] 参见张保生主编:《证据法学》(第 3 版),中国政法大学出版社 2018 年版,第 293 页。

也增加，致使控辩双方合力还原出的案件事实可能与案件事实真相相差悬殊。在这种情况下，一个中立法官可能难以对控辩双方提供的事实主张形成达到证明标准的内心确信，认证的难度陡然增加。法官受限于不得对案件拒绝裁判的职业伦理要求，要么基于"无罪推定"之原则放纵罪犯，要么不顾刑事诉讼法规定的"犯罪事实清楚，证据确实充分"的证明标准，径行给被告人定罪。上述两种做法，一种偏离了实体公正，一种违反了程序正义。在此情况下，一个可行的选择是适当降低缺席审判案件的定罪证明标准，使得法官能够依照刑事诉讼法的证明要求做出裁判，实现立法者打击贪腐犯罪之刑事政策目标。

我国刑事诉讼法把被告人供述作为一项单独的重要证据，这一规定一定程度上与司法实践中法庭认定犯罪事实主要依靠被告人供述的现象相呼应。确立了缺席审判制度的其他法治国家，通常在建立缺席审判制度之前就规定被告人享有沉默权和讯问时的律师在场权，侦查机关往往得不到被告人的口供，检控方经常在没有被告人有罪供述的情况下提起指控，法庭作出有罪判决的主要证据经常不是被告人的有罪供述。由于我国在司法实践中非常依靠被告人的口供定案，被告人缺席给我国刑事审判证明活动带来的影响会愈加突出。

三、刑事缺席审判法庭审理的实证性缺陷

将我国刑事诉讼法规定下的缺席审判之法庭审理状况，同我国刑事司法实践以及政策因素相结合，可以预见我国刑事缺席审判的法庭审理可能会存在一些缺陷。

（一）庭审形式化

我国的刑事缺席审判可能会成为形式化、走过场式的审判。

庭审形式化，又称"庭审虚化"，指的是案件事实和被告人的刑事责任不是通过庭审方式认定，甚至不在审判阶段决定，庭审只是一种形式。我国刑事庭审虚化的问题由来已久,我国长期以来重视"打击犯罪"的刑事治理观念致使我国刑事诉讼法对被告人诉讼权利保护较为薄弱,在一定程度上忽视了程序正义,这是我国刑事审判总体上形式化的原因。[1]基于缺席审判制度自身特质,刑事缺席审判之法庭审理会比一般刑事案件之法庭审理具有更强形式化倾向。

首先,刑事缺席审判相较于适用普通程序的案件,辩护方与控诉方在诉讼权利和地位上更加不平等。依据常理,竞技场上的双方实力愈为接近,竞技活动则愈为激烈;双方实力若是悬殊,则比赛难以呈现对抗性,会以强大一方凭绝对优势获胜而快速收场。在被告人缺席的案件中,辩护权受到限制,辩护方提出事实主张、证据和质证的能力被削弱,辩护方难以对指控方提出的证明被告人有罪的证据进行有效质证,控辩双方的交锋无法充分展开。

其次,被告人缺席不利于实现法庭调查的庭审实质化。我国刑事审判存在证人出庭率低,证人证言质证不充分的状况。[2]很少出现的交叉询问活动也主要适用于针对被告人的询问。在刑事缺席审判的法庭审理中,法官可能会面临被告人供述和证人证言都无法直接在庭审中展示的情况,法庭质证以及交叉询问的空间被进一步压缩。法官只能依据检控方提供的案卷材料认定案件事实,庭审会存在"案卷中心主义"倾向。[3]

最后,刑事政策与政治因素影响现实中的法庭审理。全国

---

[1] 参见汪海燕:《论刑事庭审实质化》,载《中国社会科学》2015年第2期。
[2] 参见龙宗智:《庭审实质化的路径和方法》,载《法学研究》2015年第5期。
[3] 参见陈瑞华:《案卷笔录中心主义——对中国刑事审判方式的重新考察》,载《法学研究》2006年第4期。

人大常委会法工委就刑事缺席审判制度的立法目的进行说明："为加强境外追逃工作力度和手段，需要建立刑事缺席审判制度。"可见，我国刑事缺席审判制度之构建，直接体现打击职务犯罪之政策目的。在国家展开监察体制改革、严厉打击国家公职人员职务犯罪的背景下，国家机关在审判实践中更容易片面追求打击犯罪，部分犯罪嫌疑人在立案时就已被国家专门机关预先定罪。

（二）证明标准空置化

刑事缺席审判如果坚持普通程序"犯罪事实清楚，证据确实充分"的证明标准，会导致证明标准在审判中被降格适用，许多无法满足证明标准的裁判被作出，原有的证明标准不被遵守，证明标准空置化。

如前文所述，由于涉嫌职务犯罪的嫌疑人潜逃境外，案件的证据收集、质证和认证都受到影响，法官难以对案件事实做到"排除合理怀疑"的内心确信。因此，法官要么选择坚持"无罪推定"原则，作出无罪判决，要么在内心降低证明标准，违反法定证明标准，作出有罪判决。考虑到我国刑事缺席审判程序辩护方削弱的诉讼构造以及严厉打击公职人员犯罪的政治意图，实际中审判人员可能更倾向于对刑事缺席审判的被告人形成"有罪推定"的心理预断，通过形式化的庭审，不顾案件是否已经达到"犯罪事实清楚，证据确实充分"的证明标准，径行作出有罪判决。

结合历史经验，在某一阶段，为了实现打击特定类型犯罪的社会治理目标，需要对尽可能多的特定类型犯罪的犯罪嫌疑人作出有罪判决，发挥刑罚的震慑作用。在这一背景下，我国司法机关在适用刑事诉讼法时，为了达致上述目的，不可避免会变通适用法律规范。事实上，我国极低的无罪判决率已经侧面印证了我国的法定定罪证明标准被降格变通适用。[1] 在国家采取监察体制改革等一系列廉政改革措施,严厉打击腐败犯罪的当下,在审理公职人员外逃的刑事缺席审判案件中,审判人员降低法定证明标准,积极追求给被告人定罪的危险必然存在,而且会严重于一般案件。

实现庭审实质化的目的是追求审判公正,[2]法定证明标准是约束法官自由证明的手段,防止法官对不同的案件肆意确定证明标准而导致法庭审理的非理性和不平等,也是为了追求司法公正。[3] 刑事庭审形式化和证明标准被空置是对上述理念和规范的背反,会减损刑事缺席审判的公正性。

四、刑事缺席审判法庭审理的优化

实现刑事审判的公正,是一个现代文明国家在法制领域所应追求的基本目标。在遭到刑事指控时能够获得公正审判,应当是属于每一个现代国家公民的基本人权。我国在为实现反腐败的政治目标而积极追求刑法适用,为提高审判效率而制定刑事缺席审判程序时,应当注意到刑事缺席审判要兼顾诉讼公正,保障当事人的基本人权。这样做既是刑事诉讼程序价值和现代文明价值的内在要求,也有利于让我国的缺席判决得到国际社会的承认,促使国际社会协助我国开展转移境外犯罪所得收缴和罪犯引渡工作,更好地实现立法目的。

(一)确立证人证言直接言词原则,避免庭审形式化

我国刑事缺席审判程序需要确立针对证人证言的直接言词

---

[1] 参见陈虎:《制度角色与制度能力:论刑事证明标准的降格适用》,载《中国法学》2018年第4期。

[2] 参见汪海燕:《论刑事庭审实质化》,载《中国社会科学》2015年第2期。

[3] 参见张保生主编:《证据法学》(第3版),中国政法大学出版社2018年版,第349页。

第四章　刑事特别程序的优化

原则，以此来实现缺席审判程序的庭审实质化，避免庭审形式化。

在法庭审理阶段，庭审实质化体现为法官查明案件事实不依赖公诉方移送的卷宗，而是通过在庭审中对证据进行调查以及观察控辩双方的质证活动，让案件事实形成于内心。

在刑事缺席审判程序中，由于被告人不到庭，所以审理者能够接触到的证据只有证人证言和实物证据等其他证据，证人证言对于证明案件事实的意义相比较于被告人出庭的普通程序，显得更为重要。

在我国司法实践中，证人极少出庭，大多数证人证言出示都是以控辩双方在庭审中宣读证人证言笔录的形式完成，审理者失去对证人进行言词调查和观察控辩双方交叉询问的机会，这是造成我国刑事普通程序庭审形式化的重要因素之一。[1] 证人出庭率低的社会因素有很多，而其规范因素则是我国缺乏证人证言的直接言词原则。[2] 证人证言的直接言词原则含义为，证人必须以言词的形式在法庭上向法官作出证言，该证言才能有资格作为定案的根据。[3] 我国《刑事诉讼法》及其相关规范性文件并未规定证人必须出庭接受质证，反而对证人出庭的条件设置了限制。党的十八届四中全会以来，我国进行的庭审实质化改革鼓励证人出庭，逐步放宽对证人出庭条件的限制。

相比较于普通程序，在刑事缺席审判程序中，证人证言在

---

[1] 参见陈瑞华：《案卷笔录中心主义——对中国刑事审判方式的重新考察》，载《法学研究》2006 年第 4 期。

[2] 参见顾永忠：《以审判为中心背景下的刑事辩护突出问题研究》，载《中国法学》2016 年第 2 期。

[3] 参见陈光中主编：《证据法学》（第 3 版），法律出版社 2015 年版，第 261 页。

证明案件事实中的地位更为突出,刑事缺席审判程序陷于庭审形式化的危险更为严重。因此,有必要在刑事缺席审判程序中确立针对证人证言的直接言词原则,要求证人出庭作证,接受法庭调查和控辩双方的质证,实现刑事缺席审判的实质化庭审。

我国立法者可能考虑到诉讼效率和诉讼经济因素,认为在普通程序中要求所有证人出庭作证会增加诉讼的时间成本和司法费用,我国司法系统难以承受,所以没有在普通刑事审判程序中确立证人证言直接言词原则。[1] 但是我国的刑事缺席审判程序适用的对象主要是外逃公职人员,这类案件的数量本身会远远少于一般治安案件;另外,该类案件有罪判决的作出能够帮助我国追缴外流犯罪所得,挽回经济损失,弥补证人出庭作证的财政支出。因此,刑事缺席审判程序的证人出庭作证不会过多地增加效率负担和经济负担,具有现实可行性。

(二)适度降低证明标准,避免证明标准空置化

刑事缺席审判程序的法定证明标准存在实践中被空置的危险。解决一般刑事案件审判中法定证明标准被变通适用的问题,需要从整个刑事诉讼证据制度的各个方面进行解构分析,本书无意分析这一问题。本书仅针对刑事缺席审判制度自身特定原因造成的刑事证明标准空置问题寻求对策,为实现刑事缺席审判制度证明标准在实践中可能被变通的程度和概率不高于一般刑事审理提供解决方案。

基于前文分析,在被告人缺席给证明活动带来的不利影响和追求打击职务犯罪的刑事政策因素的共同作用下,法官会倾向于降格适用证明标准,作出有罪判决。被告人缺席给证明活

---

[1] 参见胡云腾:《证人出庭作证难及其解决思路》,载《环球法律评论》2006年第5期。

动带来的不利影响使得追求"犯罪事实清楚,证据确实充分"的证明标准难以实现。坚持原有证明标准则会妨碍到刑事缺席审判程序发挥其打击职务犯罪的功能。过度放纵犯罪同样会带来不公正,刑事诉讼活动应当追求多元社会价值的平衡,发挥其确保实体法实现的功能,因此在适用刑事缺席审判程序方面,应当适度降低定罪证明标准。

诚然,降低证明标准会增大被告人被错误定罪的概率。但是,实践中原有法定证明标准被弃置,证明标准被降低似乎是无可避免的。在原有的证明标准无法被遵守的情况下,不同的法官在不同的案件中出于定罪需要会主动降低证明标准,统一的证明标准将不复存在,这会导致更大程度的不公正,被告人受到"无罪推定"对待的权利会遭到更大程度的侵犯。与其如此,不如由法律或司法解释对刑事缺席审判案件的证明标准适度降低,在打击犯罪和保障人权之间寻找到相对稳定的平衡点,为刑事缺席审判案件的被告人提供有明确限度的保护。

此外,由于被告人缺席,刑事缺席判决的作出并不能立即转化为执行,刑事被告人的人身权利不会立即受到刑事缺席判决的影响。刑事诉讼法还规定了刑事缺席判决的异议制度,即使刑事缺席判决证明标准的降低导致无辜的被告人被冤枉,这一冤枉造成的损害依然是可救济的。此种情况下,可以为实现控制犯罪目标而适度降低定罪证明标准。

刑事诉讼程序制度追求的是刑事诉讼程序中多元价值的平衡,一方面,刑事诉讼"为了要完成一与实体真实相符之裁判,并不是可任由不计代价(手段)去获得";[1]另一方面,刑事诉

---

[1] [德]克劳思·罗科信:《刑事诉讼法》(第24版),吴丽琪译,法律出版社2003年版,第5页。

讼也要确保被犯罪破坏的法和平基本秩序能够通过裁判得以重建。为了实现国家长治久安，维护社会分配公正，国家制定严厉打击腐败犯罪的刑事政策并在刑事诉讼法中建立针对外逃贪官缺席审判的制度无疑是正确的。但是，在能够基本实现政策目标的范畴之内，尽可能做到政策实施的法治化，尽可能保障诉讼程序的公正性，应当是一个现代政治文明所追求的目标。针对适用于外逃贪腐人员的刑事缺席审判程序落实证人证言的直接言词原则和适度降低证明标准，在实践中可能会存在阻碍其发挥作用的若干现实问题。但是，刑事缺席审判程序的庭审形式化和证明标准空置的危险是存在的，这应当值得制度设计者们注意。

第二节　我国违法所得没收程序的完善[*]

一、违法所得没收程序的内涵及其特征

我国在2005年批准了《联合国反腐败公约》，为了履行作为缔约国的义务，实现"不经过刑事定罪而没收"，在国内进行了转化适用，违法所得没收程序便是对该条约的回应。根据《刑事诉讼法》第298条的规定，违法所得没收程序就是在犯罪嫌疑人、被告人逃匿或者死亡条件下，不处理其罪责刑问题，而处理与犯罪相关的违法所得和其他应当被没收的涉案财产的特别程序。与作为从刑的没收财产刑不同，违法所得没收程序具有独立性，不依附于对人的刑事审判，法院作出的没收裁定就是违法所得没收的依据。该程序是在刑事审判遇到障碍、无

---

[*]　与黄巧合作，有改动。

法进行之时，为了克服传统没收依附于刑事审判的局限而创生的。违法所得没收程序一方面有助于提高效率，在针对犯罪分子的诉讼遥遥无期之时，实现了通过正当程序追缴涉案财物的可能；另一方面，由于切断了犯罪分子的经济来源，也有迫使其回国受审的作用。

由于肩负着遏制腐败、截断恐怖组织的资金链的特殊使命，因此违法所得没收程序在我国仅针对特殊类型的案件。由一开始的贪污贿赂、恐怖活动案件扩大到后来司法解释规定的五大类，仍是有限列举，并未放宽范围至所有案件，这是综合考量案件严重性与被追诉人权益的结果。

违法所得没收程序由于对物展开，但又与犯罪有很强的关联性，因此法院在受理违法所得没收申请案件的时候，也须严格按照相应的证明标准进行各项司法活动。一开始，法律并未对该程序的证明标准作出特殊规定，后由于学界对于违法所得没收的证明标准适用有很大争议，最高人民法院、最高人民检察院《关于适用犯罪嫌疑人、被告人逃匿、死亡案件违法所得没收程序若干问题的规定》（以下简称《规定》）对证明标准也进行了新的阐述。根据《规定》，具有高度可能是认定违法所得及其他涉案财产的所应达到的证明标准。此标准确实在"事实清楚、证据确实充分"的基础上有所降低，又要高于民事证明标准，这也与违法所得没收案件的特点有关：犯罪分子由于逃匿、死亡未到案，司法机关搜集证据的难度会有所加大；此外，由于仅涉及对财物的处理，不会影响到人身权利，即使出错也有可回转的余地。

违法所得没收程序是一项针对特殊案件、在证明标准上有所创新的特别刑事程序，其为没收违法所得提供了规范正当的程序，是我国在打击腐败犯罪上的坚实有力的一举。作为一项特别程序,违法所得没收程序与普通的刑事程序相比具有很多特别之处,除了特定的案件适用范围、独特的证明标准,在对违法所得没收程序的属性上,学者们也展开了激烈的讨论。违法所得没收程序具有以下特征:

(一) 具有刑事诉讼程序的属性

违法所得没收程序作为一项特别程序,旨在没收不能参与审判的犯罪嫌疑人、被告人与犯罪相关的涉案财产。从形式层面来讲,该程序被规定在《刑事诉讼法》第五编"特别程序"中,此外,没收违法所得案件的案号为"刑没",作为没收依据的文书是刑事裁定书,这些细节都侧面体现出违法所得没收程序的刑事属性。违法所得没收程序是履行特别没收职能的一项特别程序,而特别没收是由刑法中刑罚的具体运用一章规制的,它是违法所得没收程序的实体法依据。违法所得没收程序由刑事实体法和刑事程序法所共同调整,它体现了国家公权力对于涉案财产的诉讼化处置。[1] 从内容层面看,虽然违法所得没收程序不涉及犯罪嫌疑人、被告人的定罪量刑问题,但是也需要在"有证据有犯罪事实"的前提下,达到"高度可能属于"的证明标准才能予以没收。该程序和犯罪具有高度的关联性,处理对象也是涉案财产,与一般刑事程序在本质上是相同的,有学者以诉讼标的为区分标准,将该程序定性为民事诉讼程序[2]的观点是片面的。因此,违法所得没收程序属于刑事诉讼程序,具有高度的刑事属性。

---

[1] 谢丽珍:《违法所得没收特别程序研究》,法律出版社 2016 年版,第 20 页。

[2] 万毅:《独立没收程序的证据法难题及其破解》,载《法学》2012 年第 4 期。

（二）采用特殊的证明标准

在程序设立之初，法律并未对该程序的证明标准作出规定，而仅列明了检察机关需要向法院提交的材料。因此，司法机关仍按照传统刑事案件要求的"事实清楚、证据确实充分"进行违法所得没收程序的各项活动。但由于司法实践中违法所得没收程序的适用率不太乐观，并且学界降低证明标准的呼声也很热烈，因此之后的司法解释便认真地做出了回应，在证明标准的设置方面也做了独特的考虑。考虑到证据采集的不易和增加程序的适用性，我国违法所得没收程序最终采取了一种高于民事证明标准，而又低于普通刑事案件的证明标准，达到"具有高度可能"的证明标准即可。该证明标准与违法所得没收程序的相对独立性、"对物诉讼"的性质，和其不涉及人身权惩罚的特点十分契合的。

（三）与缺席审判制度相互补充

我国的违法所得没收程序是于2012年新增的特别程序，在当时是作为落实国际条约中未定罪没收程序而设立的。该程序仅针对违法所得的处理，防止犯罪嫌疑人、被告人从犯罪获益，并没有对行为人人身的实体权利进行干涉。当时，在违法所得没收程序还未确立时，学者们就未定罪没收在我国的落实有几种观点，其中一种便是缺席审判制度。但由于缺席审判制度对于犯罪嫌疑人、被告人的程序保障要求更高，而当时我国相应的措施都还不完善，因此条件尚不成熟。近年来，随着我国司法改革的进行、司法环境的不断改善，直到2018年《刑事诉讼法》的出台，刑事缺席审判制度终于落地。刑事缺席审判的出台，对于追回境外赃款，迫使犯罪嫌疑人、被告人归国受审、提高诉讼效率无疑都有巨大裨益。二者在适用的案件范围上有很大一部分相似，但与违法所得没收程序仅针对涉案财物不同的是，缺席审判制度还能解决犯罪嫌疑人、被告人的定罪量刑问题。因此，二者相互配合、相互补充，能够使程序更加的完整，更大限度地发挥其打击犯罪的价值。

二、违法所得没收程序适用的正当性

（一）实现对权力的制约

公安机关、检察机关作为司法机关，刑事诉讼法赋予其查封、扣押、冻结涉案财物的权利。但是在违法所得没收程序出台之前，公检法对犯罪嫌疑人、被告人的财产不区分是否系违法所得，往往一并没收。此种没收将本属于犯罪嫌疑人、被告人的合法财产也划入了违法所得的范畴，实际上构成了对其财产权的侵害。因此，为了限制上述情况，违法所得需经法院的裁判才能最终处理，从而保障公民的合法权益不随意受侵害。在法院作出判决以前，公安机关、检察机关对于涉案财物并无实体处分权利，仅有暂行控制的权力。违法所得没收程序通过法院统一刑事裁判权的程序设置，实现了对公安机关、检察机关权力的制约。这也是没收财产的正当性体现，以及违法所得没收程序存在的正当性依据。

（二）符合程序正义的基本要求

程序不仅保障着实体公正，其本身也具有独立的价值，程序本身是否公正也是刑事司法制度的重要考量因素。违法所得没收程序出台主要是通过打击犯罪，从而实现"任何人不得通过犯罪获益"的目的。不仅如此，违法所得没收程序也通过其程序设置体现出了对人权的关怀，符合程序正义的理念。程序正义包含程序的参与性、裁判者的中立性、程序的对等性、程

第四章 刑事特别程序的优化

序的合理性等基本要素。[1] 违法所得没收程序通过保障相关人的程序参与权与程序的合理性，进而满足了程序正义的要求。

程序参与原则是程序正义的重要内容，它又被称作"获得法庭审判机会"的原则。其核心是通过可能受审判直接影响主体的参与以对裁判结果发挥有效影响。[2] 程序参与原则一般情况下要求与案件裁判结果有直接利害关系的主体亲自参与庭审，直接言词原则和言辞辩论原则的实现也都有赖于被追诉者的直接参与。

参与权有两项前提性权利：知悉权和在场权。[3] 违法所得没收程序通过公告的方式保证了犯罪嫌疑人、被告人的知悉权得以实现。《规定》中对公告的内容作了详细规定，案由、案件来源、涉嫌犯罪的事实、申请没收的财产信息、申请没收的理由及法律依据，等等。通过公告，一方面将案件相关信息告知犯罪嫌疑人、被告人，保障其知悉权；另一方面也给予犯罪嫌疑人、被告人以选择权，放弃在场权或者归案参与庭审。

另一个前提性的权利是在场权，在场权又分为狭义的在场权和广义的在场权。狭义的在场权指被告人出席法庭接受审判的权利，广义的在场权则指，当在办案机关作出与其利益相关的决定时，利益被涉及的人或其代表能够到场并陈述意见。[4] 但是违法所得没收程序本就是在被告人逃匿、死亡的情况下，

---

〔1〕 陈瑞华：《刑事诉讼的前沿问题》（第4版），中国人民大学出版社2013年版，第181~185页。

〔2〕 陈瑞华：《刑事诉讼的前沿问题》（第4版），中国人民大学出版社2013年版，第181页。

〔3〕 林林：《被追诉人的主体性权利论》，中国人民公安大学出版社2008年版，第165~167页。

〔4〕 林林：《被追诉人的主体性权利论》，中国人民公安大学出版社2008年版，第168页。

为了追回财产而设立的制度，要满足被追诉人的狭义在场权是不可能的。由于犯罪嫌疑人、被告人的缺位，控辩审三方结构难以形成，审判可能变为单方面审查。为此该程序以另一种方式弥补了这样的庭审构造缺陷。违法所得没收程序中被追诉人的缺位，被近亲属有权申请参加诉讼、并提出上诉、抗诉取而代之。这与上述的广义上的在场权有异曲同工之处，本应由犯罪嫌疑人、被告人亲自到场参与庭审，但是在其缺位时，由其近亲属代表其行使相应的抗辩、上诉权等。同时，利害关系人的参与也是对诉讼结构的补正，并能对监察机关的权力予以制约。

从另一个角度来看，程序参与权是犯罪嫌疑人、被告人的一项权利，普通的刑事程序必须有被告人的出席，一般不得缺席审判。既然是权利，行使也可，放弃也可。若法院发布了公告通知犯罪嫌疑人、被告人出庭受审，其不出庭便是其放弃出庭权的表现，违法所得没收程序并未违背程序参与原则。

另外，违法所得没收程序还保障了程序的对等性。程序的对等性要求裁判者对于诉讼各方予以同等地对待，公平地听取意见、认可证据、采纳主张。此种平等应当是综合诉讼参与方的地位、实力所达到的一种"动态的平等对待"。因为如果控辩双方处于天然的不平等状态，法院此时给予绝对的公平对待则会导致结果偏向实力更强的一方。因此在分配任务时，强势一方应当承担更多的义务，以使诉讼的天平居于平衡。而违法所得没收程序在分配举证责任时也考虑到了这一点。例如，在巨额财产来源不明案件中，采取的举证责任倒置也是出于确保控辩双方实质上对等的考虑，更为合理。因此，保障程序的对等性的设置也是其程序正义的体现。

（三）契合国际司法准则中的人权保障理念

设立违法所得没收程序一方面是为了打击犯罪，另一方面也是为了保障人权。财产权作为人权的重要内容，保护了公民的财产权，也进而保障了人权。

首先，程序的出发点是"任何人不得从犯罪中获益"的理念。经查证违法所得或其他涉案财产为被害人合法所有时，便能及时返还被害人。因此该程序通过对被害人财产权的保障，进而保障其人权。其次，在法院受理违法所得没收申请后会发布6个月的公告，以促使相关权利人参与违法所得没收程序，对违法所得及其他涉案财产属于自己合法所有财产主张权利。利害关系人需对涉案财产的来源合法进行举证，达到相应证明标准的，即可避免财产被没收，从而维护自己合法的财产权。最后，该程序通过公告督促犯罪嫌疑人、被告人行使诉讼权利，保障其程序参与权。公告等于告诉犯罪嫌疑人、被告人不到庭应诉等于放弃了自己的在场权、辩护权等一系列程序参与权。加之，违法所得没收程序仅针对涉案财物，不具有惩罚性，因此犯罪嫌疑人、被告人的"缺席"也并不影响其正当性基础。而且，一系列严格的证明程序，以及法院统一裁判权的行使都使整个违法所得认定、没收过程变得正当，进而使得犯罪嫌疑人、被告人的合法财物有了保障，使其免受随意侵害之虞。

三、违法所得没收程序适用的现状分析

自2013年1月1日违法所得没收程序适用之日起，至今已有数年，实践中的案例从无到有，每一起适用违法所得没收程序的案件都是该程序在探索、完善道路上的基石和宝贵经验。笔者以"没申"（检察院提起违法所得没收申请的文号）、"违法所得的没收"和"刑事"为关键词，在中国裁判文书网上查询到2020年前适用此程序的案件共44起。笔者就适用此程序的逃匿或者死亡类型下相应省市的案件数量、涉嫌罪名进行统计，具体情况如下表1所示。

表1 我国违法所得没收程序适用概况

省份	被告人状态 逃匿	被告人状态 死亡	涉嫌罪名 贪污贿赂犯罪	涉嫌罪名 其他罪名	案件数量
广东	2	4	5	1（走私毒品罪）	6
江苏		4	4		4
陕西		4	4		4
福建		4	3	1（贩卖、运输毒品罪）	4
山东	1	2	3		3
四川		3	2	1（职务侵占罪）	3
云南		3	2	1（合同诈骗罪）	3
辽宁		3	1	1（开设赌场罪） 1（走私普通货物、物品罪）	3
海南		3		2（贩卖毒品罪） 1（合同诈骗罪）	3
重庆		2	2		2
青海		1		1（挪用资金罪）	1
湖南		1		1（贩卖毒品罪）	1
贵州		1	1		1
北京		1		1（诈骗罪）	1
浙江		1		1（聚众赌博罪）	1
黑龙江		1	1		1
山西		1		1（贩卖毒品罪）	1

续表

省份	被告人状态		涉嫌罪名		案件数量
	逃匿	死亡	贪污贿赂犯罪	其他罪名	
广西		1	1		1
安徽		1		1（非法吸收公众存款罪）	1
全国	3	41	29	15	44

(一) 违法所得没收程序适用的概况

1. 适用违法所得没收程序地区的统计分析

如表1所示，全国共有19个省级行政区审理过没收违法所得案件。整体上我国东中部地区案件较多，这与经济发达导致贪污腐败高发是有一定关联性的。横向对比，广东省在7年期间共提起6件，占13.6%；江苏、福建、陕西居第二，提出了4件违法所得没收申请，分别占9.1%。

2. 适用违法所得没收程序案件的类型分析

违法所得没收程序的设立初衷即针对国内严重的腐败现象，实践中适用的案件类型也大致如此。可以看出，贪污贿赂犯罪是该程序的主要作用对象。在上述44个样本中，涉及贪污贿赂犯罪的案件共29件，约占65.9%；涉及毒品犯罪的案件6件，约占13.6%；此外，还有涉及走私普通货物、职务侵占、挪用资金、开设赌场、合同诈骗、聚众赌博、非法吸收公众存款的案件各1件。

2017年《规定》明确规定了适用的五类案件，但是根据统计的案件我们可以看到，属于《规定》列举案件的涉嫌聚众赌博罪和非法吸收公众存款等案件也被提起违法所得没收申请。

3. 启动违法所得没收程序的原因分析

根据《刑事诉讼法》的规定，违法所得没收程序在适用分类上有两大类，一是逃匿，在通缉一年后不能到案；二是死亡。在44件适用违法所得没收申请的案件中，因被告人死亡而提起的案件共41件，占比为93.0%；因逃匿而提起的案件数屈指可数，仅有3件。

违法所得没收程序设立的目的之一即追逃追赃，但是通过观察实践中该程序的运行状况，我们可以说目前该程序没有达到设想的预期，远没有发挥其应有的功能价值。根据上文数据，在现有的能查找到的44份裁判文书中，仅有3个案件是因逃匿而启动的。相比较，因死亡而启动的违法所得没收案件相对可观。

4. 适用违法所得没收程序案件的数量与时间分析

查阅到的44份裁判文书中，2014年审结的案件有1件，2015年审结的案件共10件，2016年审结的案件共4件，2017年审结的案件共9件，2018年审结的案件共15件，2019年审结的案件共5件。违法所得没收程序整体适用率不高，样本容量不够多。纵向看来，自2014年至2019年，每年审结的适用违法所得没收程序的案件数并没有呈线性增长，而是呈折线形波动。即便是在司法解释明确了适用范围、证明标准和各项程序之后，适用效果仍未达到预期，差强人意。

第四章 刑事特别程序的优化

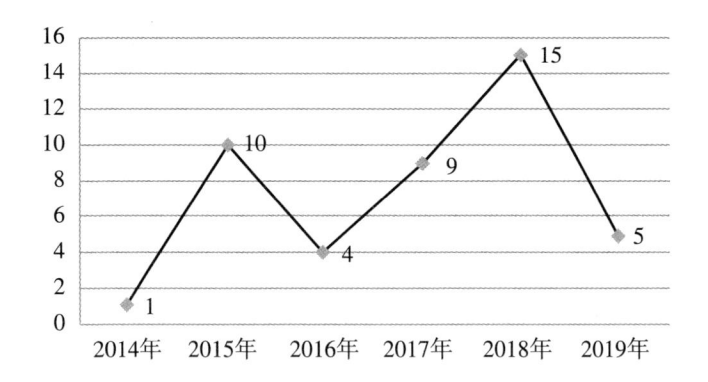

图3 2014—2019年度适用违法所得没收程序的案件数量

(二)违法所得没收程序适用存在的问题及其原因分析

1. 违法所得没收程序的适用范围不明确

(1)违法所得没收程序适用的案件类型不明确。第一,实践做法。胡某明违法所得没收案涉嫌的罪名是聚众赌博,显然这不在《规定》列举的五种类型的案件中,但该案的裁判依据却援引了违法所得没收程序的法条。[1]又如,朱某明违法所得没收一案,该案涉嫌罪名是非法吸收公共存款罪,法院以超出《规定》列举的范围退回检察院的申请,[2]但这也从侧面体现了检察机关对于适用范围的理解不到位。正如以上分析,死亡情况下,适用的案件范围确实有所扩张。

第二,原因分析。虽然《刑事诉讼法》规定了违法所得没收程序的适用范围,[3]但是由于语言具有"模糊性",因此引发了各方对于适用条件理解的不一致。而受案范围的不明确加

---

[1] 参见浙江省丽水市中级人民法院(2018)浙11刑没1号刑事裁定书。
[2] 参见安徽省阜阳市中级人民法院(2019)皖12刑没3号刑事决定书。
[3] 参见2018年《刑事诉讼法》第298条。

— 165 —

上范围过窄直接导致了实践中程序适用困难。《规定》对于适用案件的类型采取了封闭式的列举，大致包括五类犯罪。[1] 在《规定》出台后，对于"贪污贿赂犯罪""恐怖活动犯罪"的界定以及"等"字的理解，便没有了争议。同时《规定》对"重大"的含义进行了新的解释，相比2012年最高人民法院司法解释的受刑期限，具有更强的操作性和便捷性。理论上，扩大、明确适用范围后程序的适用情况应该会有所好转，但是数据表明并无明显增加。反观实践当中数量庞大的贪腐外逃案件，可以看出在程序的具体适用范围和条件上，仍有可进一步完善之处。

在违法所得没收程序还未在《刑事诉讼法》中被正式确立之前，就已有部分学者开始对"未定罪没收程序""独立没收""刑事缺席审判"等制度进行了探讨研究。在违法所得没收程序设立之后，学界对于其适用的范围更是展开了激烈的争论。由于言语的模糊性，各学者对于其适用条件理解不一致。有学者认为，对违法所得没收程序适用的规定需同时满足才能适用。[2] 也有学者认为案件类型，或者逃匿、死亡两个条件满足其一即可适用。[3] 法律未直接以"重大"修饰特定案件类型，而是规定"等重大犯罪案件"，可否理解为这几类犯罪本身就属于重大之列？还是在满足案件类型的前提下，案件本身仍需要"重大"予以修饰？以上这些问题，不仅对于学界造成了困扰，

---

〔1〕 参见最高人民法院、最高人民检察院《关于适用犯罪嫌疑人、被告人逃匿、死亡案件违法所得没收程序若干问题的规定》第1条。

〔2〕 参见周加海、黄应生：《违法所得没收程序适用探讨》，载《法律适用》2012年第9期。

〔3〕 参见孙明泽：《违法所得没收程序案件适用范围研究》，载《华北电力大学学报（社会科学版）》2017年第2期。

第四章　刑事特别程序的优化

对于实践中违法所得的适用也带来阻碍。法院在审理相关案件时仍处于摸索、试探状态。

由于司法解释条文逻辑之间存在矛盾，也导致实践的适用上出现分歧。立法机关曾表明，无论是逃匿还是死亡，均只适用于法律规定的案件，[1]但随后出台的司法解释将死亡情况下适用的案件范围的限制取消了。[2]司法解释的没有案件范围的限制与立法机关的限制适用范围的解释有较大出入，因此造成了实践运用中的混乱。

实际上，早在该程序出台之前就已经存在犯罪嫌疑人死亡案件的没收财产制度。1996年《刑事诉讼法》就有相应规定，[3]其后的司法解释也多次重申了上述内容。[4]司法机关对于范围的扩大解释，实际上是将以往涉案财物没收制度内容直接照搬，并入了特别程序中。[5]但笔者认为，这种直接将原有制度整合到特别程序的做法并非恰当。理由如下：

首先，二者的立法目的不同。被追诉人死亡案件涉案财产没收制度是一项普适性的制度，它的设置主要是为了处理被追诉人死亡时的涉案财物。它的作用面向所有刑事案件，不分案情轻重，也不针对特殊案件类型。相反，作为特别程序的违法所得没收程序是带有特殊任务和使命出生的，其具有独特的功

---

[1] 参见全国人大常委会法制工作委员会刑法室编：《〈关于修改《中华人民共和国刑事诉讼法》的决定〉条文说明、立法理由及相关规定》，北京大学出版社2012年版，第345页。
[2] 参见2012年《刑诉法解释》第507条。
[3] 参见1996年《刑事诉讼法》第142条第2款。
[4] 参见1999年《人民检察院刑事诉讼规则》第277条，2010年《人民检察院扣押、冻结涉案款物工作规定》第34条第2款、第38条。
[5] 参见初殿清：《违法所得没收特别程序的性质与案件范围》，载《法学杂志》2013年第8期。

能价值，贪污贿赂犯罪、恐怖活动犯罪就是其针对目标。立法机关还曾明确指出，该程序不应当被扩大适用。[1]

其次，二者的适用标准不同。作为在被追诉人死亡的情形下的相应涉案财产，应当予以没收的条件是指被追诉人实施犯罪，该涉案财产系违法所得，其证明标准应当达到刑事证明标准。而违法所得没收程序因其打击对象特殊性，若采取普通刑事程序的高标准，制度目的必然难以实现。因此，在证明标准上有所降低。但也正因如此，加之犯罪嫌疑人、被告人无法参与庭审，违法所得没收程序的适用范围便被严格限制，并且十分注重保障程序正当性，如利害关系人的权利救济。

最后，通过司法解释对法律的内容进行扩张解释，亦于法理不合。司法机关随意地解释法律不仅会与现有法律规定造成冲突，也会让其权力不受制约。

但是，先前确立的被追诉人死亡案件的涉案财产没收制度可以供逃匿状态下涉案财产的处置进行参考。可以将没收逃匿型案件涉案财产的制度适用范围扩大至所有案件，但应当满足"犯罪事实清楚，证据确实充分"的条件，以此为逃匿状态下的涉案财产的处理提供法律上的依据。

(2) 对"重大"的认定不一致。除了适用案件范围的不规范，实践中在"重大"的认定上也稍显不一致、不统一。笔者通过比较44件案件发现，即使是在同一罪名下，案件的规模、涉案金额也相差甚远。由于2012年《刑诉法解释》与2017年《规定》对"重大"的规定不同，笔者就2017年1月5日后审结的、仅涉及贪污一个罪名的案件进行统计，以展现实践中

---

[1] 参见郎胜主编：《中华人民共和国刑事诉讼法释义》（最新修正版），法律出版社2012年版，第614页。

"重大"的认定标准差异。详见表 2[1]：

表 2　五起涉嫌贪污罪违法所得没收案件统计表

犯罪嫌疑人、被告人	黎某宏	蓝某发	植某生	文某荣	黄某照
涉嫌的罪名	贪污	贪污	贪污	贪污	贪污
违法所得金额（人民币）	22 203.35 元	45 440 元	44 789 元	19 110 000 元	48 639.6 元
逃匿或死亡	死亡	死亡	死亡	死亡	死亡

上述五个案件都是在《规定》施行之后审结的，因此认定"重大"的标准是"在省、自治区、直辖市或者全国范围内具有较大影响"（以下简称"较大影响"）和"逃匿境外"。而上述案件都是犯罪嫌疑人、被告人死亡情形下的案件，因此不满足"逃匿境外"这一重大条件。因此，其适用违法所得没收程序需满足"较大影响"要件。仅从涉案金额来看，蓝某发案、植某生案和黄某照案均不足 5 万，要以此认定"较大影响"较为牵强。

2012 年《刑诉法解释》第 508 条在违法所得没收程序出台之后便对"重大"进行了解释，包括了刑期标准、较大影响标准和兜底条款。其中第一种"重大"的情形以可能判处的刑期

---

[1] 参见贵州省黔南布依族苗族自治州中级人民法院（2017）黔 27 刑没初 1 号刑事裁定书、福建省宁德市中级人民法院（2017）闽 09 刑没 2 号刑事裁定书、广东省肇庆市中级人民法院（2018）粤 12 刑没 1 号刑事裁定书、重庆市第一中级人民法院（2018）渝 01 刑没 1 号刑事裁定书、福州市中级人民法院（2018）闽 01 刑没 1 号刑事裁定书。

为参考标准,因其可能违反无罪推定原则,并且极有可能放任轻刑案件中的违法所得而饱受争议。随后《规定》对"重大"的含义进行了新的解释,并将其限缩在两种:较大影响、逃匿境外的。《规定》的第二种重大事由,相比 2012 年《刑诉法解释》的"可能受刑期限"具有更强的操作性和便捷性,也不会产生有关程序正当的争议。但是"较大影响"这一重大事由却被保留了下来。

而"较大影响"是一个极具主观性的标准,并没有可以量化或者参照的指标。一方面,言语的模糊性虽然可以拓展其适用范围;但另一方面,这也会导致实践中无从下手的局面。此外,按照法律规定,违法所得没收程序应当由中级人民法院审理。但是按照级别管辖,在省级、全国范围内的重大刑事案件分别应当由高级人民法院和最高人民法院管辖,从这个角度来看,"较大影响"标准在整个刑事诉讼体系逻辑也不是很自洽。

2. 违法所得没收程序的溯及力有争议

违法所得没收程序是 2012 年新增的一种特别程序,而 2012 年《刑事诉讼法》于 2013 年 1 月 1 日生效,那么对于发生于 2013 年以前的犯罪行为能否适用该程序呢?在司法实践中,对于该程序能否溯及既往产生了一定争议。本书所收集到的 44 个样本中,有两例涉及违法所得没收程序的溯及力的案件出现在我们的视野中。

(1) 具体案例。在罗某良违法所得没收一案中,犯罪事实发生于 1993 年至 1999 年,2001 年罗某良因病死亡。2011 年 6 月 3 日,当地公安局才对共同犯罪的钟某富等人立案侦查,检察院于 2015 年向法院提出没收违法所得的申请。法院认为,犯罪嫌疑人罗某良非法侵占房屋的事实虽属实,但此侵占事实和犯罪嫌疑人罗某良死亡的事实均发生在违法所得没收程序生效实施之前。法院认为依照《中华人民共和国立法法》（以下简称《立法法》）第93条规定，该案不应适用特别程序处理，遂驳回了申请。[1]

方某勤违法所得没收案中，方某勤因涉嫌犯罪被肇庆市端州区检察院反贪污贿赂局立案侦查，并于1999年中秋前后逃匿。2003年国际刑警组织中国国家中心局发布红色通缉令，2015年1月15日广东省公安厅对其发出通缉令，方某勤至审判之时仍未到案。利害关系人之代理人主张，肇庆市人民检察院指控的犯罪嫌疑人的犯罪事实行为发生在1993年至1997年期间，该行为发生在2012年《刑事诉讼法》生效施行之前。根据《立法法》第93条和"法不溯及既往"的法律原则，肇庆市人民检察院认为该案不适用这一特别程序处理，且罗某良案也确认了上列法律原则。但肇庆市中级人民法院认为虽然犯罪事实发生在新增程序之前，但逃匿状态却一直持续，因此检察院的申请并无不当。[2]

通过梳理案件我们可以得出，上述法院裁判案件能否适用该程序的标准是：若犯罪事实发生的时间节点在违法所得没收程序设立生效时间之前，则不可以适用；若犯罪事实及状态延续到违法所得没收程序成立生效之后，便可以适用。上述两案件的裁判都有一个前提，《刑事诉讼法》不能溯及既往，更精确地说《刑事诉讼法》中的违法所得没收程序不能溯及既往。但是，实际上法律能否溯及既往并不是毫无争议的、公认的问题，仍需要我们从理论上对法的溯及力进行探讨后，才能得出相应结论，再进一步决定具体的案件是否能溯及既往。

---

[1] 参见四川省高级人民法院（2016）川刑终47号刑事裁定书。
[2] 参见广东省高级人民法院（2018）粤刑终1188号刑事裁定书。

（2）理论分析。"法不溯及既往"作为一项基本原则，是指新制定的法律不能延伸适用到其生效之前的行为及事件。因为随着时代的发展和社会的进步，法律不可能是一成不变的，总会有一些行为正好处于新旧两法之交，并且跨越新旧法而存在，由此便产生了法律的溯及力问题。多数国家将"法不溯及既往"规定为一项法律原则或是宪法原则，主要是基于对公民的信赖利益的保护以及对法的安定性的考虑，其中法的信赖利益保护原则又能从法的安定性原则中推导出来。要保持法的连续性和保护信赖利益避免无谓地遭受侵害，法的溯及力就必须予以限制。[1]

如上文所述，"法不溯及既往"最直接的理论依据是信赖利益保护原则，而作为例外情况下的法律溯及既往则可能会对信赖利益造成侵害。但法律溯及既往在理论上仍然有存在空间：一方面，基于重大的公共利益之考虑，信赖利益被迫让步，立法者制定了溯及既往的法律；另一方面，在溯及既往并不会影响已经形成的信赖的前提下，即信赖无涉时，也得以溯及既往。因此在以"法不溯及既往"为整体原则的大背景中，也存在例外情形。法谚云："实体从旧，程序从新。"程序法从新就是一种例外情况。程序法一般不增设其他权利，只是为权利实现提供了手段。程序法的变动一般不会导致实体权利义务关系的变化，所以人们基于实体法确立的信赖利益也不会受影响。程序法的以上特点决定了程序法溯及既往的正当性基础，即程序法即便溯及既往也不会有侵害信赖利益的风险。正因如此，程序法溯及既往被各国普遍接受，"实体从旧，程序从新"也成为各

---

[1] 参见杨登峰：《新旧法的适用原理与规则》，法律出版社2008年版，第65页。

第四章　刑事特别程序的优化

国公认的原则。

回归到是否能溯及既往的问题，从形式上来看，因为违法所得没收程序被规定在《刑事诉讼法》之中，而《刑事诉讼法》又是典型的程序法，按照上述法谚，《刑事诉讼法》应当从新。但我们应当注意到，程序从新也有例外，有时程序的变动对实体权利产生影响，并且该影响不能被忽略，此时就程序法从新应当再度进行考虑。要得出违法所得没收程序能否从新我们还有一点应当证明：此程序的适用不会导致实体权利的变化，不会侵害其信赖利益。

对于普通的刑事诉讼，没收犯罪分子的违法所得应当经由法院的审判程序，在人民法院作出的判决生效后，再予以没收。[1] 对于"犯罪嫌疑人、被告人逃匿、死亡"的情形，由于无法到案，法院处于判决不能，对于财物的处理只能另作安排。在违法所得没收程序出台之前，早在 1990 年，我国就有特殊情况下对涉案财物的规定。对于犯罪嫌疑人、被告人死亡的情形，1996 年《刑事诉讼法》就没收其违法所得也有相关规定。[2] 当时的法律及司法解释虽未规定没收具体如何操作，但仍然是有没收的空间和途径的。即使没有违法所得没收程序，相关涉案财物同样不会置之不理。

司法实践中，即使处在逃匿期间，其国内违法所得及其他财物大多处在被查封、扣押、冻结的状态下。若由于犯罪嫌疑人、被告人一直潜逃，案件被中止审理，当时的法律虽未规定对财物作何处置，但变相拖长的查封、扣押、冻结从客观上也使其失去了占有、使用、收益、处分相应涉案财产的权利，相

---

[1] 1996 年《刑事诉讼法》第 198 条。
[2] 1996 年《刑事诉讼法》第 142 条第 2 款。

当于剥夺了其所有权。从潜逃的罪犯角度分析,此种状态下的财物与财物被予以没收、追缴所带来的结果是类似的。因此违法所得没收程序并没有影响到犯罪嫌疑人、被告人的实体权利义务,此程序只是为违法所得的没收提供了一个专门、规范、可供执行的途径。故而,对于有学者提出的违法所得没收程序是"集刑事没收实体和程序为一体的新的法律制度",[1] 笔者不以为然。在笔者收集的适用该程序的44起案件中,就有28起案件以《中华人民共和国刑法》(以下简称《刑法》)第64条为裁判的法律依据,可见司法裁判人员大多都以此为其实体法依据。

有学者认为违法所得没收程序只在有限条件下能够溯及既往:一是案件在程序上一直处于未决状态;二是死亡事实发生于程序生效之后或逃匿状态一直持续。[2] 对此观点,笔者认为有待商榷。不论是死亡还是逃匿情形,贪污腐败等案件的违法所得一直处于不法状态,[3] 正如方某勤案中其逃匿的状态一直持续。因此,即使犯罪事实发生时间和死亡时间先于程序生效时间,因不法状态一直持续,其适用特别程序也是合理的。

综上所述,违法所得没收程序具有实体法依据,是不涉及犯罪嫌疑人、被告人实体权利义务的一项特殊程序,其能够溯及既往。

---

[1] 王君祥:《违法所得没收特别程序问题研究》,法律出版社2015年版,第4页。
[2] 张吉喜:《违法所得没收程序适用中的相关问题研究》,载《现代法学》2019年第1期。
[3] 参见刘晓虎、张宇:《违法所得没收程序适用的溯及力、时效问题的认定》,载《人民法院报》2017年第12期。

第四章 刑事特别程序的优化

3. 违法所得的认定不一致

（1）法律规定。我国为落实"未定罪没收程序"，在《刑事诉讼法》中新增了违法所得没收程序，但对于违法所得的具体内涵及外延没有作出明确的规定。其后，2017年《规定》对违法所得的含义进行了具体细致的说明。《规定》第6条第1款规定了违法所得，第2、3款分别规定了转变、转化后的财产以及混合物中的违法所得及其收益。与《联合国反腐败公约》的规定相比，未涵盖到犯罪工具。

（2）实践中关于违法所得的认定情况。在实践中，部分法院严格按照规定，对检察院扣押之物进行甄别，将高度可能属于利害关系人的财产排除在外，仅对属于违法所得的部分进行没收。如潘某涛违法所得没收案，法院认为"该45万元高度可能属于沙某某从沙某1、王某2、王某1处所借筹集之款，不属于潘某涛的犯罪违法所得";[1] 黄某成违法所得没收案中，法院认定，其亲属的退案款并非黄某成的违法所得，而解除扣押并予以退还;[2] 又如黎某宏违法所得没收案中，法院认定黎某宏上交独山县纪委财物中仅有一部分系其犯罪违法所得，并裁定对该部分进行没收。[3]

但实践中就违法所得认定问题，更多的是与司法解释不同的情况。在实践中，就违法所得的认定大致存在以下几种有争议的做法：

第一，违法所得已经被用于个人消费，不存在转变、转化

---

[1] 参见陕西省商洛市中级人民法院（2018）陕10刑没1号刑事裁定书。
[2] 参见广东省湛江市中级人民法院（2016）粤08刑没1号刑事裁定书。
[3] 参见贵州省黔南布依族苗族自治州中级人民法院（2017）黔27刑没初1号刑事裁定书。

形态的财物，法院仍然裁定没收同等金额的被告人合法所有财产。在罗某宪违法所得没收申请案中，罗某宪将其公司收取的各类资金190 121.62元用于个人的各类开支及看病所用，违法所得已经被花费耗尽，不存在转变、转化的财产，最后法院直接裁定现将冻结的23 050.57元返还给被害公司。该案中法院将犯罪嫌疑人个人所有之财产认定为违法所得。[1]

第二，法院查明违法所得存在转变、转化形态，但裁定没收同等金额的退缴款或者被扣押的财产，对该转化形态的违法所得不作处理。张某崎违法所得没收案中，部分违法所得已经被消费或者转化为其他形式的财产："其收受的购物卡被其用于个人消费，收受的现金一部分用于购买瑞鸿名邸的两套房产，一部分出借给他人，收受的茅台酒放在家里。"检察院仍然就扣押的与违法所得相同价值的财产向法院提出违法所得没收申请，并得到了法院的支持。[2] 本案中，部分违法所得转化为房产，法院并未对此查封，而是接受了被告人亲属通过集资，以及被告人之债务人相应债务的退缴。

陈某违法所得没收案中，陈某以违法所得的10万元加上自筹的5.6万元现金向朋友徐某椿购得丰田牌小车一部。案发后，陈某妻子代为向检察院退缴赃款人民币10万元。法院认为"该违法所得应予以追缴"[3]。本案中，法院将被告人退缴款项认定为违法所得，并裁定予以没收。

《规定》第6条规定，违法所得没收的是通过事实犯罪直接或者间接产生的财产，违法所得已经转变、转化为其他财产的，

---

[1] 参见海北藏族自治州中级人民法院（2015）北刑初字第1号刑事裁定书。
[2] 参见南京市中级人民法院（2014）宁刑没初字第1号刑事裁定书。
[3] 参见福建省宁德市中级人民法院（2017）闽09刑没1号刑事裁定书。

转变、转换后的财产应当视为相应的"违法所得"。法院的上述做法虽然在客观上填补了违法犯罪的空缺，但是却与司法解释的规定相左。

第三，未对检察机关扣押之财物是否系违法所得进行审查，在有犯罪事实的情况下，直接裁定该扣押财物为违法所得并予以没收。法院未对检察机关扣押的财产是否系违法所得进行审查，因有犯罪事实存在就裁定没收相应金额的扣押财物。焦某勇违法所得没收案中，检察机关扣押焦某勇赃款共计人民币47 000元。刑事裁定书中的本院认为部分，法院认定犯罪嫌疑人焦某勇"实施受贿、贪污行为获违法所得共计折合人民币97 589.37元，案件事实清楚，证据确实充分"，准许了申请机关提出的没收已扣押的焦某勇违法所得人民币47 000元的申请。[1] 本案中，法院在事实与证据方面未作说明，仅依据检察院提交的申请中的事实对扣押款进行了没收。

在上述前两种有争议的做法中，法院没收之物不是违法所得，而是相同金额的犯罪嫌疑人、被告人所有之财物或者退缴款。第三种做法未对财产系违法所得进行严格的证明和审查，文书中也未通过对证据的具体分析、认证便直接作出没收裁定。以上做法，不仅在形式上不符合法院刑事裁判文书的规范，更难谈实际操作如何。

（3）理论探讨：被消费支出的违法所得能否追缴？在上述多起违法所得案件中，当违法所得被犯罪嫌疑人、被告人消费挥霍之时，有的法院裁定没收相同价值的犯罪嫌疑人的财物，也有的法院经审查认定所扣押财物系犯罪嫌疑人、被告人的合法财产而驳回针对该财物的没收申请。对应实践中的该问题，

----
[1] 参见济南市中级人民法院（2015）济刑二初字第10号刑事裁定书。

理论上也有相应的讨论：被消费支出的违法所得能否追缴？或者进一步说，当违法所得灭失、消耗、追缴不能之时，能否没收被告人的合法财产及近亲属的退缴款。这实际上涉及现代财产刑上的等值没收问题。

对没收被告人的合法财产持否定态度的观点认为，无现存之违法所得及转化财产，故不能没收。根据《规定》第 6 条可知，认定为违法所得有两个适用前提：一是财物来源于实施犯罪；二是拟没收财物依赖于违法所得的留存。当违法所得被消耗、灭失时，违法所得不仅没有留存形式，而且被告人的合法财产也并非来源于犯罪。从《规定》相关规定不能解读出能够没收被告人的合法财产。法无授权不可为，《刑事诉讼法》仅规定对于违法所得及相关涉案财产能够予以没收，对于犯罪嫌疑人、被告人的合法财产司法机关没有没收的空间。但笔者认为，在违法所得被消费、灭失时，被告人的合法财产可以予以没收，观点如下：

第一，符合《刑诉法解释》规定。其实，早在 2012 年《刑诉法解释》中对于价值没收的理念便有所体现。[1] 显然，2012 年《刑诉法解释》第 369 条为一般性规定，而《规定》属于特别规定，在 2012 年《刑诉法解释》就该问题有规定，《规定》没有规定且无相出入的条款之时，适用 2012 年《刑诉法解释》就查封、扣押、冻结财物的处理方式是合理的。没收违法所得是为了剥夺犯罪分子因犯罪获益的部分，应先于财产刑执行，因此被告人的合法财产也可以用于执行违法所得没收裁定。因此，违法所得没收程序可以适用价值没收并非于法无据，即在违法所得不复存在时，可以没收犯罪嫌疑人被告人的等值、等

---

[1] 2012 年《刑诉法解释》第 369 条第 2 款规定。

价合法财产以实现追缴目的。同理，有学者认为《规定》第 6 条属于注意性规定，[1] 可没收之违法所得并不仅限于该条规定也与上述理由如出一辙。

第二，符合程序设立的目的。从"任何人不得从犯罪中获得利益"的原则来看，违法所得被花费支出后也应继续追缴。其一，在犯罪嫌疑人、被告实施犯罪行为后，其已在很大程度上对于违法所得处于占有、支配状态，此为其所获财产性利益。而正是因为其从犯罪中非法攫取的财产性利益，其才能用于个人消费、挥霍，因此被消费的违法所得应继续追缴。其二，虽然违法所得被花费支出后看似不复存在，物质上没有积累，但犯罪嫌疑人、被告仍然从中获得了利益。当违法所得被用于个人消费时，其内心或其他方面得到了某种程度上的满足，获得了相应的精神利益。此外，若犯罪嫌疑人、被告人耗尽违法所得，且其合法财产不能予以没收，实际造成了一种不公平的局面，被害人因犯罪损失的财产无法追偿，犯罪嫌疑人、被告人的亲属却仍然享受着因犯罪而拥有的丰厚物质条件。因而，为了扭转因犯罪所造成的不平衡状态，也应在违法所得追缴不能之时，没收等价的合法财产。

第三，发挥一般预防功能。法律规定会对司法走向产生影响，发挥行为指引的作用。如果已经被支出、消费的违法所得因无转化留存的财物而无法追缴，那么实则变相地鼓励犯罪行为实施者将违法所得尽快消耗，使之达到追缴不能的状态。该规定会使犯罪嫌疑人钻空子，在违法所得和合法财产并存的情况下，先行使用违法所得，其后再声称现存财物系其合法所有

---

[1] 陈正云、张志强：《违法所得没收程序若干问题研究——以任某某违法所得没收案为视角》，载《人民检察》2017 年第 16 期。

以逃避国家的追缴。因此，如果违法所得被用于个人消费且无转化财产，若犯罪嫌疑人、被告有个人合法财产而不予以没收，那么犯罪嫌疑人很可能采取将违法所得挥霍一空、留存合法财产的做法以使司法机关难以追缴。故法律规定此种状态下对合法财产的没收具有重要意义，能起到一般预防的作用。

　　第四，与国际做法相契合。没收要求没收对象之物需保持同一性，即原则上必须是该物本身。为了解决应当被没收的财物灭失或者无法追查这一问题，日本、韩国等多国刑法规定了"追征"这一措施，[1] 即命令行为人缴纳与拟没收财物价值相当的金额。[2] 此外，在我国已经批准生效的《联合国反腐败公约》中也肯定了等值没收的做法，即可以没收"价值与违法所得相当的财产"。因此，在其他国家有丰富经验予以实践的基础上，我国采取没收等值物的做法也是有可行性的。

　　第五，实践中难以实现。实际上，判定犯罪嫌疑人、被告人消费的财物系违法所得还是个人的合法财产存在较大的难度。尤其是当违法所得是现金的情形，更加难以证明，此时如果要求区分现金的来源情况，只是徒增了司法机关追缴违法所得的难度，也不利于该程序的适用。在笔者查询到的案例中，对于现金类的财物，不管是检察院在扣押或是申请没收违法所得时，还是法院在认定涉案财物是否系违法所得时几乎没有进行区分。如果要求证明被消费的现金财产属于违法所得，也不具有可行性。从另一个角度上来看，民法上货币为种类物，占有即所有，

---

〔1〕马克昌：《比较刑法原理：外国刑法学总论》，武汉大学出版社2012年版，第811页。

〔2〕马克昌：《比较刑法原理：外国刑法学总论》，武汉大学出版社2012年版，第817页。

故而可替代。因不丧失其同一性，没收仍然可能，此时也没有区分的必要性。例如，犯罪嫌疑人收受贿赂的100万元纸币与其银行账户上合法所有的100万元存款货币，具有相同的价值。不管是直接没收100万元现金还是在100万元现金被消费之后没收银行账户上的100万元存款，对于国家来说结果都是一样的，对犯罪嫌疑人的权利也没有过度侵害。

4. 违法所得没收程序适用的不规范

（1）公告不规范。第一，不规范的现象。《规定》明确了公告的日期和要求，[1] 在现有的案例中，就公告的发布存在两种不规范的做法。一是受理没收违法所得的申请后超过规定期间才发出公告。采取此类不规范做法的案例共4件。黄某照申请没收违法所得刑事裁定书中载明："本院于2018年3月23日立案，依法组成合议庭，于2018年6月11日发出公告。"[2] 该法院在受理没收违法所得申请后，经过了80天才发布公告，远远超出规定的15天内。在刘某龙申请没收违法所得案中，法院于2015年5月26日立案，2015年7月18日发出公告，从受理到发出公告经过了23天。[3] 又如，焦某勇申请没收违法所得刑事裁定书载明："2015年3月11日向本院提出申请，本院于同日立案受理，并于2015年4月1日发出公告。"[4] 以及李某军申请没收违法所得没收案中法院于4月8日立案受理，直至5

---

[1] 最高人民法院、最高人民检察院《关于适用犯罪嫌疑人、被告人逃匿、死亡案件违法所得没收程序若干问题的规定》第11条。
[2] 参见福州市中级人民法院（2018）闽01刑没1号刑事裁定书。
[3] 参见锦州市中级人民法院（2015）锦刑二初字第00008号刑事裁定书。
[4] 参见济南市中级人民法院（2015）济刑二初字第10号刑事裁定书。

月4日才进行公告。[1] 以上案例从立案之日到公告均超过15天。

二是有的法院在刑事裁定书中对于公告二字只字未提。如在罗某良案中，法院在刑事裁定书中载明："四川省达州市人民检察院以达州市检公没申（2015）2号没收违法所得申请书，向本院提出申请，要求对罗某良违法所得予以没收。本院依法组成合议庭进行了审理。"[2] 通过此种表述我们无法得知，法院是在立案受理之后未按规定进行公告而径行审理，还是如期完成公告只是制作裁定书的时候不规范。不管实际情况如何，作为违法所得没收程序中的一个必经程序，公告有它自身的价值，法院落实不到位首先就导致了程序的不规范，进而影响到相关人的利益。

第二，理论分析。违法所得没收程序的诉讼请求只针对特定的涉案财物，而不针对特定的被告。而对物之诉的一个程序性特征便是必须经公告。笔者认为，违法所得没收中的公告程序，可以看作是法庭向其发出开庭的通知，如果到案，其可以参加涉及其合法权利的部分程序，行使诉讼权利，参与法庭调查、法庭辩论，此时应由普通刑事诉讼程序进行。如果经公告，犯罪嫌疑人、被告人不参加，则默认其放弃了自己的诉讼参与权，因其不是诉讼主体，自无诉讼权利可言。犯罪嫌疑人、被告人到案致使违法所得没收程序终止而转向普通刑事诉讼程序并没有使得对于被告人的追诉中断，而是导致了程序的转换，因此犯罪嫌疑人、被告人更像是附条件地享有诉讼权利。公告

---

[1] 参见山西省吕梁市（地区）中级人民法院（2018）晋11刑没1号刑事裁定书。

[2] 参见四川省高级人民法院（2016）川刑终47号刑事裁定书。

第四章 刑事特别程序的优化

通过告知相关事实，保障了犯罪嫌疑人、被告人的知情权，并有促使其到庭参加诉讼的作用。

由于犯罪嫌疑人、被告人的近亲属和其他利害关系人很有可能对涉案财物主张来源合法，因此公告的另一大目的即为使涉案财产相关权利人知悉并能参与该程序，维护自己的合法权益。如果不经公告即启动该程序，便会对利害关系人的知悉权、财产权造成侵害。

（2）法律文书样式不规范。笔者通过观察比较，发现实践中违法所得没收申请案件的裁判文书存在一些形式上的瑕疵，主要表现为文书名称的不规范和案号使用的不规范。

第一，文书名称不规范。在笔者统计的案例中，就文书名称的书写形式大致有以下几种：犯罪嫌疑人、被告人姓名+申请没收违法所得（或没收非法所得、违法所得没收）刑事裁定书；犯罪嫌疑人、被告人姓名+涉嫌罪名+一审刑事裁定书；犯罪嫌疑人、被告人姓名+一审刑事裁定书。有的刑事裁定书的名称中体现了违法所得没收程序的适用，有的直接以一审刑事裁定书命名；有的提及了犯罪嫌疑人、被告人涉及的罪名，有的则没有体现。因此，各种类型的文书名称十分混乱，没有规范性。

第二，案号不规范。对于代表案件类型的简称类型代字，实践中大部分法院案号以"刑没+案件编号"的形式命名；有7起案件以"刑初+案件编号"为案号，没有体现出违法所得没收程序的案件类型。此外，在寇某国违法所得没收案中，案号为"（2016）陕03刑更753号"，"更"字同样没有体现案件的核心特征，不符合相关规定。[1]

由于违法所得没收程序刚刚增设不久，对于法律文书的式

---

[1]《关于人民法院案件案号的若干规定》第7条。

样还未作出统一规定，对案件类型及其代字标准也没进行及时调整，便导致了实践中的法律文书样式的不规范现象。

四、现行违法所得没收程序的完善

（一）违法所得没收制度的完善

1. 明确违法所得没收程序的适用范围和适用条件

（1）明确适用的案件范围。随着制度的逐渐完善，待条件成熟时，或许可以尝试在现有基础上进行推广。我们可以将违法所得没收程序定位、发展成一项就犯罪嫌疑人、被告人无法到案情况下的针对所有案件的违法所得的追缴程序。这不仅符合国际上未定罪没收的趋势，而且也有利于我国对于赃款赃物的追缴，将极大地丰富违法所得没收程序的内涵和体系性。但是就目前而言，在程序建立早期，体系和规定都不太完善的当下，其适用范围应当仅限于特定犯罪类型。在犯罪嫌疑人、被告人死亡时，该程序也仅适用于法律规定的犯罪种类且应当满足重大的情形，对此立法者应当再次进行明确。

（2）优化"重大"的标准。当前违法所得没收程序对"重大"的规定仍然相对主观，不便于实际操作。因此，为了增强实际操作性，笔者认为可以将"逃匿境外"进行保留，将"较大影响"标准改为犯罪涉案金额标准。考虑到境外违法所得没收的复杂和执行难，对于违法所得分别按照处于国内、国外不同的情况制定不同的参考标准。例如违法所得数额国内达到30万元以上的，国外达到300万元以上的可以认定为"重大"。

2. 确定违法所得没收程序能够溯及既往

对于违法所得没收程序的溯及力问题，我国《刑事诉讼法》及相关的司法解释未作规定，因此笔者只能从理论上对此进行探讨。正如前文所推导，"法不溯及既往"原则的核心是防止对犯罪嫌疑人、被告人的信赖利益造成侵害，在一项法律的出台并不会影响已经形成的权利义务状态的情况下，允许其溯及既往也不会造成被适用对象内心的不公。新增设的违法所得没收程序并没有影响到犯罪嫌疑人、被告人的实体权利义务，此程序只是为违法所得的没收提供了一个专门、规范、可供执行的途径。因而，违法所得没收程序溯及既往并无不妥。

作为参考借鉴，2002年《澳大利亚犯罪收益追缴法》第14条就直接规定了追缴程序具有溯及力。在违法所得没收程序还不成熟的当下，溯及既往不仅实现了打击犯罪的目的，程序法溯及既往还可能有新法迅速妥适地适用。[1] 因此笔者认为，违法所得没收程序能够溯及既往的特性有必要在相关的法条或司法解释中加以明确。

3. 确立违法所得等值没收制度

根据前文的探讨，当违法所得被消费、灭失的情形下，可以没收与违法所得相同价值的本人合法所有财物。虽然没收犯罪嫌疑人、被告人的合法财物会有侵犯其财产权之嫌，但是结合"任何人不得从犯罪中获益"原则和违法所得没收程序发挥的一般预防功能及实践状况的分析来看，采取没收与违法所得价值相当的财物的做法更为合理。此外，国际公约和很多其他国家的法律中也都有关于"等值没收""追征"的相关规定，有大量的实践经验可供我国借鉴。因此，无论是为了打击犯罪还是与国际公约接轨，都有必要明确违法所得灭失、被挥霍情况下的等值没收的合理性。

虽然我国有责令退赔的相关规定，但笔者认为，等值没收有其存在的必要性。责令退赔是在没收客观不能时，责令其上

---

[1] 参见胡建淼、杨登峰：《有利法律溯及原则及其适用中的若干问题》，载《北京大学学报（哲学社会科学版）》2006年第6期。

缴等值价款的措施,这一点与等值没收十分相似。但责令退赔与追缴一样,具有"过程性",是在法院作出判决之前完成的,并且在一定程度上是法院量刑的依据之一。因此,当违法所得已被犯罪分子毁坏、挥霍、耗尽之后,司法机关责令退赔而犯罪分子未予退赔的,若强制执行,就变成了司法机关的追缴行为了,与"退赔"的原意、性质相背离了。司法解释曾明确经退赔仍不能填补损失时,不能强行追缴其合法财产。[1] 此时,追征作为没收不能的替代性措施,其具有强制性无可非议。因此,在违法所得事实上或者法律上没收不能时,可以采取等值没收的形式,以防止犯罪分子从中获益。

具体的操作为"等值没收",不仅适用于违法所得已经被全部或部分被用于个人消费,或被损耗、灭失的情况,在违法所得在混合物中难以分离时我们也可引入"等值没收"。对"等值没收"适用时应当遵循对称原则(又称"比例原则"),与违法所得的数额或价值相当。等值没收适用的前提是犯罪嫌疑人、被告人拥有同等数额的合法财产。在违法所得没有转化形态且犯罪嫌疑人、被告无个人合法财产之时,司法机关便无法再进行追缴,即便其亲属有合法财产,也不应予以没收。

(二)完善违法所得没收程序相关配套措施

除了程序本身存在的一些不足之处,其在辅助配套措施上也或多或少存在一些问题。通过对这些相关措施、制度的完善,在实现程序正义的同时,能够更好地保障利害关系人、刑事追诉者的利益,提高违法所得没收程序内在的程序价值。

---

[1] 参见杨宏亮:《责令退赔的司法适用及程序完善》,载《人民检察》2005年第23期。

1. 确保违法所得没收案件公告义务的落实

《规定》明确了公告的具体内容、公告的方式，规定了掌握利害关系人联系方式等具体情况下公告的操作，法院对于公告的具体实施细节规定已经基本上没有太大问题。但是就笔者分析的案例中，部分法院未按照相关规定及时发布公告，甚至有一家法院的裁判文书中未体现其履行了公告义务。公告保障了犯罪嫌疑人、被告人的知情权，能够促使其到庭参加诉讼也有利于维护利害关系人的相关权利，是违法所得没收程序案件中法定的审前程序。对公告程序的不履行，一方面违反了程序的正当性，同时也对相关权利人的合法权益造成了侵害。虽然《规定》第21条规定了违反法定程序的救济措施，但"撤销原裁定，发回重审"的事后救济手段不仅会徒增司法资源的耗费，也费时耗力。因此，应当从加强司法机关严格适用公告程序的意识，如将未履行公告义务作为平时法院考核的扣分项，以督促法院勤勉地履行公告程序。确保公告包含庭审情况、涉及罪名以及申请没收的财产的具体情况和相关事实，并且记录在案。上级法院还应当对此类案件进行抽查，以促使公告得到落实。

2. 规范违法所得没收案件的法律文书样式

法律的严谨不仅在于其逻辑的严密，也反映在法律思想的载体——法律文书上。通过笔者的统计观察，已适用违法所得没收程序的案件的裁判文书在形式上由于名称、案号的使用混乱，显得十分的不规范、不成体系。实践中出现的刑事裁定书名称、案号参差不齐、不规范的问题，不是立法技术的问题，只是因为一项新的程序或者制度方才兴起，配套措施难以一步到位造成的。因此在发现违法所得没收案件法律文书在制作上的缺陷后，相关部门应当及时承担起应有的职责予以解决。[1]

3. 建立犯罪嫌疑人、被告人合法财产保全制度

因为违法所得没收程序不具有惩罚性，因此不涉及相关者的合法权益。原则上，对犯罪嫌疑人、被告人的合法财产不得进行查封、扣押、冻结，因其与犯罪无关。但是当违法所得灭失、被消耗且没有相应的替代物时，没有对应的查封、扣押、冻结对象，违法所得就难以没收。对于涉案财产有被转移、隐匿风险时，法院有权采取查封、冻结、扣押措施。[2] 但是对于合法财产，法律并没有相关规定。因此，为了配合本书主张采取的"等值没收"措施的实施，也为了防止犯罪嫌疑人、被告人转移财产，在违法所得灭失、被消耗时，可以对其同等数额的合法财产采取保全措施，以保障违法所得没收裁定的执行，促使违法所得没收功能的实现。

还可以借鉴我国附带民事诉讼中原告申请保全的规定，为了保障违法所得没收裁定的执行，当涉及违法所得应当返还被害人的情形，可以根据被害人的申请采取保全措施，但被害人应当提供相应的担保。

违法所得没收程序是2012年新增的刑事特别程序，其在打击犯罪和保障人权上做到了二者的统一，具有很高的程序价值。随着新的司法解释的出台，作为一项新生程序，违法所得没收程序日渐完善。随着《监察法》、缺席审判制度等新法和制度的出台，必将促进违法所得没收程序理论和实践的发展。

---

[1] 《关于人民法院案件案号的若干规定》第15条。
[2] 2021年《刑诉法解释》第613条第2款。

第五章
认罪认罚从宽制度的健全

第一节 实体法评价范式
对认罪认罚案件从宽规则的约束*

2014年,党的十八届四中全会通过的《中共中央关于全面推进依法治国若干重大问题的决定》中明确提出了"完善刑事诉讼中认罪认罚从宽制度"的改革任务。2016年7月,中央全面深化改革领导小组第26次会议通过了《关于认罪认罚从宽制度改革试点方案》。同年9月,第十二届全国人大常委会第22次会议通过了《关于授权最高人民法院、最高人民检察院在部分地区开展刑事案件认罪认罚从宽制度试点工作的决定》。

在此基础上,2016年11月,"两高三部"联合发布《认罪认罚从宽工作办法》,规定了认罪认罚从宽制度实施的相关内容,包括认罪认罚从宽的原则、认罪认罚从宽制度的适用范围、主持认罪认罚从宽的机关、被追诉人在认罪认罚从宽程序中享有的诉讼权利、认罪认罚案件的从宽幅度等。

---

* 原载《西部法学评论》2019年第4期,与马浩洋合作,有改动。

《认罪认罚从宽工作办法》第 22 条是该办法中唯一具有明确可操作性的,规定认罪认罚从宽案件从宽幅度的条款。第 22 条规定,不具有法定减轻情节的认罪认罚案件,法院应当在法定量刑幅度以内量刑。[1] 即不具备法定减轻情节的认罪认罚案件,只有程序上的认罪认罚行为,则无法获得减轻刑罚的处遇。该条款把程序上认罪认罚行为能够换取的刑罚扣减的程度限制在该罪的法定量刑幅度以内,是对认罪认罚案件从宽量刑幅度的约束,其目的是限制检察官滥用量刑建议权,确保法院对犯罪行为施加的制裁能够不过分偏离"罪责刑相适应"的原则。但是,被告人在程序上认罪认罚了、没有刑事实体法上的减轻事由,就不能获得法定量刑幅度以下的量刑是否合理?换而言之,为什么要以"法定量刑幅度以内或以下",这一实体法上的量刑区间裁量标准,来限制被告人程序上认罪所能换取的轻缓幅度?这种约束的目的是什么?其是否符合认罪认罚从宽制度的理论基础?这是需要研究的问题。

当下,在理论上,关于认罪认罚案件从宽量刑的正当性依据的问题,学术界持有不同的观点;[2] 在立法上,对认罪认罚案件从宽量刑规则构建的问题,法律未有明确指向的规定,实践中也没有形成相对统一的惯例式做法。在这一背景下制定出的《认罪认罚从宽工作办法》第 22 条,很难说具备科学的理论依据和经验依据。或许它作为试点办法中的规则,只是在认罪认罚从宽制度尚未全面推行和完整构建阶段,暂时防止检察官滥用量刑建议权的权宜之计?因此,对在实体法上缺乏法定减轻情节的认罪认罚案件不能获得减轻量刑这一规定的反思,不

---

[1] 《认罪认罚从宽工作办法》第 22 条。
[2] 参见赵恒:《论从宽的正当性基础》,载《政治与法律》2017 年第 11 期。

是一个单纯思考如何构建认罪认罚案件从宽量刑具体幅度的问题，而应该是一个在更深层面上展开的，考察我国在经验和理论上对认罪认罚从宽的正当性基础的认识的问题。

一、"第22条"中的实体法评价范式

被追诉人认罪，是认罪认罚从宽程序启动的必要条件。程序上的被告人认罪，在实体法上无外乎自首和坦白两种情形。[1] 自首是被追诉人主动投案，或在被抓获后向公安司法机关主动如实供述公安司法机关没有掌握的罪行的行为，坦白是被追诉人在被抓获后如实供述公安司法机关已经掌握的罪行的行为。[2] 被追诉人向国家机关供述的自己的罪行，无外乎是国家机关已经掌握的罪行或没有掌握的罪行，逻辑上不可能存在超出这两者范畴之外的罪行，前者在实体法上被定性为坦白情节，后者在实体法上被定性为自首情节。在我国的刑事实体法规范中，被告人自首的，可以减轻、从轻或免除处罚；被告人坦白但不具备避免特别严重后果发生情节的，可以从轻处罚。[3]

把刑法对自首情节和坦白情节处遇的规定与《认罪认罚从宽工作办法》第22条相比较，可以发现《认罪认罚从宽工作办法》第22条完全遵循了刑法关于自首和坦白的量刑规则。第22条规定，"对不具有法定减轻处罚情节的认罪认罚案件，应当在法定刑的限度以内从轻判处刑罚"，认罪认罚从宽程序中的法定减轻处罚情节，包含了自首、立功等刑法中的法定减轻处罚情

---

[1] 参见孙谦：《检察机关贯彻修改后刑事诉讼法的若干问题》，载《国家检察官学院学报》2018年第6期。

[2] 参见张明楷：《刑法学》（第5版·上），法律出版社2016年版，第567页。

[3] 《刑法》第67条。

节,凡是在认罪认罚从宽程序中以自首的方式认罪的,依据实体法规范,自然可以在法定量刑幅度以下减轻量刑;在程序上认罪而不存在实体法的法定减轻处罚情节,仅存在坦白一种情形,只能够在法定量刑幅度以内从轻量刑。而认罪认罚从宽程序中的坦白认罪,能够获得的轻缓量刑的幅度也在法定量刑幅度以内,这两者之间不存在差异。由此可见,作为具体指导全国范围内认罪认罚从宽程序实施的规范性文件,其唯一具有明确可操作性的规定从宽量刑幅度的条款,其内容只是对"自首、立功等减轻,坦白从轻"这一刑事实体法量刑规则的复制。

《认罪认罚从宽工作办法》第4条对如何从宽量刑作出了原则性规定,对适用认罪认罚从宽程序的被告人定罪量刑,除了必须要依据的刑法的法定构成要件要素和酌定情形之外,还需要考量的因素包括犯罪嫌疑人的社会危害性和人身危险性、认罪认罚的具体情况。[1] 犯罪嫌疑人的社会危害性和人身危险性因素,也是刑事实体法中的量刑考量因素,"认罪认罚的具体情况"则语焉不详。这里应当把"具体情况"解释为认罪认罚过程中的实体法量刑考量因素?还是解释为认罪认罚过程中不被纳入实体法量刑考量因素的其他情况?抑或两者兼而有之?由于第4条的其他文字已经周延地规定了刑事实体法上量刑的考量因素,因此,这里的"具体情况"应当解释为区别于实体量刑因素的程序上的情况,或者至少应当包括区别于实体量刑因素的程序上的情况。若是这种解释符合立法者的立法意图,则说明了立法者把实体因素与程序因素共同视为影响认罪认罚案件中决定从宽幅度的因素,认罪认罚从宽程序的从宽规则,应当结合实体与程序综合构建。但是,即便作此理解,《认罪认罚

---

[1] 《认罪认罚从宽工作办法》第4条。

从宽工作办法》对从宽量刑幅度的规定，依然只是对刑法实体法内容的机械重复，并未体现认罪认罚程序对从宽量刑产生的作用。

立法者为何这样规定？这里提出三种假设：一是立法者需要明确限制从宽幅度，防止检察官滥用量刑建议权，防止实体不公。但是立法者来不及制定具体的从宽幅度规则，故照搬刑法规定，对认罪认罚程序中的自首和坦白设定从宽幅度，作为权宜之计，让各试点地区依据地区情况制定具体从宽幅度规则。二是立法者认为在从宽量刑中应当吸收程序性因素，但是依然把实体法的法定量刑幅度视为保证刑事实体法"罪责刑相适应"原则不被突破的底线。三是立法者认为认罪认罚的从宽量刑幅度就应当以实体法的规范为基准，虽然在原则性条款中宣示了程序性的从宽量刑因素，但是在从宽量刑幅度的具体规则中并不打算吸收认罪认罚的程序性因素。如果采纳第一种或第二种假设，则表明实体法的评价范式事实上约束着程序性从宽规则的构建，即便把实体法的评价范式作为权宜之计，这一权宜之计依然使得试点地区在制定从宽规则时被实体法评价范式所约束，必须要按照实体法关于自首、坦白的量刑规定设置认罪认罚案件的从宽规则。如果采纳第三种假设，则说明立法者不认可认罪认罚程序本身带来的从宽效力，程序性从宽被实体法的评价范式压倒，压倒是更深程度的约束，约束到没有存在的空间。

因此，《认罪认罚从宽工作办法》第22条关于认罪认罚案件中没有法定减轻情节，即只有认罪坦白的案件，只能获得从轻量刑的规定，反映出的是刑事实体法评价范式约束认罪认罚从宽规则的现象。在第22条和《认罪认罚从宽工作办法》体系之下，这种约束可以体现在两个层面上：一是用具体的实体法量刑评价规则（自首减轻，坦白减轻）为认罪认罚案件从宽规则设定幅度限制（程序上只有坦白认罪的不得减轻）；二是使用实体法评价范式（法定量刑幅度以内或以下量刑）评价认罪认罚案件程序方面的从宽因素（程序上自首或坦白）。

二、对实体法评价范式约束的分析

《认罪认罚从宽工作办法》第22条所规定的内容是反映实体法评价范式约束认罪认罚案件从宽规则的结果，实体法评价范式约束认罪认罚规则是导致该结果的原因。

第22条本身所关涉的问题，应当是认罪认罚案件中的自首和坦白与刑法中的自首和坦白的关系问题。从实体法的层面分析，无论是在何种程序中，犯罪嫌疑人主动向公安司法机关承认自己已经被掌握或没有被掌握的罪行，都应当归结为自首或坦白，都应当按照刑法的规定纳入量刑情节予以考量。认罪认罚案件中的自首和坦白与刑法中的自首和坦白是包含与被包含的关系，认罪认罚案件中的自首和坦白的从宽规则，遵循刑法中的自首和坦白的从宽量刑幅度予以构建，是应有之义。

但是从程序法的层面予以分析，则存在不同的情况。认罪认罚案件中的被追诉人，其自首和坦白的行为给其带来的程序上的影响，除产生了可以作为有罪证据的供述之外，还包括放弃了自己在诉讼活动中的若干项权利。在我国的刑事诉讼活动中，如果没有适用认罪认罚从宽程序，即使被追诉人认罪，查明案件事实的完整法庭审理活动依然应当展开，被告人依然可以参与质证、对质、法庭辩论等审理活动，就案件事实的认定与量刑行使自己作为诉讼主体应当充分享有的诉讼权利。[1]但

---

[1] 参见陈光中主编：《刑事诉讼法》（第6版），北京大学出版社、高等教育出版社2016年版，第76页。

是如果适用认罪认罚从宽程序，只要被告人签署了认罪认罚具结书，法院一般就应当采纳认罪认罚具结书中检察院指控的罪名和量刑建议。这意味着被告人在法庭审理之前就明确放弃了辩护自己无罪、罪轻的权利，法庭审理可能会被简化，被告人在庭审中的诸项辩护权利可能会被削弱。

就适用认罪认罚从宽制度的各类具体程序而言，速裁程序对被告人诉讼权利的削弱最为明显，在速裁程序中，被告人当庭认罪的，不进行法庭辩论、法庭调查，[1]庭审出现了走过场的倾向，成为对检方单方主张的审查和确认。[2]而后是简易程序，简易程序的法庭审理不受关于普通程序送达期限、讯问被告人、询问证人、鉴定人、出示证据、法庭辩论程序规定的限制。[3]就适用认罪认罚从宽制度的普通程序案件而言，由于法律规范并没有改变普通程序的各项审理环节和证明标准，所以被告人的诉讼权利是否受到了实质性的减损，这里存在争议。获得无罪推定对待是刑事诉讼活动中被告人享有的一项原则性的诉讼权利，[4]在这里无疑受到了削弱。另外，该条款在一定程度上使得控辩审关系异化。符合正当程序要求的控辩审关系，应当是控辩双方平等对抗，法官居中裁判的关系。当法官在审理时秉持有罪推定的想法，把确认检察官的起诉和量刑意见视为诉讼的原则性目标时，则不再能保持不偏不倚、居中裁判的立场。同时，受到认罪认罚具结书所约束的被告人在与检察官对抗时，控辩平等对抗的状态也遭到了一定程度的破坏。

---

[1]《刑事诉讼法》第 224 条。
[2] 褚智林、陈碧：《轻罪刑事政策视野下刑事案件速裁程序的完善》，载《江西警察学院学报》2017 年第 1 期。
[3]《刑事诉讼法》第 219 条。
[4] 参见林钰雄：《刑事诉讼法》（上册），元照出版社 2013 年版，第 166 页。

将实体法层面的分析与程序法层面的分析相结合,可以得出这样的结论:认罪认罚从宽程序中的自首、坦白认罪与刑法中的自首与坦白不是包含关系,而是交叉关系。认罪认罚从宽程序中的自首和坦白给被告人的程序性权利和诉讼前景带来了额外影响。因此,如果对认罪认罚案件中自首和坦白的量刑幅度进行限制,照搬原实体法的规定,自然会令人产生一种怀疑,即立法者没有考虑到认罪认罚从宽程序中被告人程序性权利扣减和面临的不利诉讼前景。

基于上述分析,可以得出这样的认识:如果套用刑事实体法的量刑评价规则给认罪认罚案件从宽幅度制定规则,无法周延地覆盖其应当调整的全部对象,其缺失了对被告人在认罪认罚时放弃部分依法应当享有的诉讼权利的行为和诉讼地位被降低的评价;或者其体现在错误地使用了实体法的评价范式评价认罪认罚案件中的程序性情节。这种不周延或者不合理的评价机制,使得程序的简化失去公正性,或者程序简化的评价失去科学性。设想如果被追诉人在认罪认罚从宽程序中认罪,签署认罪具结书,放弃充分参与庭审乃至获得救济等种种权利,降低诉讼地位,所获得的从宽判罚尺度,仅仅和自己在普通程序中认罪获得的从宽尺度相同或相差无几,或者虽有差别,但没有体现为一种合理的评价。对于部分被告人而言,可能是认为自己必然被定罪,故而没有充分行使诉讼权利,只求快速定案。但是从立法者的角度而言,这样的程序则显失公正,国家应当保障每一个被告人都享有获得公正审判的权利。

这种受实体法评价范式约束的程序立法现象,或许是因为我国立法者对认罪认罚从宽应有内涵和理论基础认知不明确。我国的认罪认罚从宽制度改革,通常意义上被认为是立法者为贯彻落实"宽严相济"刑事政策和提高刑事诉讼效率而提出的应对方案。[1] 结合认罪认罚从宽制度的相关规范性文件规定的坦白、自首、立功等实体法从宽情节可以从宽,以及程序简化的规定,不难得出认罪认罚是"实体从宽"与"程序从简"[2]相结合的认识。但是,如果只在"实体从宽、程序从简"的单纯文字层面理解认罪认罚从宽的内涵,容易机械地把"实体从宽"理解为贯彻落实"宽严相济"的刑事政策,把"程序从简"理解为提高刑事诉讼效率,没有发现"从宽"与"从简"之间的逻辑联系。[3] 这种机械分割"从宽"与"从简"的认识,可能使得在制定规则与法律适用时容易忽视认罪认罚程序本身的从宽效力,仅仅把认罪认罚与实体法上坦白、自首等情节等同视之,套用刑事实体法的从宽量刑规定评价认罪认罚。或者即便认识到认罪认罚程序中自首与坦白的特殊效果,却依然沿着某种思维惯性,使用实体法评价范式去评价程序上的自首与坦白,没有对认罪认罚的程序性价值进行深入思考。

因此,面对这种刑事实体法评价范式对认罪认罚案件从宽规则构建的约束,有研究者提出要结合认罪认罚程序自身的内容与特征,构建认罪认罚案件的从宽量刑规则。[4] 这种规则构建理念,不仅仅在功能上弥补了实体法评价范式对认罪认罚行为评价的不周延或不合理,其背后体现了认罪认罚从宽程序本身独特的理论基础。这种理论基础赋予了认罪认罚从宽程序在

---

[1] 参见陈光中、马康:《认罪认罚从宽制度若干重要问题探讨》,载《法学》2016年第8期;陈卫东:《认罪认罚从宽制度研究》,载《中国法学》2016年第2期。

[2] 汪海燕、付奇艺:《认罪认罚从宽制度的理论研究》,载《人民检察》2016年第15期。

[3] 参见左卫民:《认罪认罚何以从宽:误区与正解——反思效率优先的改革主张》,载《法学研究》2017年第3期。

[4] 参见赵恒:《论从宽处理的三种模式》,载《现代法学》2017年第5期。

诉讼理论体系中的正当性地位。

三、量刑的程序性从宽及其理论基础

（一）量刑的程序性从宽的内涵与外延

把被告人认罪认罚的程序性因素作为被告人具体从宽量刑情节的理念，可以被"程序性从宽"这一概念所包含。程序性从宽指的是"对于被追诉人认罪、认罚并选择或同意适用简化程序处理其所涉嫌犯罪的案件的，应当给予其更为宽缓的刑事处遇。此种从宽不仅包括裁判结果的从宽，还应包括强制措施的从宽和证据标准的从宽……具体而言，应表现为被追诉人在自愿认罪、认罚的基础上，通过让渡部分诉讼权利，选择与普通程序相比更为简单快捷的方式处理案件，以换取公安司法机关的从宽处罚"。[1]

在刑事诉讼法中确立认罪案件从宽量刑制度的主要国家，[2] 都把程序性因素纳入量刑从宽的考量范畴。有研究者把世界主要国家的认罪案件从宽处罚模式总结为"无限制模式"和"比例模式"。[3] 美国的辩诉交易制度是无限制模式，检察官可以就罪名、罪数、量刑等内容同被告人协商，提出各种从宽建议，具有广泛的裁量权。[4] 英国、德国、意大利、俄罗斯等国家采用比例模式，在法律中，根据不同的实体或程序情节设定一定的从宽量刑比例，规定认罪案件从宽量刑不能逾越原法定刑的一定比例的上限或下限。

---

[1] 参见白月涛、陈艳飞：《论程序性从宽处罚——认罪认罚从宽处罚的第三条路径探索》，载《法律适用》2016年第11期。

[2] 英美法系的"辩诉交易"制度和大陆法系的"认罪协商"制度。

[3] 赵恒：《论从宽处理的三种模式》，载《现代法学》2017年第5期。

[4] 参见祁建建：《美国辩诉交易研究》，北京大学出版社2007年版，第45页。

量刑的程序性从宽规则中需要具体考量的最主要的两个因素分别是案件选择适用的程序类型和被告人认罪时的诉讼阶段。例如英国针对被告人认罪案件修订的《认罪量刑减轻：最终指南》(Reduction in Sentence for a Guilty Plea: Definitive Guideline) 中规定，根据被告人认罪的诉讼阶段不同，被告人能够获得的减轻量刑的幅度有所区别。在诉讼最初阶段认罪的，减轻量刑幅度最多可以达到原法定刑期的 1/3；在诉讼最初阶段之后认罪的，减轻量刑幅度最多可以达到原法定刑期的 1/4；在庭审之日才认罪的，减轻量刑幅度最多只能达到原法定刑期的 1/10；在庭审过程中认罪的，减轻量刑幅度几近于零。《意大利刑事诉讼法典》规定，适用简易程序审判的案件，法官应减少原法定刑的 1/3；[1] 适用处罚令程序的，被告人在满足法律规定的一定要求时，犯罪结果消灭。[2]《俄罗斯刑事诉讼法典》规定，适用简易调查程序审判的案件，量刑不得超过该罪最高量刑期限或数额的 1/2。[3]

我国部分认罪认罚从宽试点地区也构建了类似的从宽量刑规则。例如深圳市针对侦查、审查起诉和审判三个阶段，设置了 60%—40%—20% 的不同阶段从宽量刑规则。[4] 沈阳市把认罪认罚作为犯罪事实以外的一个单独量刑情节，可以减少基准刑的 10%~20%。[5] "两高"《关于在部分地区开展刑事案件认罪认罚从宽试点工作情况的中期报告》中也肯定了区分诉讼阶

---

[1]《意大利刑事诉讼法典》第 442 条。
[2]《意大利刑事诉讼法典》第 460 条。
[3]《俄罗斯刑事诉讼法典》第 226-9 条。
[4] 深圳市人民检察院《认罪认罚从宽制度实施细则（试行）》第 23 条。
[5] 沈阳市中级人民法院、沈阳市人民检察院、沈阳市公安局、沈阳市司法局《关于刑事案件认罪认罚从宽制度试点工作的实施意见（试行）》第 25 条。

段和审判程序来确定从宽及其具体幅度的做法。只是上述从宽比例依然受到《认罪认罚从宽工作办法》第22条的外在限制，对于没有实体法的法定减轻情节的案件，按照比例规定的从宽不得低于该罪的法定量刑幅度。纵观其他国家关于认罪案件的从宽量刑的规定，未见有类似限制。大陆法系各国刑法典中的各罪名，多有根据具体情节不同设置多个法定量刑幅度的规定，比例制的认罪案件从宽量刑规则在适用过程中存在突破法定量刑幅度的可能性，但是却未发现在不存在实体减轻情节的前提下，程序性从宽不得超过法定量刑幅度的规定。

（二）量刑的程序性从宽的理论基础

1. 诉讼价值基础

基于前文分析，之所以要在认罪认罚案件的从宽量刑中考量程序性因素，是因为选择适用认罪认罚从宽程序会给被告人带来诉讼权利减损的结果。而在面临国家的刑事追诉时获得公正审判是法治国家的所有公民应当享有的基本权利。[1] 公民在刑事诉讼活动中享有的一系列诉讼权利是能够获得公正审判的保障。固然，国家为保证以有限司法资源能够解决社会案件纠纷，需要提高案件审理效率，故对部分刑事案件进行程序简化，弱化削减被告人的质证权、辩论权、复审权等确保能够获得公正审判的诉讼权利。这种做法能够满足现实社会治理的需求，但是无益于发现案件事实真相，也有损于正当程序。

因为就刑事诉讼价值理论的范畴而言，发现实体真实和追求正当程序是刑事诉讼活动的两大核心价值。一种刑事诉讼制度想要获得价值上的正当性，其要么有利发现实体真实，要么

---

[1]《公民权利及政治权利国际公约》第14条第1款。

侧重追求正当程序。[1] 诉讼效率因素是影响诉讼价值实现的现实因素，但是它不是诉讼价值本身。刑事诉讼活动在必要的时候，可以为了保障诉讼效率而一定程度上牺牲诉讼价值，但是其在理论上必须能够被追求实体公正和保障正当程序的刑事诉讼的价值体系所接纳。

一项特别诉讼制度，如果减损被告人在一般程序中享有的诉讼权利，会侵蚀刑事诉讼的正当程序价值。如果这项诉讼制度是通过给予被告人在其他方面补偿的方式，使得被告人为了获得这些补偿，自愿放弃自己的一部分诉讼权利，那么这种减损诉讼权利的做法便同正当程序价值达成协调。因为正当程序是为了保护在刑事诉讼中受到国家追诉的公民，其享有的生命、财产、自由等基本权利不会遭到国家的不合理侵夺，确保公民在刑事诉讼活动中能够和国家机器进行一场平等公正的对抗。[2] 所以正当程序所体现的刑事被告人的诉讼权利，被告人有权自愿放弃而国家不可主动剥夺，被告人选择以自愿的方式放弃应当享有的诉讼权利，自然不会损害诉讼的正当程序价值。[3] 这一状态的实现，一方面需要保证公民放弃权利的行为是自愿的，另一方面还要保证公民放弃权利能够获得公平的补偿。当然，从一般经济理性人的角度来看，如果没有足够公平的补偿，公民也很难自愿放弃自己的权利。站在审理者查明真实的角度来看，如果被告人放弃权利的行为没有获得相应的补

---

〔1〕 参见［日］田口守一：《刑事诉讼的目的》，张凌、于秀峰译，中国政法大学出版社2011年版，第45页。
〔2〕 参见魏晓娜：《刑事正当程序原理》，中国人民公安大学出版社2006年版。
〔3〕 参见［德］贝恩德·许乃曼：《公正程序（公正审判）与刑事诉讼中的协商（辩诉交易）》，载陈光中主编：《公正审判与认罪协商》，法律出版社2018年版，第25页。

偿，那么这种放弃的自愿性就值得怀疑。

在认罪认罚案件中，被告人自愿认罪认罚，使得自己的诉讼权利受到减损，对于被告人做出的牺牲，应当予以强制措施适用和量刑上的补偿，这种补偿使得认罪认罚从宽制度能够为刑事诉讼的正当程序价值所接纳。有研究者就认罪认罚从宽制度价值的理论基础问题，提出"权利放弃对价说"的观点，与以上论证有相契合之处。

2. 诉讼模式基础

被告人通过在程序上认罪，获得国家司法机关许诺从宽处罚的诉讼程序，被学术界归纳为一种区别于"对抗式"的"合作式"司法模式。这一"合作式"司法模式以被告人与国家之间的合作为基础，量刑优惠是被告人在合作中获得的收益，是国家在合作中支付给被告人的对价；程序简化是国家在合作中获得的收益，被告人在合作中支付给国家的对价。双方合作能否形成，取决于双方是否都为获得收益支付相对公平的对价，如果一方只获得另一方给付的收益而没有支出相应对价，则实质上不是一种合作，而是强迫。国家就被告人支付的对价给予相应的收益，才能使得这场交互行为成为一种合作。

认罪认罚从宽制度的构建，是我国的刑事诉讼程序以认罪为分水岭，建立起对一套并行的二元模式。第一种模式针对被告人不认罪的有争议案件进行，以控辩双方相对抗的方式查明事实真相，并通过正当程序保障被告人平等对抗的权利。第二种模式针对被告人认罪认罚的无争议案件，依据被告人与国家在合作中达成的一致认识处理案件结果。[1] 这两种模式并不是

---

〔1〕 参见郭志媛：《认罪认罚从宽制度的理论解析与改革前瞻》，载《法律适用》2017 年第 19 期。

绝对割裂的，第二种模式依然含有第一种模式的对抗式特征，只是较大程度上被弱化，弱化的程度在不同类型的程序中也不相同，速裁程序、简易程序和普通程序的正当程序特征依次递减。

因此，在认罪认罚从宽程序中，把被告人认罪作为一种程序性情节给予从宽量刑，才能使得被告人付出对价的行为，能够使其获得来自国家给付的相对公平的收益，这一收益使得我国的认罪认罚从宽程序能够为"合作式"司法模式所容纳。

通过揭示量刑的程序性从宽的理论基础，能够认识到实体法评价范式约束认罪认罚案件从宽规则构建的做法在理论依据上存在一定的缺陷。因为单纯的刑事实体法的评价范式中，不会考虑在诉讼的过程中被告人在多大程度上放弃自己的诉讼权利。刑法评价一个犯罪应当处以何种刑罚，依据的是犯罪及其相关情节所体现出的罪行的轻重和再犯罪可能性的大小。[1] 例如刑法对自首和坦白两种情况设定不同的从宽量刑幅度，是基于自首和坦白两种情节所反映出的行为人再犯罪可能性大小不同的考虑，而没有考虑自首与坦白的认罪带来的程序上的后果。因此针对一个在刑事程序和刑事实体上具有双重意义的行为，评价该行为的程序方面的价值，自然应当使用其程序上的评价范式，套用实体法的评价范式评价该行为程序上的价值，显然榫卯不和。

其理论基础上的缺陷，印证了其评价的不周延和不合理。为了弥补这一缺陷，则需要吸收量刑的程序性从宽的诉讼价值和诉讼模式理论基础，构建一套包含程序性从宽的认罪认罚案

---

[1] 参见张明楷：《刑法学》（第5版·上），法律出版社2016年版，第554页。

件从宽量刑规则。

四、刑事一体化理念下的认罪认罚案件从宽规则

前文分析刑事实体法的量刑的评价范式对认罪认罚案件从宽量刑规则构建的约束,提出要建立量刑的程序性从宽规则,并强调量刑的程序性从宽的理论基础,并不是认为在认罪认罚案件量刑规则的构建中排除实体法范式。相反,认罪认罚从宽制度既含有实体方面的内容,例如自首、坦白;也含有程序方面的内容,例如速裁程序、简易程序,从宽量刑规则的构建必须体现实体法评价范式。认罪认罚从宽制度的构建是刑事一体化[1]视域下的问题,必须用实体与程序相结合的思维分析,[2]以实现实体公正与认罪认罚从宽制度的程序性价值体系的协调。反思认罪认罚案件从宽规则中的实体法评价范式,是为了强调不能够忽视程序本身在认罪认罚案件从宽量刑中的独特价值,并明确实体法评价范式在认罪认罚从宽体系中的地位,确定实体法评价范式在程序性从宽规则设计中应当所处的位置及其应当发挥的功能。

首先,认罪认罚从宽制度是一个由实体法规范和程序法规范共同构成的制度,在评价认罪认罚从宽案件的实体方面时,自然需要使用实体法的评价范式,对被告人自首、坦白、立功等实体法从宽量刑情节进行评价,确定其在实体法上从宽的幅度。

其次,程序性从宽也需要受到实体法范式限制,即程序性从宽不能使得案件的最终量刑过度偏离"罪责刑相适应"的刑

---

[1] 储槐植:《再说刑事一体化》,载《法学》2004年第3期。
[2] 参见熊秋红:《认罪认罚从宽的理论审视与制度完善》,载《法学》2016年第10期。

法基本原则。因为刑事诉讼法应当发挥保障刑法正确实施的功能，追求实体公正，确保有罪者受到应得的惩罚、无罪者免受刑事处罚。[1] 被告人向司法机关认罪获得的刑罚宽减幅度如果远远轻于其罪行应得到的刑罚，则损害了司法的公正性、平等性、权威性。

但是，在落实"罪责刑相适应"的原则时，不应当把该原则限定为某一具体的实体法评价规则，因为具体的实体法规则是对犯罪在实体法层面上进行价值判断的具体化，它缺失的是对程序性因素的考量，例如《认罪认罚从宽工作办法》22条中的"从轻"和"减轻"这两类明确规定于刑法典中的具体量刑评价范式。因为刑事实体法规定的各罪的不同量刑幅度，是一种对犯罪在实体法层面上，对行为人的罪责与人身危险性进行价值判断的具体化，其不具备对程序性从宽情节进行评价的功能。

落实"罪责刑相适应"原则，也不是要用实体法评价范式去衡量单一的程序性从宽的情节或者给单一的程序性从宽情节设定从宽幅度，因为如前文所述，程序性从宽的价值基础和实体法评价所需要衡量的价值完全不同，无法使用衡量一个事物价值的尺度去衡量另外一个不同事物的价值。实体法评价范式给予程序性从宽的外在限制，是为了实现实体公正与程序性价值体系的协调，实体公正对程序性价值不具备绝对的优先性，程序性从宽不应当完全服从于实体法原则的要求。

鉴于此，应当在总体层面上，即综合考量了案件所有实体从宽情节和程序性从宽情节之后，得出综合的从宽量刑方案，

---

[1] 参见陈瑞华：《刑事审判原理论》（第2版），北京大学出版社2003年版，第79页。

再用在"罪责刑相适应"原则指引下建构出的从宽幅度标准去规制上述从宽量刑方案,这样能够体现"罪责刑相适应"原则对认罪认罚从宽的要求,同时也没有忽视程序性量刑因素,也没有适用与程序性价值不配套的标尺去衡量程序性量刑因素。

从宽幅度规则的构建,可以在总结各试点地区经验的基础上,借鉴其他国家普遍适用的比例从宽规则,并根据具体的刑事政策需要制定明确的从宽比例标准。因为"比例"与实体法法定量刑幅度不同,它仅仅是单纯的数学上的概念,并非实体法特有的评价范式,其既可以作为实体法的评价尺度,也可以作为程序法的评价尺度。将"罪责刑相适应"的原则具体化为一系列精确的比例,用于调整认罪认罚案件从宽的最终幅度,能够体现认罪认罚案件从宽规则中的程序性因素与实体公正相协调,但又没有用实体法评价范式去直接衡量程序性因素。以德国巴伐利亚州为例,2014年3月出台的《巴伐利亚州诸检察总长关于刑事案件中协议的指示》规定:"减轻的刑罚幅度修正(《德国刑法》第49条第1款)不得成为协商事宜。"[1] 其中第49条第1款对减轻刑罚幅度的限制性规定是对案件最终量刑的限制性规定,其以具体的数额或刑期的比例作为从宽的限制尺度。它虽然规定于德国刑法典中,但不是对某一种或一类实体量刑情节的评价,而更形似一种依"罪刑责相适应"或其他刑法原则对案件从宽量刑幅度进行最终调整的规范。可以视为恰当处理实体法评价范式在认罪认罚案件从宽规则体系中的作用的范例。

认罪认罚案件程序简化的正当性,来自被告人为了获得从

---

[1] [德]聂泽尔:《刑事诉讼中的辩诉交易与认罪协商——司法实务角度的解读》,载陈光中主编:《公正审判与认罪协商》,法律出版社2018年版,第98页。

宽量刑而放弃自己的部分诉讼权利,因此应当对被告人认罪认罚中的程序性情节给予从宽量刑,并针对其程序性特征设定从宽规则。

认罪认罚案件从宽量刑规则的构建,应当在刑事一体化思维的指导下,结合实体与程序两个方面进行安排。为了在认罪认罚从宽程序中实现实体公正与程序价值的相互协调,应当在综合考量案件的实体量刑情节和程序性量刑情节后,把体现"罪责刑相适应"的比例从宽量刑规则作为最终的从宽限制,确定案件的最终量刑。而非适用具体的实体法评价范式去规定程序性从宽情节或直接使用实体法量刑规则限定从宽量刑幅度。

认罪认罚从宽量刑规则的具体比例限度应当如何构建,才能使认罪认罚案件的比例规则既与刑事诉讼理论相契合,又满足我国社会治理的需要?这需要在试点经验的基础上进行充分的实证分析,并结合具体的刑事政策,将理论的要求现实化,远非理论层面上的纸上谈兵可以实现。

第二节 认罪认罚从宽制度下的控辩协商程序[*]

认罪认罚从宽制度是对自愿如实认罪、真诚悔罪认罚的犯罪嫌疑人、被告人依法从宽处理的法律制度,是实体规范和程序保障一体构建的综合性法律制度。认罪认罚从宽制度其实起源于我国坦白从宽、宽严相济的刑事政策,其也早在我国刑法以及刑事诉讼法中有所体现,而此次刑事诉讼法修改更是明确

---

[*] 与张乃毓合作,有改动。

了认罪认罚从宽的制度定位和程序建构。[1] 实体法上，例如，《刑法》第13条规定，情节显著轻微危害不大的，不认为是犯罪；《刑法》第67条规定了一般自首、特别自首和坦白；刑法中关于缓刑、假释、减刑的规定中包含"有悔罪表现""不致再危害社会"等规定。程序法上，2018年修正的《刑事诉讼法》以多条文的形式将认罪认罚从宽制度确立下来，包括强制措施、侦查终结、提起公诉、法庭审判中普通程序、简易程序和速裁程序，都直接将犯罪嫌疑人、被告人认罪认罚的情形考量入内，以贯彻实施该制度。

一、控辩协商是认罪认罚从宽的程序性正当化机制

（一）控辩协商凸显犯罪嫌疑人、被告人的主体地位

认罪认罚从宽的根本定位在于促使坦白从宽的刑事政策向纵深化方向发展，通过犯罪嫌疑人、被告人与公安司法机关非对抗性质的良性互动引导刑事案件的顺利解决，平复消极、恶性情绪，弥补犯罪行为给被害人、国家和社会造成的损害，并引导犯罪嫌疑人、被告人改过自新，回归社会。要实现控辩两方的良性互动，关键不在于继续维持公安司法机关惩罚犯罪、震慑犯罪嫌疑人的形象，而在于承诺犯罪嫌疑人、被告人在刑事诉讼侦查、起诉活动中的发言权，以相对平等的姿态与国家进行对话，表面看来犯罪嫌疑人、被告人通过主动认罪认罚换取公安司法机关给予的量刑优惠，本质上，是"在一定程度上自主地设定了自己和他人、自己和社会未来的关系"[2]，从而

---

[1] 熊秋红：《认罪认罚从宽的理论审视与制度完善》，载《法学》2016年第10期。

[2] 魏晓娜：《完善认罪认罚从宽制度：中国语境下的关键词展开》，载《法学研究》2016年第4期。

促使犯罪嫌疑人、被告人主动将其置于"理性经济人"的立场,自主选择接受犯罪行为带来的不利后果,对于其不再犯罪具有更强的教育改造作用。而这正是控辩协商的本质内涵,通过提升犯罪嫌疑人、被告人的主体地位实现认罪认罚从宽制度的根本目标之一——通过刑罚预防犯罪人再犯罪。

(二)控辩协商符合比例原则

比例原则起源于19世纪初的德国警察法,包含三项子原则:手段符合目的的妥当性原则、手段造成的损害最小的必要性原则以及手段对个人的损害与产出的社会利益相均衡的原则。[1] 认罪认罚从宽制度是比例原则的直接体现。犯罪嫌疑人、被告人如果自愿如实供述、承认所犯罪行,表明其愿意接受处罚、赔偿被害人损失,基于刑罚处罚的报应性和预防犯罪目的的合理性,犯罪嫌疑人、被告人的人身危险性和改造的难易程度降低,适当的量刑从宽处罚符合刑罚的目的。同时其认罪认罚证明其愿意配合公安司法机关的侦查、起诉以及审判工作,而降低了侦控机关的证明难度,证明责任减轻,为相关部门对其适用宽和的强制措施以及简易的诉讼程序提供了理由。而控辩协商则为减轻犯罪嫌疑人、被告人的诉讼负担创造了条件。控辩协商要求双方可以通过相对平等的对话和协商达成一致协议。辩护制度以及值班律师制度保证犯罪嫌疑人、被告人能够获得实质有效的法律帮助,不仅使辩护能力得到一定的提升,辩护人或值班律师为双方进行平等协商提供可能,而且由于双方的对抗性减轻,辩护人或者值班律师可发挥的作用可能是从犯罪嫌疑人、被告人诉讼利益考量,帮助其认清案件的实

---

[1] 熊秋红:《认罪认罚从宽的理论审视与制度完善》,载《法学》2016年第10期。

质进展,劝说其自愿、真诚认罪认罚,争取量刑从宽。犯罪嫌疑人、被告人承受的心理负担减轻,侦控机关也更有可能因其认罪认罚等情况而愿意采取取保候审、监视居住等宽和的强制措施,同时由于诉讼进程的加快,刑事拘留期限以及审前、审判期限极大缩短,早日脱离讼累,终结诉讼。

(三)控辩协商强调非对抗的诉讼模式

刑事诉讼模式是指追诉方、被追诉方和裁判者在刑事诉讼中的地位、相互关系及其体现形式的总体系。[1]尽管大陆法系以职权主义诉讼模式为主要特色,英美法系以对抗制或者当事人主义诉讼模式为代表,近年来两大法系相互吸收对方的优势特征以完善自身,呈现同质化的发展趋势。例如大陆法系,不断完善程序的公正性,保障犯罪嫌疑人、被告人及其辩护人的诉讼权利,吸收英美法系中的不得强迫自证其罪原则、交叉询问制度、非法证据排除规则等,发挥控辩双方在刑事诉讼程序中的对抗特征,法庭居中裁判。然而,控辩双方似体育场上的竞技者,双方的诉讼方向截然相反,控方极力想要说服法院对辩方定罪量刑,而辩方则坚持作无罪答辩,英美法系对抗性的强烈凸显导致法庭上控辩双方各自在发挥自己如何能在陪审团面前讲好一个故事的能力,而这容易偏离案件事实真相查明的基本目标,以至于明明是同一个案件、同一套证据材料,庭审中的两造却有能力讲出两个完全不同的故事,导致案件真实的查明更加扑朔迷离。同时,对抗性的司法特征导致控辩双方投入了巨大的司法资源和成本,诉讼经济和诉讼效率的价值被减损。自《中华人民共和国刑法修正案(八)》公布以来,犯罪

---

[1] 陈光中主编:《刑事诉讼法》(第6版),北京大学出版社、高等教育出版社2016年版,第31页。

门槛降低，案件结构发生变化，据公安部门统计，2013年量刑在3年有期徒刑以下的案件所占比例已超过80%，[1]而在刑事审判前，嫌疑人向侦查人员作出有罪供述的比例在95%以上。[2]所以绝大多数案件中控辩双方的对抗性极大被削弱，对抗性司法观也就失去了适用的基础。于是，有学者提出"合作性司法"，并将其定位为第三种独立的诉讼模式。[3]协商性质的合作性司法模式，以实用主义哲学为基础，追求基于诉讼合作的实体正义价值和程序正义价值，并强调"关爱""教育""和谐"等诉讼价值。[4]本书认为，控辩协商正是这种合作性司法的同义置换：一方面，它确保认罪认罚从宽中坦白从宽的实体正义要素与平等、中立、效率等程序正义要素涵盖进来；另一方面，它则力主建立国家与犯罪嫌疑人、被告人的平等对话机制，在对话的过程中充分传达国家希冀引导辩方配合诉讼、感化被告人的主流价值观以及被告人表达内心想法的真实诉求，并尊重被害人在刑事案件中的实质诉权，体现强烈的人文主义关怀精神。

（四）控辩协商体现公正与效率的辩证统一

从某种程度来说，刑事诉讼的过程是价值权衡的过程，而公正与效率正是价值权衡中的一对突出矛盾。一旦发生冲突，由司法机关根据实际情况来进行权衡，决定何者让步。认罪认

---

[1] 魏晓娜：《完善认罪认罚从宽制度：中国语境下的关键词展开》，载《法学研究》2016年第4期。

[2] 陈瑞华：《司法过程中的对抗与合作———一种新的刑事诉讼模式理论》，载《法学研究》2007年第3期。

[3] 陈瑞华：《司法过程中的对抗与合作———一种新的刑事诉讼模式理论》，载《法学研究》2007年第3期。

[4] 陈瑞华：《司法过程中的对抗与合作———一种新的刑事诉讼模式理论》，载《法学研究》2007年第3期。

罚从宽是在很大程度上来源于诉讼效率的考量，因为"案多人少"的矛盾在我国当前的刑事司法实践中越来越明显，国家也正是出于优化司法资源配置的政策考量而选择将认罪认罚从宽作为分流程序和处理机制，针对不必要投入大量成本的案件进行量刑奖励，从宽、从简处理，对于某些关于犯罪嫌疑人、被告人是否犯罪真正有疑问的案件，通过系统的资源、成本投入来查明真相。然而，过于强调效率的价值必然会导致某种偏废。而控辩协商的引入则强调程序的正当性，保障犯罪嫌疑人、被告人的诉讼权利，致力于控辩双方相对平等的力量对比，促使公安司法机关在辩方地位上升的条件下切实履行真实查明的职责，搜集其他证据而不过度依赖口供。因此，控辩协商的作用在于避免认罪认罚从宽在追求效率的路上走得太远，实现公正与效率的辩证统一。

二、控辩协商存在的问题及其原因分析

（一）控辩协商存在的问题

1. 认罪认罚案件中值班律师法律帮助的局限性和协商流于形式的可能性[1]

《刑事诉讼法》首创值班律师制度，由值班律师为没有辩护人的犯罪嫌疑人、被告人提供相应的法律帮助，[2] 这是针对我国辩护律师参与率很低的现实所提出的解决对策。有统计认为辩护律师的参与率维持在30%左右，其中法律援助律师的参与

---

[1] 杨立新：《认罪认罚从宽制度理解与适用》，载《国家检察官学院学报》2019年第1期。

[2] 《刑事诉讼法》第36条。

第五章 认罪认罚从宽制度的健全

率仅占 14.5%。[1] 因此，立法者为提高犯罪嫌疑人、被告人的辩护能力，通过引入值班律师为其提供法律帮助，保障其享有的辩护权。但是，截止到 2018 年 9 月底，辩方得到辩护或法律帮助的比例仍然有待提高。据统计，司法行政机关在试点法院设立法律援助工作站共计 132 个，指派律师提供辩护 2.4 万余人，占全部认罪认罚案件被告人的 10.38%，指派律师提供法律帮助 7.7 万余人，占全部认罪认罚案件被告人的 33.15%，共计相加占比不到 50%。[2] 而且，关于值班律师的法律规定中，"法律咨询"的措辞较为模糊，容易导致值班律师提供的帮助"走形式""做样子""走过场"，有人将其定位为形式帮助，实际意义不大；而申请变更强制措施、对案件处理意见等法律帮助必然要求律师投入时间成本和精力、金钱成本等，否则，所提供的帮助质量堪忧，有人将其定位为实质帮助，这与值班律师制度的设计初衷不符。据相关学者调研情况来看，法官基本不会去向值班律师了解被告人认罪的自愿性情况，值班律师普遍不出庭。[3] 因此，值班律师的地位始终与辩护人有着较大的差别。辩护人专业、全面维护犯罪嫌疑人、被告人的诉讼权益和实体权益，根据自己对于案件事实、证据的完整情况的把握以及法律规定的运用，独立地、平等地为当事人提供辩护，不

---

[1] 孙军、樊华中：《认罪认罚从宽制度中值班律师的职责定位——以上海市工作开展情况为基础》，载胡卫列、董桂文、韩大元主编：《认罪认罚从宽制度的理论与实践——第十三届国家高级检察官论坛论文集》，中国检察出版社 2017 年版，第 581 页。

[2] 胡云腾主编：《认罪认罚从宽制度的理解与适用》，人民法院出版社 2018 年版，第 271 页。

[3] 周新：《认罪认罚从宽制度立法化的重点问题研究》，载《中国法学》2018 年第 6 期。

受公安司法机关以及被告人的干涉,其享有的职务保障权、会见通信权、阅卷权等赋予其充分的辩护空间。但是反观值班律师,其地位是无法与侦控机关相抗衡的,没有相当诉讼权利的保障,无法充分发挥自身的辩护职能,更重要的是,值班律师与其辩护的犯罪嫌疑人、被告人无法建立类似于辩护人能够与其客户建立起来的信任关系。缺乏相当程度的信任,导致犯罪嫌疑人、被告人不愿与值班律师分享自己内心的真实想法与诉求,值班律师只能见其表而不得其里,也就无法提供有效的法律帮助,反而可能对于犯罪嫌疑人、被告人在选择认罪认罚时起到相反的作用。因此,也就不难理解有人会将值班律师的功能理解为见证而不是提供法律帮助了。

2. 犯罪嫌疑人、被告人充足了解认罪认罚性质和法律后果的不确定性

《刑事诉讼法》在多处都规定了公安司法机关的告知义务,包括犯罪嫌疑人、被告人如果选择认罪认罚所享有的诉讼权利有哪些,具体的法律如何规定,等等,[1] 但是关于认罪认罚的法律规定过于粗糙,以至于无法保证犯罪嫌疑人、被告人能够充足知晓其被指控的罪名、所享有的权利,以及如果放弃而选择认罪可能带来的消极后果。从试点情况看,由于权利告知内容过于抽象,犯罪嫌疑人、被告人理解效果具有很大局限性,导致其在签署认罪认罚具结书后反悔率或使案件按照认罪认罚的程序进行裁判之后的上诉率较高,难以实现提高诉讼效率、节省司法资源的初衷。[2] 认罪认罚从宽必然导致程序的简

---

[1]《刑事诉讼法》第120条、第173条。
[2] 杨立新:《认罪认罚从宽制度理解与适用》,载《国家检察官学院学报》2019年第1期。

化——无论是普通程序简化审、简易程序，抑或是速裁程序。而程序的简化又必然带来诉讼权利的减损，比如法庭调查中质问控方证人的权利、申请非法证据排除的权利、法庭辩论中无罪辩护的权利等。而这些权利的意义经由公安司法机关形式性的告知，或者值班律师干瘪的讲述，也必然无法确信犯罪嫌疑人、被告人能够真正理解其一旦放弃可能带来的后果。而且，当犯罪嫌疑人认罪，但想了解此罪与彼罪、轻罪与重罪的区别、所认罪名的本质含义，最低量刑，或者法庭在是否采纳量刑建议时是否必须限制在一定的量刑幅度范围内，等等，由于立法均未作详细的规定和说明，犯罪嫌疑人、被告人对于所作的认罪认罚的选择是否达到充足了解的程度，充满了不确定性。如果缺乏充足的了解，那么其选择配合公安司法机关、自愿如实供述的决定就是有瑕疵的、可撤销的，但是法律也依然尚未明确是否具备可撤销的法律救济，此供述是否会在法庭决定不采纳量刑建议、依法判决时用作证据证明其罪责。在某人民检察院《认罪认罚从宽制度告知书》（样本）中，明确提及如果犯罪嫌疑人、被告人选择撤回《认罪认罚具结书》，则"犯罪嫌疑人、被告人已签署过的《认罪认罚具结书》……仍可能作为其曾作有罪供述的证据，由人民法院结合其他证据对本案事实进行认定"[1]。此项设置必然会极大打击犯罪嫌疑人、被告人认罪认罚的自愿性，无法真正为其提供充分的法律救济，保护其正当的诉讼权益。

3. 法庭审理对于认罪认罚案件审查的不确定性和不充足性

法官在审判认罪认罚案件时仍呈现形式化的状态。有学者

---

[1] 胡云腾主编：《认罪认罚从宽制度的理解与适用》，人民法院出版社2018年版，第126页。

整理 A 市某区法院关于认罪认罚从宽制度处理的案卷，发现法官在审查自愿性时的标准是"审前阶段被追诉人签署认罪认罚具结书，审判阶段对罪名、量刑没有异议"。[1] 而且，依附于普通程序、简易程序和速裁程序，没有考虑到认罪认罚案件的特殊性以及可能判处刑罚的轻重对于实体真相查明价值的影响。

在保证控辩协商机制作用发挥的前提下有可能对于真实查明的价值目标损害没有像主流学界认知的那样大，反而可能在某种程度上起到正向的作用。但是，其有局限性：如果被定罪的可能性极高，或者受到侦查机关讯问的误导，抑或是面临被判处死刑的威胁，天真效应就会失灵。这在我国仍然面临一个问题：我国《刑法》分则中许多罪名往往分为多个量刑幅度，不论是总量刑幅度还是单个量刑幅度跨度均很大，例如生产销售假药罪，根据不同的量刑情节刑罚的总量刑幅度也从 3 年跨至 10 年以上有期徒刑、无期徒刑或者死刑，单个的量刑幅度例如对人体健康造成严重危害或者有其他严重情节的，量刑幅度也从 3 年跨至 10 年的有期徒刑。虽然不及美国辩诉交易中简单相加可能导致的几百年长度的可处刑罚或者死刑，但是根据最高人民法院《关于常见犯罪的量刑指导意见》（已失效），量刑的步骤一般是在法定刑幅度内根据不同的量刑情节调节基准刑，如果被告人具有法定减轻处罚情节，即使对基准刑调节的结果在法定最低刑以下，也可直接确定为宣告刑。自首可减少的基准刑在40%上下，坦白中如实供述自己罪行的，在20%上下，退赃退赔情节在30%上下，等等。上述种种说明，被告人是否选择认罪认罚对于可判处的刑罚影响实在巨大，如果拒绝认罪

---

[1] 周新：《认罪认罚从宽制度立法化的重点问题研究》，载《中国法学》2018 年第 6 期。

第五章　认罪认罚从宽制度的健全

认罚，有可能面临无期徒刑乃至死刑的刑罚处罚，但如果选择认罪，面临的刑罚处罚叠加所有的量刑情节甚至可以减少至基准刑的70%上下。因此认罪认罚的诱惑力依然巨大，尤其是在面临死刑威胁的时候，而这也是天真效应发挥失灵的时候。所以在我国可能出现这样一种情况：大量的轻罪案件中，无辜者由于所面临的刑罚处罚较轻，认罪认罚可减缓的幅度也较小，根据无辜者的心理惯性，其可能并不会选择认罪，案件常常被分流至普通程序中；而当面临较长刑罚尤其是无期徒刑、死刑的威胁时，无辜者由于畏惧如此严酷的刑罚处罚，往往又会选择与控方达成认罪的合意，导致冤假错案的出现。因此，目前的诉讼程序分流机制并没有达到预想的效果。

观察美国法院对被告人选择认罪答辩案件的审查，在确定控方的证据能够证明案件确实有一定的事实基础之外，《联邦刑事诉讼规则》列出了15条法官要确保被告人是否知晓其享有的诉讼权利以及如果放弃这些诉讼权利所可能产生的不良后果。所以法官审理被告人认罪认罚的案件主要焦点在于审查被告人是否是自愿的、知晓后果的以及理智的。在 Brady v. UnitedStates 中，被告人的处境是另外一位同案犯 Jackson 选择认罪，并同意在庭上指认被告，作出不利于其的供词。如果其选择无罪辩护，当时的法律是陪审团则有权认定其有罪并判处死刑。因此，被告人选择认罪答辩。然而9年之后，在另一案中，最高法院认定陪审团判处死刑的权力违宪，并且推翻了 Jackson 的有罪答辩。所以被告人 Brady 便申请人身保护令，请求法院的重新判决。但是最高法院并没有支持被告人的诉求，其援引第五巡回法庭的论述："如果被告全然知晓认罪答辩的直接后果，包括法庭、控方以及辩护律师向他所做承诺的真正意义及价值，那么他的答辩就成立，除非其选择是受威胁（或承诺停止不正当骚扰）、欺诈（包括未实现或难以实现的承诺），抑或是为控方职责所不容的不正当承诺所引起（例如贿赂）。"虽然当时的陪审团可判处死刑的法律被推翻，Brady 确实也面临死刑判决的指控，但是由于他获得了在当时法律看来是恰当的律师建议，由于他的选择部分是出于其同案犯同意出庭指控，也由于控方确实掌握了更加充分的证据，所以他的认罪答辩是自愿的、也是明智的。但是，最高法院在判决的结尾处话锋一转：

"这并不是说由有罪答辩而得来的判决不会对无辜者造成任何伤害，抑或是认可、采纳认罪答辩的方式在这个国家就是在各方面牢固、可靠的。这种定罪的模式相较于完整的审判来说确实不是万全之策。相应地，我们始终谨慎对待不可靠的结果，我们也将持续这样做下去，不论定罪是根据答辩还是审判而来。在这个案子中，如果因刑罚的宽待才认罪答辩的选择充分增加了这样一种可能性：享受适格法律辩护的被告人确实被错误定罪，也许我们会改变判决。但是我们的判决是基于如此的预期，即法庭会寻求确定认罪答辩是否是被告人在适格法律帮助的前提下自愿明智作出的决定，并且没有任何针对被告人有罪供述是否准确、可靠的疑点。在这个案子中，卷宗内没有任何线索指向 Brady 的供述是违背事实的。"[1]

结尾处的这段话表明，除了充分审查被告人认罪答辩是否是其内心真实、自愿、明智的选择以外，被告人是否真实有罪这一问题也无不在潜移默化中实质性地影响着最高法院九位大法官们的判决。美国的刑事诉讼法将正式审理程序与辩诉交易制度置于同等地位，说明其承担的诉讼任务也是共同的，即

----

[1] Brady v. United States, 397 U. S. 742.

第五章　认罪认罚从宽制度的健全

"解决国家追诉犯罪的合法性和正当性问题"[1]，换句话说，解决被告人的刑事责任问题。所以，即使是交易的刑罚，也不能磨灭事实的基础，不论其是客观真实，还是法律真实。

回到我国的《刑事诉讼法》中来，被告人认罪认罚可以依法从宽处理成为我国刑事诉讼中的一项基本原则，提起公诉之后，依附于普通程序、简易程序和速裁程序，而在适用普通程序的案件中，缺失因为被告人选择认罪认罚而带来的程序简化性规定，实践当中法庭审理会简化至何种程度无法预测，因此也就无法评估实践中简化程序后可能带来的对于"案件质量保障机制和错误裁判控制机制产生不利影响"[2]。适用普通程序的案件绝大多数可能判处3年以上有期徒刑、无期徒刑乃至死刑，这应当成为防止错案发生的重点监控范围，但《刑事诉讼法》没有体现这一点，不能不说是一种遗憾。而在简易程序和速裁程序中，或者其不受法庭调查和法庭辩论环节的限制，或者是"一般不进行法庭调查、法庭辩论"，都弱化了审查其认罪供述自愿性和量刑建议合法性的调查辩论环节，是对被告人享有的诉讼权利的一种减损。

4. 协商失败或法院不采纳量刑建议时程序回转机制的缺乏

根据《刑事诉讼法》的规定，在普通程序中，如果法院选择不采纳人民检察院的量刑建议，那么法院有权"依法作出判决"。[3] 也就是说，在被告人被许诺了认罪认罚从宽之后的量刑优惠之后，他希冀通过自愿如实供述所换取的宽大处理依然

---

[1]　陈瑞华：《刑事审判原理论》，北京大学出版社1997年版，第3页。
[2]　左卫民：《认罪认罚何以从宽：误区与正解——反思效率优先的改革主张》，载《法学研究》2017年第3期。
[3]　《刑事诉讼法》第201条。

有可能因为法院的自由裁量权而大打折扣，甚至撤销。这种的法律后果尽管在侦查、起诉乃至审判阶段都被公安司法机关充分地告知犯罪嫌疑人、被告人，但是同时配套告知的，还包括"人民法院一般都会采纳检察院量刑建议"的保证。所以，在被告人获得了充分的告知以及辩护人或值班律师的实质法律帮助之后，愿意承担一定的法律风险而选择承认罪行，配合诉讼。但是，预期不等于现实。案件进入审理阶段，人民法院可能认为量刑建议超出了法律所允许的减刑幅度，或者认为所指控的罪名过轻、难以涵盖被告人的所有犯罪行为事实，等等，这都有可能被归入"认为明显不当"的情形。那么此时《刑事诉讼法》的规定是法院可以径直作出判决，而不顾控辩双方达成了何种认罪认罚协议，判决的结果也就可能不利于被告人。因此，问题的本质在于这种法律风险是否不应当由被告人承担，而应当给予被告人撤销其认罪供述而选择程序回转至普通程序的救济。本书认为，答案应当是肯定的。刑事诉讼程序的价值不仅在于保证实体法的实施，还在于正当程序的原理，即遵守程序法的规定规范公安司法机关的诉讼行为，保障辩方的诉讼权利。对辩方诉讼权利的减损即对正当程序机制的减损，合理的减损不仅需要辩方真实、自愿的同意作为正当化的依据，还应当要求其同意必须是明智的、公平的。在刑事诉讼的基本格局当中，控辩双方处于天然的不平等地位，这不同于一般的民商事合同签署主体地位。控方作为国家的代表，拥有强大的诉讼资源，对于犯罪嫌疑人、被告人来说可以实现永久的追诉；而辩方作为单独的私人个体，时间、金钱资源有限，长期处于刑事诉讼的高压之下，更加显得力不从心。即使获得了充分的告知以及辩护上的帮助，即使对于自己被指控的罪名性质、量刑轻重以及选择认罪之后可能带来的不良法律后果充分了解，仍然迫切希望从刑事诉讼的负累当中解放出来的心情依然会对所作出的选择产生重大的影响，而这种影响必须被立法者纳入其考量范围之内，通过诉讼程序的设计来真正实现公正。因此，最恰当的法律救济便是给予其后悔的权利，允许其重新选择本来赋予他的诉讼权利保障机制——普通程序，由司法机关重新作出判决。

（二）控辩协商存在问题的原因分析

之所以出现上述种种问题，除犯罪嫌疑人、被告人的诉讼权利保障机制不健全之外，最大的症结便在于没有在审判中建立独立的、不依附于普通程序、简易程序和速裁程序的协商审查程序。立法者并未专门就被告人是否选择认罪认罚对案件进行区分，而主要结合管辖法院、案件事实证据情况、被告人可能判处的刑期以及被告人是否承认所犯罪行、被告人是否同意等因素综合考量该适用何种程序。但是，如前所述，被告人若选择认罪认罚，必然导致程序的简化，简化程度则应根据被告人可能被判处刑罚的幅度而有所不同。同时，审判的重点也会有所不同，除实体真实查明的目标之外，控辩双方的协商事实也应被涵盖在调查的范围内。

但是，我国的立法没有充分体现出这一点。《刑事诉讼法》第 15 条作为认罪认罚从宽制度的原则规定，阐明了"认罪认罚"的基本含义：

第一，自愿如实供述自己的罪行。这是决定刑事案件是否属于认罪认罚案件的第一标准。此处的"自愿"与《刑法》第 67 条所规定的"自首""坦白"应当是有所区分的。在认罪认罚案件中，除去自首、坦白的情形，还有一种情形，即犯罪嫌疑人、被告人之所以自愿，其背后其实是由他"知晓"相关法律后果后的"明智性"作为支撑的：侦查机关、检察机关已经告知其关于认罪认罚的法律规定，他的辩护律师或值班律师也向其说明了控方目前侦查案件所掌握的证据情况、所认罪名的含义以及如果选择认罪认罚可能获得的量刑优惠是多少，等等。在他对目前所处的诉讼境况有了全面而深入的理解之下，他经过深思熟虑之后选择自愿地、主动地配合控方，共同推动案件进入法庭审判阶段。

第二，承认指控的犯罪事实，愿意接受处罚。控方与辩方就认罪认罚的基本内容达成了一致意见，包括对于起诉书中所写的犯罪基本事实、罪名以及向法庭提出的量刑建议。该一致意见以认罪认罚具结书和量刑建议书的形式呈现出来，使控辩协商开始具有程序法上的制度意义以及实体法效果，不仅包括强制措施的采纳、适用的一审审判程序类型应当考虑辩方的认罪认罚情况，而且，人民法院经审查，如果符合实体法的相关规定，不存在法律规定的特殊情形，一般都应当采纳控方的量刑建议。[1]

所以，认罪认罚的基本含义决定了法庭审理的重点应当在于认罪认罚协议（包括具结书以及量刑建议书），按照法庭审查协议的思路，不仅包括协议主体的意思表示是否真实、自愿、明智，还包括两造中弱势一方是否受到胁迫、引诱等违背其真实意愿的情形，同时，对于协议的内容如量刑优惠的幅度是否符合刑事法律的强制性规定、是否真正公平（即在不违背罪责刑相适应的基本原则的前提下又能确保犯罪嫌疑人、被告人所获得的量刑优惠是符合其应当享有的权益）等也应当进行重点审查。但是，在《刑事诉讼法》中，我们较难看到关于如何审查控辩协商的详细规定，仅仅是较为笼统地说明应当"审查

---

[1]《刑事诉讼法》第201条。

认罪认罚的自愿性和认罪认罚具结书内容的真实性、合法性"。[1] 同时，关于协商事实的审查，混杂在不同层级的程序"递减"格局中，未考虑到控辩协商会对于法庭审理的重点环节——法庭调查和法庭辩论产生什么影响。我国目前的一审程序基本架构是以程序的简化程度为依据分为普通程序、简易程序以及速裁程序三级。如此架构缺乏对于犯罪嫌疑人、被告人一方的程序性权利保障，导致程序效率化的目标被突出，无法完全保证案件的审判质量。[2] 因此，专门的协商审查程序之设立可以有效解决上述问题，兼顾公正与效率。

同时，在被告人认罪认罚的案件中，控辩双方的对抗性削弱，合作性加强，传统的审判模式难以适应这类案件的特殊性。就刑事审判模式而言，学者早已将大陆法系和英美法系划分为对抗式审判和审问式审判。依据陈瑞华教授所提出的划分刑事审判模式划分标准——控辩双方和法官在诉讼控制权方面的分配情况和刑事审判程序背后的基础性价值理念和思想层面，[3] 专门的协商审查程序难以契入对抗式审判与审问式审判模式当中。专门的协商审查程序既沿袭了对抗式审判中的许多理念和特征，如由控辩双方主导程序控制权以及背后的相对哲学理念基础，同时又由于被告人认罪认罚后对抗性的缺失导致案件真相的查明以法官独立调查证据为主要调查方式，糅杂了审问式审判模式的特点。但是，协商审查程序又具有不同于"审理"（包括两种审判模式）的独立性，审查证据所须证明的事实包括

---

[1]《刑事诉讼法》第190条。
[2] 左卫民：《认罪认罚何以从宽：误区与正解——反思效率优先的改革主张》，载《法学研究》2017年第3期。
[3] 陈瑞华：《刑事审判原理论》，北京大学出版社1997年版，第265页。

实体事实和协商事实，庭审中对实体事实如果控辩双方基本达成一致，审查的重点在于对协商事实的查明，而这则需要法庭对于认罪认罚案件审查的确定性和充足性来保证。此时，法庭的角色不同于审判模式下"居中的裁判者"，在协商审查程序中，更多扮演"背后的监督者"角色。唯有如此，普通审理程序归位于那些案件事实不明、被告人拒绝认罪认罚的案件，专门的协商审查程序归位于被告人选择认罪认罚、案件事实基本明了的案件，各司其职，才能保证司法资源利用的最大化。

三、不同诉讼阶段控辩协商程序的铺设

（一）侦查阶段：控辩协商协议之开端

侦查阶段犯罪嫌疑人是否选择认罪认罚决定了初步形成的对抗状态是否有转为合作性侦查方向的可能。合作性侦查方向下的认罪认罚分为两种情形：

第一种是犯罪嫌疑人自愿认罪认罚的情形。这是说，在未有公安机关劝说或者公安机关所掌握证据确凿、完整的震慑情况下，犯罪嫌疑人自愿悔罪，主动供述犯罪行为的情况，包括在亲友劝说和陪同下的自首行为。在公安机关未作任何量刑承诺的前提下，犯罪嫌疑人如果主动、自愿如实供述所犯罪行，侦查机关仍然应当履行告知义务，并且侦查终结移送起诉时，向检察机关说明其自首、坦白的详细情况。如果犯罪嫌疑人没有委托辩护人，也不符合法律援助辩护的条件，此时应当依照《刑事诉讼法》第36条的规定通知值班律师在场，在其基本了解案情的前提下发挥值班律师的程序释明及见证作用，排除公安机关暴力、威胁、引诱其供述的可能，确保犯罪嫌疑人能够充分权衡，理性供述。在侦查阶段自愿认罪认罚能够极大降低搜集证据等侦查行为的难度，且在公安机关未作承诺奖励的条件下认罪认罚，表明其真诚认罪悔罪，社会危险性极大降低，侦查机关在衡量采取何种强制措施时应当将其考虑在内，一般应当取保候审、监视居住，且未来提出的量刑建议应当与第二种情形有所区分，让予更大的量刑优惠。

第二种是公安机关愿意在其配合的基础上提供量刑减刑建议的，犯罪嫌疑人同意认罪认罚的情形。此种情形下，控辩双方合作的程度进一步加深，各自在权衡是否让步以及让步可能带来的利弊后作出理性选择。此时，应当注意：

1. 辩护律师或值班律师相对独立的地位和充分的辩护权

犯罪嫌疑人在面对公安机关提出的量刑建议时需要专业法律人员为其提供法律帮助，在基本了解案件证据情况以及深入把握具体法律规定的前提下作出真正自愿、理性的选择是避免未来翻供、发生反复、产生争议的根本解决之道，同时也符合司法文明和人权保护的要求。缺乏此项保证，犯罪嫌疑人同意认罪认罚的供述将导致重大的证据缺陷，无法确定犯罪嫌疑人是否充分了解认罪认罚性质和法律后果，导致协商是否真实无法得到保证，控辩协商这一正当化机制也就失去意义。但是，辩护律师或值班律师相对独立的地位和充分的辩护权依然不能否认犯罪嫌疑人、被告人独立的诉讼主体地位，犯罪嫌疑人所享有的最重要的防御性权利便是辩护权，无论是自行辩护抑或是在辩护律师的协助下辩护。因此，如果辩护律师或是值班律师所提供的辩护有瑕疵，且导致犯罪嫌疑人错误地选择接受控辩协商，其应当有权在后续的程序中提出异议并证明，以回转至普通程序。

2. 认罪认罚供述作为证据的特殊性

美国的《联邦刑事诉讼规则》所规定的三种认罪答辩之中，有一种是不辩护也不认罪的答辩。《元照英美法词典》的定义是这样的："它是刑事诉讼中被告人针对起诉书的指控可作的三种答辩之一，即对起诉书指控的罪行既不承认，也不否认……在法律后果上，它等同于作有罪答辩。"[1] 也就是说，如经法庭允许，被告人可以在拒绝承认罪行事实的前提下选择接受有罪答辩。所以，也有许多美国学者专门撰写文章论述为何有罪答辩不是承认罪行的供述，主要的论据便在于被告人的认罪答辩只是对符合犯罪构成要件的有限事实予以笼统的承认，仅仅产生法律上认罪的效果，而由于从未对犯罪事实是否真实发生过以及犯罪情节的具体内容从未在庭上真正调查过，所以也就不具有供述所具有的证明作用。[2] 但是我国则不同，由于我国对于实体真实价值的优先推崇，案件能否进入专门的协商审查程序，应当始终以犯罪嫌疑人的认罪认罚供述与侦查机关所发现证据的契合性为决定性因素。协商的进行必须忠实于案件的侦查结果，不应当出现罪行事实供述与认罪答辩分离的情形。认罪认罚供述不应仅仅是对于犯罪构成要件的概括承认，而是对于事实发生的详细阐述，与其他实物证据等的交相呼应并决定案件事实的认定能够达到排除合理怀疑的程度仍然应当是案件侦查的证明标准。证据规则可以从简，证明标准却不可妥协。[3] 但是如果案件进入审判阶段后，最终因某种原因退出协商审查程序而回转至普通程序，认罪认罚的供述以及因这一供述才能找到的其他证据不应当再作为证据来使用。

---

[1] 张辰：《辩诉交易制度在美国的新问题及其分析——以被告人虚假的有罪答辩为进路》，中国社会科学院 2013 年硕士学位论文。

[2] Brandon L. Garrett, "Why Plea Bargains Are Not Confessions", *William and Mary Law Review*, 2016.

[3] 陈光中、马康：《认罪认罚从宽制度若干重要问题探讨》，载《法学》2016 年第 8 期。

(二) 审查起诉阶段：控辩协商协议之达成

审查起诉阶段是犯罪嫌疑人签署认罪认罚具结书的阶段，认罪认罚具结书可以视作认罪认罚的协议。审查起诉阶段的任务之一是认罪认罚事实的审查。《刑事诉讼法》第171条所规定的人民检察院在审查案件时候所应当查明的内容并未包括犯罪嫌疑人在侦查阶段时的认罪认罚事实，而这本应成为审查的重点。也就是说，以犯罪嫌疑人选择认罪认罚的供述为节点，之前侦查机关的讯问是否合法，是否存在暴力、威胁、引诱供述的情形，犯罪嫌疑人是否得到了辩护律师或值班律师恰当的法律帮助，其意思表示是否真实、自愿、明智等，是检察机关的审查重点。唯有在确认这些协商事实的基础之上，才可进入审查起诉阶段的任务之二。

审查起诉阶段的任务之二是认罪认罚协议的达成。协议之达成需要控辩双方的真实博弈，而真实博弈的进行则来源于控辩双方法律地位的相对平等。《刑事诉讼法》第173条所规定的"听取意见"[1]本身其实是推进控辩双方法律地位平等的一大进步，但若要真正实现这一目标，仅仅听取意见是不够的，最终认罪认罚具结书的签署应当是两造真实博弈的一个结果。在顾永忠教授、肖沛权教授对于福清市刑事速裁程序中认罪认罚从宽制度的调研过程中，有一个小细节：在控辩双方协商的过程中，检察官提出量刑建议之后律师主动要求检察官暂时离开，为其与犯罪嫌疑人进行沟通提供私人的空间而不被打扰。[2] 沟

---

[1] 《刑事诉讼法》第173条。
[2] 顾永忠、肖沛权：《"完善认罪认罚从宽制度"的亲历观察与思考、建议——基于福清市等地刑事速裁程序中认罪认罚从宽制度的调研》，载《法治研究》2017年第1期。

通后的结果便是检察官根据辩方的意见对原本提出的量刑建议进行了适当的调整，并最终签署《适用速裁程序告知和征求意见书》。本书认为，这一细节正是体现了辩护人积极履行其辩护义务、与控方真实博弈的过程，辩方在面对控方的量刑建议时拥有单独的商讨空间，并可以就量刑建议填入本方的意见，使得量刑建议能够体现控辩双方的协商，使协商的结果更加公平公正。福清市的这一做法值得推广，检察院在审查起诉时与辩方达成认罪认罚协议时应当为辩方预留让步的空间，并创设积极条件实现双方真实、自愿的协商。

审查结果便是签署认罪认罚具结书，除随案移送的卷宗材料、证据以及量刑建议、认罪认罚具结书之外，还应当制作并移送控辩双方共同签署的协商笔录，为法院调查协商事实提供详备材料。如若认罪认罚协议最终未达成，则案件应当直接分流至正式审理程序，按照普通程序进行审理。

（三）法庭审判阶段：控辩协商协议之审查

1. 适用程序

根据被告人是否选择认罪认罚，将案件分流至正式审理程序或专门的认罪认罚协商审查程序，二者并列成为第一审程序的组成部分。本书认为，审理对应对抗性司法观，审查则对应合作性司法观。陈瑞华教授对于两种司法观的解释如下：对抗性司法中，控辩双方平等武装，具有对立的诉讼立场，并以无罪推定为基础，由控诉方说服法院定罪量刑，被告人及其辩护人负责推翻或削弱控诉；合作性司法中，控辩双方由对抗走向合作，通过对量刑进行一定程度的协商来促使被告人自愿认罪，放弃诉讼对抗而达成一定的协商合意。[1] 因此，对抗性司法中控辩双方各执一词，保持中立地位的法院通过听取控辩双方关于定罪、量刑有关的事实、证据的调查和辩论查明案件真实情况，以"维护国家法律的正确实施，实现法治和正义"。所以审理应当对应对抗性司法模式，保持不偏不倚的诉讼立场。合作性司法中控辩双方形成了协商合意，犯罪嫌疑人、被告人认罪认罚，控方则给予其实体法上从宽处理的量刑建议承诺，案件的基本事实情况确定下来，不需要法院决定控辩双方中谁胜诉谁败诉，其任务转变为审查控辩双方达成一致的案件事实是否符合客观真实以及被告人是否真实、自愿、明智地与控方达成认罪协议。所以审查应当对应合作性司法模式，此时法庭的立场是"背后的监督者"，监督控辩双方之间是否有不恰当的诉讼行为发生，并在法律允许的范围内最大限度地尊重控辩双方的协商合意。

但是，如前文所述，根据我国原有案件分流机制，天真效应极有可能失灵，3年有期徒刑以上刑罚的重罪案件被告人经常因为量刑建议的诱惑力以及未选择认罪而由法庭审理判处刑罚的严苛性而选择认罪认罚，有可能导致错误定罪率的提升。因此，除控辩双方的协商事实应当成为审查的重点以外，实体事实的调查环节不能忽略，应适当兼顾。在协商审查程序中法庭审查环节的简化程度应当根据被告人可能被判处的刑罚而有所区分：在被告人可能判处3年有期徒刑以上刑罚的重罪案件中，法庭调查的事实认定环节中应当包括实体事实的调查环节和协商事实的调查环节，但是调查实体事实时可以适当简化。对被

---

[1] 陈瑞华：《司法过程中的对抗与合作——一种新的诉讼模式理论》，载《法学研究》2007年第3期。

告人可能判处 3 年有期徒刑以下刑罚的轻罪案件，针对实体事实的调查可以在庭前准备程序中予以确认，主要通过询问控辩双方、查阅卷宗的方式确定案件的实体事实基础；公开审查时，法庭履行告知义务之后，被告人仍然选择公开认罪认罚的，着重审查控辩双方的协商事实。

2. 庭前准备程序

《刑事诉讼法》第 187 条规定了庭前会议的环节。协商审查程序可以借鉴类似庭前会议的程序环节，召集公诉人、当事人和辩护人、诉讼代理人召开庭前准备程序，尤其要确保被告人在场。针对可能被判处 3 年有期徒刑以下刑罚的案件，在庭前准备程序中应完成对于实体事实的确认，讯问被告人、询问检察官，必要时可以询问证人、鉴定人等，并仔细阅读卷宗。只有在确认实体事实的基础之上，始能审查协商事实。而且，审判人员应当听取被告人及其辩护人对指控的犯罪事实以及正式审理所适用程序的意见，如果对于控辩双方达成一致的实体事实有疑问且无法解释的，或者辩方对于控方所指控的事实持有不同意见的，则不应当适用协商审查程序，而应当裁定回转至正式审理程序。同时，不论是轻罪案件还是重罪案件，都可以对于协商事实进行初步的审查，包括被告人认罪的自愿性是否属实等，最低限度范围内确认其符合协商审查程序的条件。

3. 庭上对于控辩双方协商事实的调查环节

对于控辩双方协商事实的判断主要集中于被告人认罪认罚的自愿性以及明智性。《刑事诉讼法》第 190 条对于法庭审查的内容作出了规定。未来立法可以借鉴美国《联邦刑事诉讼规则》及相关判例进行进一步的改善与借鉴。

调查环节之一在于法庭的告知义务，告知内容应当详细而具体，并且针对被告人的具体情况而灵活改变，包括因选择协商审查程序而被减损的在正式审理程序中享有的诉讼权利（例如无罪辩护的权利、作证及出示证据的权利、与控方证人对质的权利、针对物证等其他证据类型进行质证的权利等），被告人所面临指控的具体构成要件及本质、指控一旦成立所面临的最严重及最低的刑罚，量刑时必须遵守的原则及限制性规定（例如幅度不得超过一定界限），以及法官可以不采纳量刑建议、径直作出判决的权力，等等。

调查环节之二在于确保被告人认罪认罚的自愿性。自愿性的本质在于被告人并不是出于暴力、威胁或者具结书之外的不正当承诺。同时，被告人在与控方达成认罪协议、签署认罪认罚具结书的时候具有理解其这一诉讼行为并作出决定的能力，即是否属于不能辨认自己行为的精神病人，等等。同时，除在庭上询问被告人是否自愿认罪以外，法官还应当对控辩双方达成协议的过程进行审查，例如何时开始协商、协商如何达成、协商的过程是否有辩护律师或值班律师的帮助、认罪协议的具体架构如何、达成认罪协议签署具结书时辩护人或值班律师是否在场等，以排除威胁、欺诈或是不正当承诺的情形。调查的方式可借鉴美国律师协会《刑事诉讼准则》的相关规定，由被告人向法官说明事实的发生过程，确认是否与认罪认罚的主要内容一致，并要求检察官陈述实体事实基础的主要证据，听取辩护律师的意见。[1]

调查环节之三在于确保被告人认罪认罚的明智性。明智性的前提在于被告人知晓并理解可能存在的不利后果，明智的关键在于被告人获得了实质有效的法律帮助。法官除履行其告知

---

[1] 周新：《认罪认罚从宽制度立法化的重点问题研究》，载《中国法学》2018年第6期。

义务之外，最重要的是审查在侦查阶段和审查起诉阶段侦查机关和检察机关是否完整履行了告知义务，侦查阶段在于其供述是否受到了侦查机关的诱导或是不当讯问，审查起诉阶段在于达成认罪协议、签署具结书时是否告知其享有的诉讼权利、被指控罪名的真实性质，以及量刑建议可能被法院推翻的结果。同时，除上述告知义务外，应当确保被告人获得实质有效的法律帮助，这不仅仅是辩护人或值班律师在被告人与控方达成认罪协议、签署认罪认罚具结书时在场，更重要的是协商的真实博弈性。福清市的做法值得借鉴：值班律师不仅仅是提供法律咨询服务，而是通过保证其会见权、通信权以及阅卷权等来核实案情及相关证据、确认犯罪嫌疑人的认罪是否自愿，协助其与检察官进行量刑协商，帮助犯罪嫌疑人、被告人进行程序选择。[1] 协商应当体现控辩双方的平等对话，确保辩护律师或值班律师帮助被告人在真实理解认罪认罚的前提下为其尽量争取较大的从宽量刑幅度。如果辩护律师或值班律师在未能对案情进行详细了解的条件下便一味劝说犯罪嫌疑人、被告人接受控方的量刑建议，从而导致剥夺其通过公正的审理程序证明自己无罪或罪轻的权利，这样的法律帮助就是有瑕疵的。因此在法院确认被告人没有获得实质有效的法律帮助时，应当认定认罪不具有明智性，认罪认罚具结书以及量刑建议书无效，并且应当回转至普通程序重新审理。

4. 庭上对于从宽量刑建议的辩论及审查环节

辩论环节可能被虚置，因为往往控辩双方在达成认罪协议、

---

[1] 顾永忠、肖沛权：《"完善认罪认罚从宽制度"的亲历观察与思考、建议——基于福清市等地刑事速裁程序中认罪认罚从宽制度的调研》，载《法治研究》2017年第1期。

被告人在签署认罪认罚具结书的时候对于控方所提出的量刑建议已经达成一致。但是法院仍然要对具结书及量刑建议涉及的量刑情节进行审查,包括量刑建议是否能充分体现被告人认罪认罚从宽的权利,是否与其因认罪认罚而给公安司法机关带来的诉讼便捷比例相称,是否充分考量案件事实、情节等各种因素。但如若被告人对于从宽量刑建议提出异议,此时不宜认定为辩方对于认罪认罚协商的反悔,针对辩方的异议,法庭应当组织控辩双方进行法庭辩论,陈述各自意见,再最终决定量刑的幅度。

5. 法庭作出裁判

法庭对于认罪认罚具结书及量刑建议可以采纳,也可以拒绝。法庭决定拒绝的,应当告知被告人有选择撤回认罪认罚的权利:如果被告人选择撤回,案件回转至普通程序;如果被告人拒绝撤回,法庭可以径直作出判决。

6. 特殊情形下法庭的审查及处理

被告人在法庭接受其认罪认罚、并采纳检察院提出的量刑建议前可以提出撤回认罪认罚供述,表明协商失败,此时案件应当回转至普通程序。被告人应当拥有在法庭接受认罪协议之前无条件撤回其供述的权利,此权利是为了保障被告人可以随时选择传统的普通程序审判以证明自己无罪或罪轻的权利,因为正是在正式审理程序设计下的审判中,才赋予了被告人及其辩护律师充分的辩护权和其他诉讼权利,为控辩双方表述各自观点、在对抗中帮助法庭发现事实真相提供最大的平台。因此,赋予被告人反悔的权利至关重要,体现了协商审查程序始终是以正式审理程序为优先地位的,合理的情形之下随时让位于正式审理程序,保证正确、公正行使国家的刑罚权。

但是,如果检察院反悔,提出具结书与量刑建议失效的,法庭一般不应当允许，除非认定控方具有合理的解释其反悔的缘由，比如犯罪嫌疑人、被告人未如实陈述全部案件事实或者还犯有其他犯罪的。那此时被告人的任何对自身不利的自白，不应当用来在法庭上指控被告。而由犯罪嫌疑人的自白而获得的其他证据则应当由法院决定，如果法院认为此证据非经被告人的自愿供述而不可获得的，此证据应当排除；如果法院判定不属于此种情况的，此类证据则可以用于证明被告人的罪责而不被排除。

从侦查阶段的强制措施，到审查起诉阶段认罪认罚具结书的签署，再到审判程序中速裁程序的纳入以及关于认罪认罚案件中量刑建议的审查、采纳等，都标志着认罪认罚从宽作为一项具体制度的全面铺设。控辩协商强调控辩双方在刑事诉讼过程中的平等对话和协商，以达成协议的方式确保犯罪嫌疑人、被告人自愿、理性认罪认罚，而控方则给予实体法上从宽处理的量刑建议承诺。因此，作为认罪认罚从宽制度的正当化机制，其真正的价值不仅在于真正确立犯罪嫌疑人、被告人的诉讼主体地位，为目前的刑事司法改革增添权利化内涵，而且，协商的真实博弈某种程度上确保有罪的人自愿选择认罪认罚从宽，无罪的人通过庭审实质化保护自己的合法权益，实现立法者本意。我国可以适当借鉴辩诉交易的合理色彩，确立一定的契约精神，为解决认罪协议订立、履行过程中出现的各种问题提供基本的指导与解答。

第三节 认罪案件证明模式转型的理论研究

随着认罪认罚从宽制度的改革，被追诉人认罪认罚将作为案件繁简分流的标志,基于被告人对犯罪事实的容认,案件的审理将出现与适用普通程序审理的"否认案件"不同的方式。由此,认罪认罚案件将与犯罪否认案件形成分野,伴随着认罪案件适用的诉讼程序大幅度简化,认罪案件的证明模式的转型也将加剧,形成自己独立的品格。同时,由于我国刑事诉讼法追求实体真实的传统,在认罪案件中实体真实主义将时刻约束着对认罪案件的办理,防止其滑向形式真实主义的深渊,削弱案件认定结果的准确性。

一、认罪案件证明模式的内涵

从字面理解,认罪是指承认自己的罪行。从法律解释学的角度考察,认罪案件本身的含义更加丰富。伴随着认罪案件本身含义的多元化,认罪案件证明模式就成了一个模糊的概念。在当下认罪认罚从宽制度改革的背景下,对于认罪案件本身的探讨就具有特别重要的学理意义和实践指导意义。

(一)认罪案件含义的多元化解读

实体法意义上的认罪案件。以往对认罪案件的理解多是从实体刑法角度进行界定的。最早对于"认罪案件"的规定见于2003年最高人民法院、最高人民检察院、司法部《关于适用普通程序审理"被告人认罪案件"的若干意见(试行)》(已失效)第1条第1款:"被告人对被指控的基本犯罪事实无异议,并自愿认罪的第一审公诉案件,一般适用本意见审理。"可知对于认罪的界定主要是要求被告人"自愿"地对符合实体刑法构成要件的基本犯罪事实没有异议。同时,有学者指出,根据法律的语境解读,"认罪"作为一种广义的概念,其理应包含刑法中规定的"坦白"与"自首"[1]以及被告人对指控的事实没有

---

[1] 参见陈卫东:《认罪认罚从宽制度研究》,载《中国法学》2016年第2期。

意见而只是对行为性质进行辩解的其他特殊情形。[1] 可以说，从实体刑法意义上理解，只要被追诉人对指控的犯罪的基本、主要事实不持异议，不具有与追诉机关之间明显的对抗关系的案件都是认罪案件，这也是当下的主流意见。

程序法意义上的认罪案件。只从实体刑法的角度对认罪案件进行理解是不全面的，特别是在当下"认罪认罚从宽制度"改革下，无法解释被告人放弃对抗、认罪认罚，从而在量刑上获得实体从宽，以及在被追诉过程中获得较为宽和的处遇的现象。[2] 因此，不光要从实体刑法对认罪案件进行定义，更要从程序正义以及程序法本身作为理解的基础和出发点，特别是要将认罪案件的内涵放在"认罪认罚从宽制度"的改革进程中进行理解。从程序法的角度出发，对认罪案件的理解就是要强调被追诉人的有罪供述及自白作为证据的作用。认罪认罚在刑事实体法中主要是作为量刑的一个情节；而在刑事程序法中，认罪认罚主要应作为一种证据，一种对刑事诉讼程序的运行有重要作用且对定罪、量刑有重要作用的证据。[3]

将认罪案件不仅仅定义为是在实体刑法层面对受指控的主要犯罪事实予以承认的案件，还将其理解为是在程序法角度为刑事诉讼的推进提供了核心证据的案件，这本身就是认罪案件概念的转型。认识到这一点，将有助于厘清认罪刑事案件的证明模式的构成和转变。

---

〔1〕 2004年最高人民法院《关于被告人对行为性质的辩解是否影响自首成立问题的批复》：被告人对行为性质的辩解不影响自首的成立。

〔2〕《刑事案件速裁程序试点工作座谈会纪要（二）》第5、6条。

〔3〕 参见王敏远：《认罪认罚从宽制度疑难问题研究》，载《中国法学》2017年第1期。

第五章　认罪认罚从宽制度的健全

（二）认罪案件证明模式内涵的发展历程

刑事案件证明模式的概念，本身就是一个未被明确并且处于不断发展过程中的概念。我国学者对证明模式的理解从对证据证明力的判断规则，逐渐过渡到对司法证明过程——特别是心证形成过程的概括上来。对于刑事案件证明模式的探讨，早期学者局限在自由心证证据制度与法定证据制度的分析框架内进行，认为人类社会的司法证明制度可以分为"自由证明"和"法定证明"两种基本模式。[1] 之后，出于司法实践的发展，学术界逐渐发展出具有我国特色的"印证证明"模式，强调刑事案件的司法证明注重"根据两个以上具有独立信息源的证据进行认定，注重证据信息的相互验证，避免仅凭孤证定案"[2]。这种印证证明模式的提出本身就体现了证明模式概念的发展，从作为两种典型的关于证据证明力规则的上位概念，发展为对"在诉讼过程中如何根据证据认定案件事实，如何使用证据完成证明任务、达到法律规定的证明标准"过程的概括。[3]

也有学者对刑事案件证明模式提出了新的挑战，认为目前学界关于印证证明模式的讨论对于法官使用证据认定案件事实的具体方式和过程无法作出准确的回应。[4] 学术研究必须关注法官使用证据认定案件事实的具体过程，特别是如何形成心证的过程。

本书试图结合刑事案件证明模式这一理论范畴，探讨在被

---

[1] 参见何家弘:《从司法证明模式的历史沿革看中国证据制度改革的方向》，载《法学家》2005年第4期。

[2] 参见陈瑞华:《论证据相互印证规则》，载《法商研究》2012年第1期。

[3] 参见龙宗智:《印证与自由心证——我国刑事诉讼证明模式》，载《法学研究》2004年第2期。

[4] 参见褚福民:《刑事证明的两种模式》，载《政法论坛》2015年第3期。

告人对受指控的主要犯罪事实予以承认并以此作为案件主要证据的"认罪案件"中，法官使用证据认定案件事实的具体方式和过程中存在的问题，特别是在此过程中出现的背离实体真实主义的现象。

二、认罪案件证明模式从直接验证到形式审查的转型

刑事诉讼程序在近现代呈现出简易化的发展趋势，主流观点往往对于这一发展趋势的评价与论证都是以"效率论"作为起点的，认为诉讼程序中的事实发现程序简化的原因是迅速及时结案的要求与刑事司法实践"案多人少"的困境。但是绝不能仅仅将认罪案件审理程序的简化理解为是为了追求效率，因为被追诉人认罪而进行简化的程序也绝不是随意而简单的程序，其依然保有了对实体真实追求的品性。"事实清楚、案情简单、性质轻微的案件，或者被告人承认有罪没有争议的案件，以及只处罚金刑的案件等，都是针对某一类型案件的特殊性，根据其自身的特点采取相应的处理方式，有针对性地省略了审理该类案件一些不必要的程序。"[1] 因此，可以说诉讼程序的简化、证明模式的转变并不必然导致案件审理效果的"简单"，以及对实体真实主义的偏离。随着"正当程序简易化"的发展趋势，以及我国认罪认罚从宽制度改革，认罪案件的证明模式处于转型之中。认罪案件的证明模式能否很好地回应实体真实主义的要求，确保发现事实的准确性以及构建促进事实认定的制度，需要对认罪案件的证明模式的转型进行具体分析。

---

[1] 参见陈卫东、李洪江：《正当程序的简易化与简易程序的正当化》，载《法学研究》1998年第2期。

第五章　认罪认罚从宽制度的健全

（一）认罪案件证明模式转型的起点：普通程序中的直接验证模式

认罪案件证明模式的转型实际上依附于对诉讼程序的简化，无论是简易程序还是刑事案件速裁程序都是在普通程序的基础上删繁就简而成。因此，分析认罪案件证明模式转型的起点是普通程序所体现的直接验证模式。

所谓"直接"，乃是提示直接证据之义。直接证据是能够单独直接证明案件主要事实的证据，其最显著的特点是它对案件主要事实的证明关系是直接的，无需借助其他证据。[1] 而在认罪案件中，被追诉人对主要犯罪事实的"容认"而做出的犯罪嫌疑人、被告人供述是最常见也是最典型的直接证据。所谓验证模式，乃是对法官在审理认罪案件中以其他证据对认罪供述这一直接证据进行验证，进而认定案件事实的方式的概括。有学者依据在刑事诉讼中认定案件事实的证据是否包含直接证据为标准，将法官认定案件事实的过程分为"验证模式"与"体系模式"。[2] 在被告人对主要犯罪事实"容认"并做出有罪供述后，意味着犯罪行为构成要件的绝大部分内容得到了证明，那么只要能够验证这一有罪供述的真实性，案件的主要事实就能够得到证明。此时，可以将这种普通程序所体现的认罪案件证明模式概括成两个层次（下图4所示）：

---

[1] 参见何家弘、刘品新：《证据法学》（第5版），法律出版社2013年版，第137页。
[2] 参见褚福民：《刑事证明的两种模式》，载《政法论坛》2015年第3期。

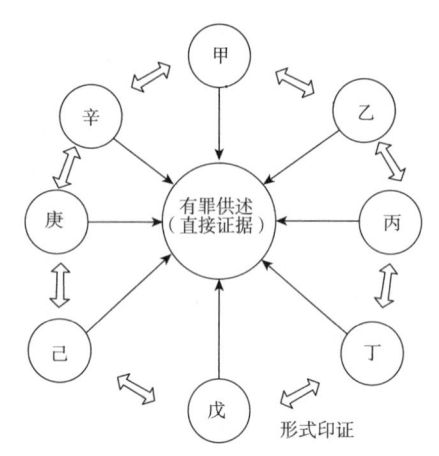

图 4　直接验证模式

第一层，其他证据与作为核心证据的认罪供述能够相互印证。对作为核心证据的被告人有罪供述进行验证的方法是其他证据能够与被告人供述相互印证。所谓相互印证，是指证据所包含的信息内容同一或者信息的指向同一，即证据间虽有证据信息形式、信息量以及直接证明对象和内容的区别，但彼此协调、信息指向一致，相互支撑和加强，从而有助于证明待证事实。[1] 例如，在一起杀人案件中，被告人承认将被害人用刀杀害，而证人证言亦证明这一点，即信息内容的同一；而从犯罪现场获取的凶器刀具上检测出被告人指纹的鉴定意见与被告人供述的证明内容不同，但共同指向了被告人用刀杀害了被害人这一事实，属于指向一致。

第二层，其他证据之间的形式印证。其他证据除了要与被告人供述之间相互印证之外，其他证据本身还应当实现形式印

---

[1] 参见龙宗智：《刑事印证证明新探》，载《法学研究》2017 年第 2 期。

证，从而更好地巩固和保障与被告人供述印证的成立。

这种证明模式就像是一个围绕着口供的圆圈，圆周上是其他证据，这些证据实质上起到的是"烘托"口供的作用。[1] 且处在圆周上的其他证据本身之间不能出现明显的内容或者逻辑矛盾。

(二) 认罪案件证明模式转型的过渡：简易程序中的简化验证模式

依据《刑事诉讼法》第214条，基层人民法院管辖的案件，案件事实清楚，证据充分的且被告人认罪并同意适用简易程序的，可以适用简易程序审理。而适用简易程序审理的案件，不受《刑事诉讼法》关于送达期限、讯问被告人、询问证人、鉴定人、出示证据、法庭辩论程序规定的限制。但在判决宣告前应当听取被告人的最后陈述意见。基于此，简易程序对刑事案件的司法证明在过程上做了简化，特别是对于普通程序的直接验证模式的第一层进行了大幅度的简化。首先，对于控辩双方无争议的事实可以对举证质证、法庭辩论程序进行简化。[2] 对于被追诉人已经认可的构成要件事实，可以摘要性宣读起诉书。其次，简易程序对审判人员审查判断证据、认定案件事实的方式进行了简化，法官在裁判文书中的论证说理可以从简，证据之间如何形成完整的、严密的证据体系也可简单带过，对于与犯罪构成要件事实无关的案件事实可以直接省略审查。

由此可见，从直接验证模式到简化验证模式的转型过程中，在认罪案件证明模式的第一个层次中，证据之间相互印证的次

---

[1] 参见纵博：《论认罪案件的证明模式》，载《四川师范大学学报（社会科学版）》2013年第3期。

[2] 《刑诉法解释》第365条。

数将进行精简,方式也进行了简化;在第二个层次中,其他证据之间相互印证的要求也逐渐放低,在简易程序中,被告人对指控犯罪事实没有异议,对控辩双方无异议的证据和事实,法官往往直接采信。因此,简易程序庭审很难发挥过滤"不确实"证据的功能。[1] 此种简化证明模式可用图 5 表示说明。

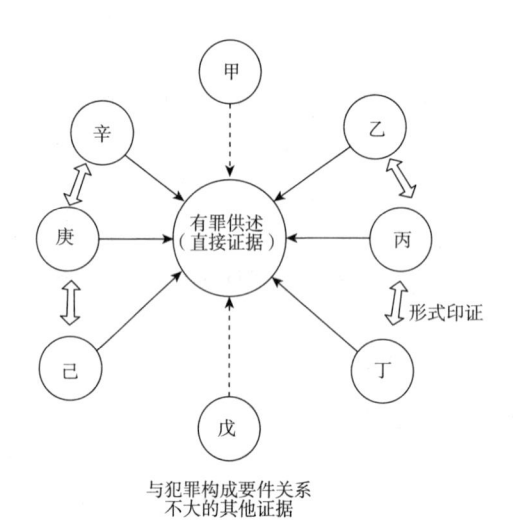

图 5　简化证明模式

（三）认罪案件证明模式转型的终点：刑事案件速裁程序中的形式审查模式

2014 年 6 月 27 日,全国人大常委会授权"两高"可以将部分法定刑在一年以下的轻微刑事犯罪采用程序大为简化的"速裁程序"进行审查起诉和审理。2016 年 9 月 3 日,全国人大授

---

[1] 参见谢登科:《论刑事简易程序中的证明标准》,载《当代法学》2015 年第 3 期。

权"两高"进行"认罪认罚从宽制度"的试点,速裁程序将并入这一试点工作继续探索。

刑事案件速裁程序是我国对刑事程序简易化改革的最新进展,其目标也是构建多层次诉讼体系、实现诉讼程序与案件难易、刑罚轻重相适应。[1] 随着刑事案件速裁程序的试点,在试点城市,基本形成了与案件由难到易相对应的普通程序—简易程序—刑事案件速裁程序的三级诉讼程序阶梯。因此速裁程序可以看作是在简易程序上进一步简化的结果。其最大的特点就是省略了法庭调查与法庭辩论过程,这被普遍认为导致了庭审形式化的结果。[2]

在适用刑事案件速裁程序审理的案件中,依然存在像普通程序中一样的两级印证体系。[3] 只不过这两层印证体系都经过了进一步的压缩和简化。

第一层,对有罪供述进行印证的次数和强度大幅度缩减。适用刑事案件速裁程序审理的认罪案件,多是轻伤害、交通肇事、寻衅滋事等轻罪案件,存在发案快、过程短暂、现场灭失快、微量痕迹物证难收集的特点,证据链很难达到普通案件的证明程度,因此有学者主张在这些案件中如果被告人已经自愿认罪,对某些事项的证明可以进行简化、省略。[4] 由此可见,适用刑事速裁程序的案件证据总量往往变少,证据之间的印证次数必定会减少,这也使得刑事速裁案件证据相互印证的强度

---

[1] 参见《刑事案件速裁程序试点工作座谈会纪要(二)》第1条。
[2] 参见赵恒:《刑事速裁程序试点实证研究》,载《中国刑事法杂志》2016年第2期。
[3] 参见高通:《刑事速裁案件的证明模式》,载《法学》2017年第3期。
[4] 参见汪建成:《以效率为价值导向的刑事速裁程序论纲》,载《政法论坛》2016年第1期。

直接降低。在此条件下，这一层的印证系统变为对关键点的印证，选取哪些"点"进行验证，直接关系到二级印证的有效性。当前司法实践中进行的"关键证据""证据指引"改革，实际上就是要优化关键"点"的选择。[1]

第二层，其他证据之间相互印证虚化。在第二层印证体系中，由于证据总量大量减少，可供相互印证的其他证据也屈指可数，其中有效的其他证据更少。[2] 因此用来验证有罪供述的其他证据基本上不能形成形式上的相互印证，同时在刑事案件速裁程序中由于不再进行举证质证，法庭辩论也不再进行，法官的心证实际来源于对认罪认罚自愿性的确认，因此刑事案件速裁程序中的证明模式如下图6。

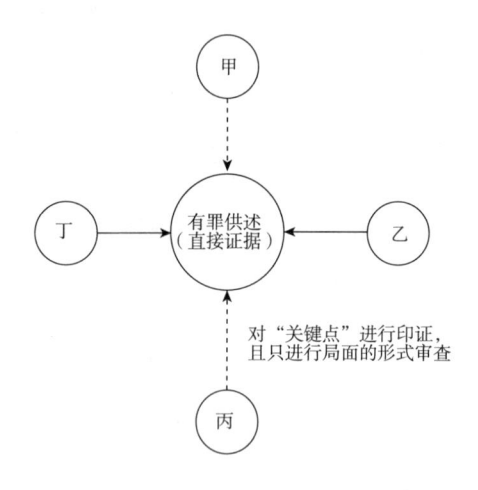

图6 形式审查模式

〔1〕 参见高通：《刑事速裁案件的证明模式》，载《法学》2017年第3期。
〔2〕 参见高通：《刑事速裁案件的证明模式》，载《法学》2017年第3期。

第五章 认罪认罚从宽制度的健全

三、认罪案件证明模式转型的理论困境

刑事诉讼法奉行实体真实主义,强调的是务必发现案件的事实真相,在此制度下所寻求者,系近乎绝对的真实。其内在要求是要唤起人们寻求事实真相的内心驱动力,想要祛除的是在寻求事实真相中的懈怠情绪,避免案件"含糊了结"。[1] 当然,务必追求案件事实真相的实体真实主义作为刑事诉讼目的不是绝对的。人们一般承认,某些社会需求和价值因素限制了获得正确事实认定的努力。这些妥协性因素被汇编成了各式各样的清单,他们是:隐私和人的尊严、裁判安定性的需求,以及备受关注的成本问题。然而,这份清单中究竟应该包括哪些内容,以及这些"并行价值"(collateral values)应当与正确的事实认定达成一种什么样的平衡,却并不存在一致性的意见。[2]

基于这种对"并行价值"平衡的考虑,特别是对诉讼成本的关注,以被告人认罪为条件限缩了诉讼程序发现真实的机能。在简易程序中,控辩双方的举证质证过程将不再受刑事诉讼法中针对普通程序的规定的约束,对控辩双方无异议的证据,法庭可以仅就证据的名称及所证明的事项做出说明。而刑事案件速裁程序更是对程序简化到了极致,法庭辩论与法庭调查都被省略。被追诉人认罪导致诉讼程序的简化,特别是保障发现案件事实真相的庭审调查程序的简化,必然引起刑事案件证明模式的转型。这种转型凸显了被告人认罪供述的证据价值,其他

---

[1] 参见张建伟:《刑事诉讼法通义》(第2版),北京大学出版社2016年版,第84页。

[2] [美]米尔吉安·R.达马斯卡:《比较法视野中的证据制度》,吴宏耀、魏晓娜等译,中国人民公安大学出版社2006年版,第60页。

证据的数量和质量大幅下降，且无法与有罪供述之间形成有效的相互印证，其他证据之间也逐渐难以形成形式上的相互印证。这对实体真实主义形成了较大冲击，诉讼程序追求实体真实的机能逐渐削减，具体体现在以下的三个方面。

（一）证据裁判原则的松动

证据裁判原则是指诉讼中司法人员认定案件事实必须以证据为依据，它是现代刑事诉讼中认定案件事实应当遵循的核心原则。[1] 在法律世界中，被告人不仅需要拿出形形色色"静态"的证据，还要诉讼参加者们使这些证据"运动"起来，共同完成明确案件事实的任务，此即司法证明。[2] 而司法证明就像一条流水线，由取证、举证、质证和认证组成，在任何诉讼活动中这四个环节均不可或缺，否则司法证明都会变成残缺的链条，不能完成查明案件真相的功能。[3] 而在认罪案件证明模式的转型过程中，随着诉讼程序的简化，法庭调查环节被逐渐简化，质证环节受到了较大的影响，特别是在刑事速裁程序的形式审查模式中，法庭调查、法庭辩论程序不复存在。

"证据未经质证，不得作为定案依据"本身为我国刑事诉讼法所坚持，[4] 而在认罪案件证明模式的这一转型中，特别是刑事速裁程序中的形式审查模式在一定程度上突破了证据裁判主义。诸多论者纷纷从大陆法系的处罚令程序寻求灵感，并主张

---

〔1〕 陈光中、郑曦：《论刑事诉讼中的证据裁判原则——兼谈〈刑事诉讼法〉修改中的若干问题》，载《法学》2011 年第 9 期。

〔2〕 参见何家弘、刘品新：《证据法学》（第 5 版），法律出版社 2013 年版，第 187 页。

〔3〕 参见何家弘、刘品新：《证据法学》（第 5 版），法律出版社 2013 年版，第 211 页。

〔4〕 《刑诉法解释》第 71 条。

我国的速裁程序改革应当借鉴大陆法系国家的处罚令程序实行完全的书面审或至少是继续对庭审程序进行简化。[1] 然而我国的速裁程序改革与大陆法系国家的处罚令程序差异较大,尤其在适用范围上,大陆法系国家对处罚令程序的适用均是非常狭窄的。在德国,刑事处罚令程序仅适用于被追诉人可能会被判处一年以下自由刑缓期执行或者财产刑的刑事案件,且青少年和适用青少年法的未成年人不适用处罚令程序。在意大利,刑事处罚令程序只适用于被追诉人可能被判处财产刑的案件,包括为替代监禁刑而科处财产刑的刑事案件。在日本,刑事简易命令程序只适用于被追诉人可能被处以 50 万日元以下的罚金或者罚款的刑事案件。[2]

与大陆法系国家不同,我国刑事案件速裁程序的适用范围在逐步扩大。在第一阶段试点过程中还只局限于危险驾驶、盗窃、诈骗等 11 类常见的轻微刑事犯罪,而且要求罪质程度只能是可能被判处一年有期徒刑以下刑罚的案件。在第二阶段的试点中,速裁程序可以适用于所有可能判处 3 年有期徒刑以下刑罚的案件,不仅仅包括财产刑或者是缓刑、定罪免刑的案件,大量的判处自由刑的案件也被纳入其中。因此,我国速裁程序从比较法视野下观察必须有着更为充分的真实发现机能。从这一点出发,我们必须认识到我国的刑事诉讼程序虽然大幅度简化,但是其对公民自由与财产的影响程度并非也同等程度地降低,基于实现判决结果的公信力而追求案件实体真实的需求并

---

[1] 参见郑瑞平:《比较法视野下我国刑事速裁程序之完善——以处罚令制度为视角》,载《中国刑事法杂志》2016 年第 6 期;李永航:《德意日刑事处罚令程序对我国刑事速裁程序的启示》,载《江苏警官学院学报》2016 年第 4 期。

[2] 参见李永航:《德意日刑事处罚令程序对我国刑事速裁程序的启示》,载《江苏警官学院学报》2016 年第 4 期。

没有降低。换言之，认罪案件的证明模式随着诉讼程序的简化而转型，但实体真实主义对证明模式体现发现真实机能的要求并没有降低。为了防止认罪案件的证明模式过分偏离实体真实主义，应当适当地加强被告人在法庭调查中的作用，允许其对适用证据的证明力或证据能力产生异议时随时恢复法庭调查和法庭辩论程序。

（二）口供中心主义的复兴

作为对我国长期以来口供运用实践的概括，口供中心主义是指侦查破案、审查起诉和法庭审判主要围绕犯罪嫌疑人、被告人的口供进行，并且把口供作为定案处理主要依据的诉讼理念和办案方式。[1]但是过分重视口供非常容易导致冤错案件的产生，我国《刑事诉讼法》为了根除口供中心主义的弊端，在第55条第1款特别规定："对一切案件的判处都要重证据，重调查研究，不轻信口供。只有被告人供述，没有其他证据的，不能认定被告人有罪和处以刑罚；没有被告人供述，证据确实、充分的，可以认定被告人有罪和处以刑罚。"

然而随着认罪认罚从宽制度的试点、刑事诉讼程序简易化的改革，口供中心主义存在复苏的趋势，可以说认罪认罚本身与口供中心主义有着天然的亲和性。在认罪案件证明模式的转型过程中，有罪供述在证据体系中的地位越来越高，过分强调依靠犯罪嫌疑人、被告人是否认罪进行程序分流时，被告人的口供地位将被过分拔高，刑事诉讼法为了抑制口供中心主义所作出的"口供必须补强，无供仍可定案"的程序设计就将被架空。在此基础上，如果同时伴随着庭审程序的形式化和走过场，人民法院在发现实体真实的任务上将全面卸责，如此不免让人

---

[1] 闫召华：《口供中心主义评析》，载《证据科学》2013年第4期。

怀疑实体真实主义能否在速裁程序中实现。

通过对认罪案件证明模式转型的概括，我们会发现，随着诉讼程序的简化，作为核心证据的有罪供述在证据体系中的作用越来越得到强化，相反用来验证其真实性的其他证据逐渐被弱化，为此必须通过建构强有力的认罪认罚自愿性的保障机制。鉴于当前程式化的庭审确认方式——法官当庭询问——无法起到实质性的保障效果，逐步推行辩护律师全覆盖是必经之路，特别是在实行形式审查模式的刑事案件速裁程序中要特别加强辩护律师的作用。

（三）证明标准的实质性降低

证明标准单纯从裁判者的心证程度理解是不够的。诉讼程序本身的简化程度也深刻影响着法官内心确信的形成。我国《刑事诉讼法》第55条关于"事实清楚、证据确实充分"的证明标准，对于诉讼程序就有要求——"据以定案的证据均经法定程序查证属实"。诉讼程序本身影响法官心证形成的问题随着诉讼程序的简化逐渐凸显出来，特别是在刑事案件速裁程序中，由于其本身省略了法庭调查和辩论环节，如何理解"据以定案的证据均经法定程序查证属实"就成为一个亟待解决的问题。依笔者的观察，程序的简易化必然会在一定程度上造成证明标准的实质性降低。其理由可以分为以下两个方面：

一方面，形式化的庭审使得裁判者立场偏向控方。刑事诉讼证明标准所要求的"排除合理怀疑"的证明高度不仅仅体现于审判人员对摆在其面前的证据进行裁量后的心证状态，也取决于这些证据如何从最初的侦查阶段一步步走到最后的评议阶段。[1]

---

[1] 参见史立梅：《程序公正与实体真实》，载《国家检察官学院学报》2013年第5期。

法官作为刑事司法证明的受体，其接受控方或辩方的刑事司法证明必然要经历一定的过程。在这一过程中，法官在内心会形成更偏向控方主张或辩方主张的心证。[1] 刑事速裁程序由于庭审程序大幅简化，缺乏质证和法庭辩论程序，被告人及其辩护人不存在向法庭争辩证据证明力的空间，裁判者的心证实际形成于庭前阅卷，庭审只起到审核被告人认罪自愿性的作用，而且这种审核由于时间短也只具有形式意义，客观上这就造成了法官的心证从形成初期就偏向控方。认罪案件中，被告人虽然容认指控犯罪事实，但裁判者并不能由此放弃中立客观的立场，直接据此作出有罪判决，口供仍需其他证据才能定案。而认罪案件证明模式的转型在一定程度上使裁判者丧失了保持客观中立的立场，口供的证据地位越来越高，被告人争辩的空间越来越少，法官的心证从庭审程序开始就在带有偏向性的立场中逐渐加强。

另一方面，诉讼过程中证据量降低，法官形成的确信程度低。证明标准是对于举证方在证据质量和数量方面的要求，但这种要求却不是直接针对证据而提出的，而是针对法官内心确信的程度而提出。[2] 对这一概念进行反方面的解读，举证方的证据质量和数量也深刻地影响着法官的内心确信程度。如前所述，特别是在认罪案件证明模式转型的终点——刑事案件速裁程序中，用来验证核心证据——有罪供述的其他证据十分匮乏，难以形成形式上的相互印证。而诉讼程序本身设计得越精密，对司法证明过程的要求和限制越多，对查明真实投入的努力越

---

〔1〕 参见高通：《刑事速裁案件的证明模式》，载《法学》2017 年第 3 期。
〔2〕 参见易延友：《刑事诉讼法——规则、原理与应用》（第 4 版），法律出版社 2013 年版，第 360 页。

多，证据数量越多，法官形成内心确信的心证程度就越高，在此意义上普通程序相较简易程序证明标准就更高。有论者从对不同诉讼阶段程序的考察也得出了相同逻辑的结论。[1] 由于刑事案件速裁程序认定案件事实的证据体系往往是经过所谓的"关键证据指引"所裁剪过的，那么合乎逻辑推论在其他被认为"无关紧要"的证据中也可能暗含着真相。因此，在认罪案件的证明模式中，如果无法改变证据总量过少、其他证据难以相互印证的局面，那么必须进一步加强证据指引制度。因为只能通过选取关键点的方式进行验证，那么选取哪些关键点，选取哪些"其他证据"进行验证就至关重要，若是一味任由认罪案件的证明模式随着诉讼程序的简化而简化，就突破了实体真实主义的限制，刑事诉讼程序也就丧失了发现真实的生命力。

综上，在如火如荼的认罪认罚从宽制度改革下，伴随着刑事诉讼程序的简化，依附于诉讼程序的简化认罪案件的证明模式也发生了深刻的转型，证明模式的两个层级都发生较大程度的简化，诉讼效率的提升也伴随着发现真实机能的降低，从而冲击了刑事诉讼法坚守着的追求实体真实的价值理念。为此，我们必须时刻谨记刑事诉讼程序公正优先的价值取向，深刻关乎国民自由与财产安全的特性，在未来的改革中注意认罪案件证明模式的转型不能逾越发现案件真相的限度，诉讼程序的建构必须维持发现案件真实的机能。

---

〔1〕 参见谢澍：《论刑事证明标准之实质递进性——"以审判为中心"语境下的分析》，载《法商研究》2017年第3期。

第六章
刑事诉讼程序中权利的保障

第一节 律师在场权在我国的适用空间 *

律师在场权作为一项基于辩护权而独立存在的权利,在两大法系的诸多国家得到确立和有效实施,但在我国尚处于理论研究的层面,学界曾展开积极讨论,但理论界和实务界并未达成共识。律师在场权可作广义和狭义划分,广义的律师在场权是指律师享有在特定场合在场的权利,也指被追诉人享有要求律师在场的权利,律师可以参与到侦查、审查起诉和审判三个阶段;狭义的律师在场权主要指侦查阶段讯问犯罪嫌疑人时的律师在场权。[1]近年来,随着我国社会经济的快速发展,司法领域呈现改革态势,如以审判为中心的刑事诉讼制度改革、认罪认罚从宽制度试点、国家监察体制改革等,确有必要重新考虑在我国确立律师在场权的问题,本书就律师在场权的现状、

---

* 原载《从有效到正义:律师在场权在我国的适用空间》,载《人民法治》2017年第6期,与吕云川合作,有改动。

〔1〕参见屈新:《论辩护律师在场权的确立》,载《中国刑事法杂志》2011年第1期。

第六章 刑事诉讼程序中权利的保障

问题和展望进行研究,从而探讨律师在场权在我国的适用空间。

一、现状:律师在场权的比较研究

律师在场权在各国的适用情况略有不同,从比较法的视角分析律师在场权的适用现状,有助于宏观了解律师在场权的制度运行情况,归根到底,律师在场权的适用还需结合本国基本国情。

(一)联合国相关规定

在联合国文件中,律师在场权体现在《公民权利及政治权利国际公约》中,其第 7 条规定禁止酷刑或施以残忍的、不人道的或侮辱性的待遇或刑罚,"律师在场制度的确立和实行可以有效地防止刑讯逼供和其他违法现象。"[1]《公民权利及政治权利国际公约》第 14 条不仅规定了无罪推定原则、不得强迫自证其罪等规则,还规定了"与他自己选择的律师联络",据此强调了律师参与,"对讯问中律师在场权也有重要意义。"[2] 我国早在 1998 年签署加入《公民权利及政治权利国际公约》,但还有待全国人大常委会批准。

1990 年联合国《关于律师作用的基本原则》第 1 条规定,所有的人都有权请求由其选择的一名律师协助保护和确立其权利;第 6 条规定,没有律师的人在司法需要的情况下有权获得为其指派的律师;第 7 条规定,保障当事人迅速与律师联系,至迟不得超过逮捕或拘留之时起 48 小时。此外,前南斯拉夫人

---

[1] 参见杨宇冠:《律师在场权研究》,载樊崇义主编:《刑事审前程序改革实证研究——侦查讯问程序中律师在场(试验)》,中国人民公安大学出版社 2006 年版,第 135 页。

[2] 参见杨宇冠:《律师在场权研究》,载樊崇义主编:《刑事审前程序改革实证研究——侦查讯问程序中律师在场(试验)》,中国人民公安大学出版社 2006 年版,第 135 页。

道主义犯罪国际法庭和卢旺达国际刑事法庭在各自《程序和证据规则》中提到,检察官在讯问犯罪嫌疑人时,必须同时告知其沉默权和律师帮助权,除非当事人自愿放弃律师帮助;如果当事人事后又表示需要律师帮助,则讯问应当立即停止。[1]

国际准则对律师帮助权规定比较到位,各国适用律师在场权具有国际公约性质,但也需要看到,律师在场权通常是结合沉默权配套使用,在未建立沉默权的国家适用律师在场权具有一定的障碍。

(二) 英美法系国家现状

在英美法系国家,律师在场权是维护被追诉人宪法性权利的重要措施。[2] 英美法系国家实行当事人主义的诉讼模式,强调控辩双方平等对抗。1984 年《英国警察与刑事证据法》规定,警察讯问犯罪嫌疑人时,原则上允许律师在场,除非律师在场会阻止或者不合理地妨碍正常讯问。如果犯罪嫌疑人需要进行辨认活动,其律师也必须在场;在进行列队辨认时,必须预留合理的时间让犯罪嫌疑人联系他的律师或者朋友到场。

美国的律师在场权主要出于正当程序的考量,犯罪嫌疑人在接受讯问前或者讯问过程中提出会见律师的,警察只能在律师到场后再开展讯问。著名的"米兰达警告"(即"米兰达规则")就强调了律师在讯问时的在场权。在辩诉交易过程中,美国学者强调律师的作用,"虽然被告人享有认罪或不认罪的权利,但是他们发现,在没有辩护人的情况下自己根本不享有任

---

[1] 参见卞建林、杨宇冠:《联合国刑事司法准则撮要》,中国政法大学出版社 2003 年版,第 100 页。

[2] 参见屈新:《论辩护律师在场权的确立》,载《中国刑事法杂志》2011 年第 1 期。

何保护"。[1]

(三) 大陆法系国家现状

大陆法系国家实行职权主义的诉讼模式，强调法官对庭审的控制，控辩双方的参与受到一定限制，侦查机关更加关注对案件事实的发掘，在侦查环节中较少引入律师在场权。伴随司法改革的推进，德国、意大利、法国等国家的刑事诉讼法均规定了在侦查阶段讯问犯罪嫌疑人时律师应当在场。

德国刑事诉讼法规定，在警察讯问犯罪嫌疑人时律师无权在场，但是律师可以参加检察院对被告人的讯问。由于德国赋予了被追诉人沉默权，被追诉人往往以沉默换取律师在场，但律师需经讯问的警官同意后方可在场，如果律师未能到场，讯问不会因此推迟。[2] 意大利刑事诉讼法规定，检察官和司法警察讯问被告人时应当允许辩护律师到场，辩护律师不在场的，被追诉人在任何阶段的供述都不能作为证据使用。法国刑事诉讼法规定，律师在拘留的开始阶段即可介入诉讼程序，虽然律师无权在警察讯问犯罪嫌疑人时在场，但检察官和预审法官对重罪犯罪嫌疑人进行讯问时则可保障律师在场。

(四) 律师在场权在我国的实践情况

目前我国法律并未规定律师在场权。1996 年《刑事诉讼法》和 2012 年《刑事诉讼法》对律师辩护权有所修正，但是并未提及律师在场权的相关规定。2015 年"两高三部"《关于依法保障律师执业权利的规定》加大了对律师知情权、申诉权、

---

[1] 参见 [美] 乔治·费希尔：《辩诉交易的胜利——美国辩诉交易史》，郭志媛译，中国政法大学出版社 2012 年版，第 6 页。

[2] 参见屈新：《论辩护律师在场权的确立》，载《中国刑事法杂志》2011 年第 1 期。

会见权、阅卷权、收集证据权、辩护权等执业权利的保障，切实解决实践中的老大难问题，但也并未提及律师在场权的问题。在刑事诉讼中，犯罪嫌疑人处于弱势地位，虽然《刑事诉讼法》规定律师在侦查阶段可以介入诉讼程序为当事人提供法律帮助，但是由于侦查阶段本身具有强势性和封闭性等特点，律师作用发挥有限，如果在讯问时能够引入律师在场权，必然能够加大对当事人权益的维护。

但是我们需要看到，不同于美国的司法制度，我国不存在沉默权。《刑事诉讼法》第120条规定犯罪嫌疑人有如实回答的义务，虽然第120条还规定了犯罪嫌疑人对"与本案无关的问题"有权拒绝回答，但是实践中界定什么是"与本案无关"的标准很难统一。《刑事诉讼法》第50条将犯罪嫌疑人、被告人的供述和辩解作为法定证据种类之一，这是从立法上肯定了口供存在的合法性，因而我国很难确立沉默权。

2016年11月，"两高三部"通过了《认罪认罚从宽工作办法》，其中第10条规定，在审查起诉阶段，被追诉人自愿认罪，同意量刑建议和适用程序的，应在辩护人或值班律师在场的情况下签署具结书，此处体现了一定的律师在场权，但程序设置在审查起诉阶段，属于广义的律师在场权。国家监察体制改革暂未规定律师参与，可做试点尝试。

二、问题：律师在场权在我国是否适用？

律师在场权在我国是否适用，值得进一步研究讨论：首先，需要理清律师在场权在我国适用存在哪些障碍；其次，思考我国是否存在律师在场权的适用空间；最后，如何实现律师在场权实现从有效到正义的跨越。

（一）律师在场权在我国适用有何障碍？

有学者指出我国律师在场权在制度上面临三大障碍：一是

聘请律师成本较高，需要当事人具备一定的经济基础，而现实中有能力聘请律师的只是极少数；二是律师从事刑事辩护风险较大，律师会选择相对安全的诉讼程序；三是基于讯问策略的考虑，侦查机关常会突击讯问或者午夜讯问，讯问时犯罪嫌疑人要求律师在场较难实现。[1] 笔者认为，还存在以下障碍：

第一，我国法律环境并无沉默权，使得律师在场权存在实行困境。纵观律师在场权的实践现状，其几乎与沉默权属于伴随状态，沉默权使犯罪嫌疑人可以不用开口说话，而律师在场权是沉默权的制度保障，可以监督讯问人员是否存在强迫犯罪嫌疑人开口说话的行为，确保讯问人员违规获取的言词无法作为证据使用。

第二，我国的诉讼模式为职权主义，侦查机关强调对案件事实的发掘。职权主义模式使得侦查阶段呈现出封闭等特点，虽然《刑事诉讼法》规定律师在第一次讯问或采取强制措施之日起可介入到侦查阶段，但在讯问阶段并未规定律师在场权。

第三，我国理论界和实务界未能达成共识，律师在场权表现为会见权、阅卷权、调查取证权等广义在场权。我国《宪法》和《刑事诉讼法》规定"被告人有权获得辩护"，"被告人"的称谓表明诉讼程序已经处于检察机关正式起诉之后，那么在侦查阶段的"犯罪嫌疑人"就无法突出律师辩护权，而只能是律师提供法律咨询、会见权、知情权、代理申诉、控告、申请变更强制措施等，并未体现讯问时的律师在场权。

（二）如何实现从有效到正义的跨越？

学界对律师在场权的分类包括实质在场权和形式在场权，前者为学界推崇的律师在场权，而后者弱化了律师在场的职能。

---

[1] 参见伻澎：《律师在场权研究》，载《法学杂志》2004年第3期。

要落实律师在场权发挥实质作用,可做如下尝试:其一,在立法规范上肯定律师在场权的规定,当然修法的过程还需进行试点、总结有益经验,并要结合中国国情。其二,从证据效力的角度考量,对于律师在场时获取的证据,经犯罪嫌疑人核实后,可作证据使用;律师不在场获取的证据,适用非法证据排除或者证据补强规则(程序瑕疵)。其三,对于资金困乏无力聘请律师的犯罪嫌疑人,推行法律援助或者值班律师制度,充分保障有律师为其提供帮助。其四,律师在场不仅仅体现监督制约作用,还要求律师能够发挥实质作用,如对讯问方式提出异议,在讯问笔录中记录律师的异议,律师对讯问笔录签字确认。

(三)我国是否存在律师在场权的适用空间?

日本学者田口守一教授指出,"只有辩护人在场,才能确保犯罪嫌疑人沉默或陈述的完全自愿性"。[1] 保障讯问时律师在场权,可以固定证据和见证审讯过程:其一,适用律师在场权可以有效保障犯罪嫌疑人的合法权益,律师作为讯问的监督者,在一定程度上能够抑制刑讯逼供、诱供、威胁等非法讯问手段,从而维护犯罪嫌疑人的权利,保障程序正当。其二,适用律师在场权对侦查人员而言,有助于澄清讯问过程的合法性,让检察机关的审查起诉和法庭审判确信讯问的合法性。其三,适用律师在场权对于检察机关而言,能够有效固定证据的合法形式,避免被告人在法庭中可能存在的翻供情形。[2] 其四,适用律师在场权对于审判者而言,有助于落实证据裁判规则,对非法证

---

[1] 参见[日]田口守一:《刑事诉讼法》,刘迪等译,法律出版社2000年版,第93页。

[2] 参见屈新:《"律师在场":让正义看得见》,载《法制日报》2003年10月23日。

据予以排除，推进以审判为中心的诉讼制度改革。其五，当前司法改革在部分地区试点认罪认罚从宽制度以及国家监察体制改革，可在两个试点中对律师在场权进行尝试，一方面从人权保障的角度进行制度设计，另一方面要检测律师在场权是否适用于中国国情，但是也需要注意到试点和实践存在的冲突，如侦查机关突击讯问或夜间讯问，但是律师无法保障立刻到场。尽管如此，律师在场权在我国还是存在适用空间的，但还需落实一系列的制度保障。

三、展望：我国律师在场权构建的路径

理论表明，在我国适用律师在场权是具有一定的必要性和可行性的。从必要性的角度出发：①律师权有利于实现实体正义和程序正义，在实体上，律师通过与被追诉人交流沟通，提出无罪或者罪轻的证据材料；在程序上，突出人权保障，落实监督制约作用。②律师在场权有利于构建平衡的抗辩机制，落实抗辩双方平等的法律地位。③律师在场权有利于推动讯问方式的改革，提高讯问的科学化、法治化。④律师在场权有利于完善我国刑事辩护制度。从可行性的角度出发：①人权入宪为律师在场权提供政治和法律基础。②履行国际义务。③不断完善的律师制度为律师在场权提供长期制度保障。④实现讯问改革的现实需要。[1]

展望当前试点的认罪认罚从宽制度和国家监察体制改革，可在两个试点中引进律师在场权，积累有益经验。构建我国律师在场权的路径需要完善律师在侦查阶段的权利义务，如在权利方面，保障讯问过程律师全程在场、在讯问阶段为当事人提

---

[1] 参见屈新：《论辩护律师在场权的确立》，载《中国刑事法杂志》2011年第1期。

供法律咨询、保障律师异议权、律师在讯问笔录上签字;在义务方面,律师需要依法保守讯问中获悉的秘密、严格遵守讯问纪律、不得玩忽职守。[1] 当然,还需落实一系列的制度为律师在场权"保驾护航"。

(一)在认罪认罚从宽制度中试用律师在场权

2016年9月,全国人大常委会通过《关于授权最高人民法院、最高人民检察院在部分地区开展刑事案件认罪认罚从宽制度试点工作的决定》,授权最高人民检察院、最高人民法院在北京、天津等18个城市开展认罪认罚从宽制度的试点工作;同年11月,"两高三部"出台配套《认罪认罚从宽工作办法》,规定被追诉人自愿如实认罪认罚,对指控事实和量刑建议没有异议的,签署具结书,适用从宽制度。《认罪认罚从宽工作办法》要求"保障犯罪嫌疑人、被告人获得有效法律帮助",但是《认罪认罚从宽工作办法》并未规定律师在讯问阶段的在场权,律师在认罪认罚从宽案件中仍需遵循现行《刑事诉讼法》的相关规定。本质上讲,辩护律师在场权可被视为反对强迫自证其罪的重要制度保障。[2]

《认罪认罚从宽工作办法》提出了值班律师制度,并且规定在审查起诉阶段,被追诉人自愿认罪,同意量刑建议和适用程序的,"应当在辩护人或者值班律师在场的情况下签署具结书",此处虽然提出了律师在场权的规定,但程序已经转为审查起诉阶段,在侦查阶段并无律师在场权的制度设计。

---

[1] 参见朱玉娇:《侦查讯问阶段律师在场权问题研究》,安徽大学2014年硕士学位论文。

[2] 参见屈新:《论辩护律师在场权的确立》,载《中国刑事法杂志》2011年第1期。

笔者认为，当前认罪认罚从宽制度正处试点阶段，可以在部分地区尝试引入律师在场权，不仅将律师在场权设置在审查起诉环节，在侦查阶段同样适用律师在场权：其一，《刑事诉讼法》规定，律师自第一次讯问或采取强制措施之日起可以介入到诉讼程序，为当事人提供法律咨询、代理、申诉、申请变更强制措施等，说明律师介入到侦查阶段具有法律依据；其二，认罪认罚从宽制度本质上要求案件"从快"处理，涉及程序减损，但并不能因此减损司法公信力，也不能因此减损被追诉人在诉讼程序中的合法权益，律师在场权可为认罪认罚从宽制度提供有益保障；其三，由于在侦查阶段可以适用认罪认罚从宽制度，并且《认罪认罚从宽工作办法》第8条规定，侦查机关有义务告知犯罪嫌疑人的诉讼权利和认罪认罚可能导致的法律后果，听取犯罪嫌疑人及其辩护人或者值班律师的意见，为了制约侦查机关过度依赖犯罪嫌疑人认罪认罚，引入律师在场权可以最大限度保障犯罪嫌疑人的合法权益，避免刑讯逼供、诱供等行为；其四，从试点情况来看，在部分地区适用律师在场权制度具有政策可行性，既然为试点，就要敢于"动刀斧""亮长剑"，在试点中总结经验，再视情况进一步完善律师在场权。

结合《关于授权最高人民法院、最高人民检察院在部分地区开展刑事案件认罪认罚从宽制度试点工作的决定》和《认罪认罚从宽工作办法》的相关规定，需要在侦查阶段引入律师在场权，并且需要保障律师在场权能够发挥实质功效，避免形式化。如何在认罪认罚案件侦查阶段落实律师在场权？笔者认为可做如下尝试：其一，构建阳光的司法环境和完备的保障体系。其二，加大对侦查机关的培训，转化思想观念，充分保障讯问时律师在场，一方面既落实依法讯问的原则，另一方面体现律师的监督制约作用。其三，加强监督与问责，切实保障律师在场权有效落实。其四,对律师在场权试点情况进行阶段评估,总结有益经验,及时纠正试点偏差。

(二)在国家监察体制改革中试用律师在场权

2016年11月,中共中央办公厅印发《关于在北京市、山西省、浙江省开展国家监察体制改革试点方案》(以下简称《方案》)。同年12月,全国人大常委会出台《关于在北京市、山西省、浙江省开展国家监察体制改革试点工作的决定》(以下简称《改革决定》),在三地及其所辖县、市、市辖区设立监察委员会,监察与纪委合署办公。试点地区陆续提出"首善标准""山西价值""浙江样本"等目标,自此,集中统一、权威高效的监察试点体系正式实施,"一府一委两院"格局初具雏形。《方案》和《改革决定》并未提及律师参与的相关规定,《改革决定》在试点地区暂停适用《刑事诉讼法》第3条、第18条、第148条以及第2编第2章第11节,从制度体系衔接的角度考量,关于律师的规定仍然适用《刑事诉讼法》的相关条文。监委会办理涉嫌职务犯罪的案件,具有调查权,依法讯问、搜查、鉴定、留置等"12项权力"行使监督、调查、处置职能,监委会设立的初衷是建立集中统一、权威高效的监察体系,但仍需落实对被调查对象的权益保障问题。

依照《刑事诉讼法》第54条规定,行政机关可以移交收集到的物证、视听资料、电子数据等材料在刑事诉讼中作为证据使用,此处排除了言词证据,但监委会并非行政机关,并且《改革决定》赋予了监委会讯问的权力,因此,监委会采取讯问获取的言词证据是可以作为证据在刑事诉讼中使用的。虽然《方案》和《改革决定》均未提及律师的规定,笔者认为,可以尝试在监委会办理的职务案件中引入律师在场权的规定:其一,监委会的调查阶段在性质上类似于检察机关办理职务案件时的侦查阶段,但是并未规定律师在监委会调查阶段的职能,由于监委会属于新设机构,制度衔接还需进一步完善,构建律师在场权,让"依法监察"更加阳光化。其二,从立法层面上看,目前尚未制定《监察法》[1],而监委会调查阶段的讯问和留置措施涉及对被调查对象人身自由的限制,并且被调查对象在调查阶段供述的陈词可能会对其不利,需要构建律师参与甚至律师在场的制度保障。其三,从人权保障的角度出发,律师在场权有助于充分保障被调查对象的合法权益,可以预防可能存在的刑讯逼供、诱供、威胁等情形。

从广义的角度研究律师在场权,可将律师在场权延伸至审查起诉阶段和审判阶段。由于《改革决定》规定被调查对象涉嫌职务犯罪时,"移送检察机关依法提起公诉",那么在移送提起公诉阶段是否允许检察机关依法审查?《改革决定》似乎有直接提起公诉而不经审查后作出相应决定的意思,[2]但是此举可能导致检察机关公诉职能虚化;并且律师阅卷权被削减,不能充分表达律师意见。笔者认为,应当赋予检察机关依法审查的权力,对监委会移送的案件进行审查体现了司法制约和检察监督的职能,审查后的结果可能是提出退回补充调查或者作出不起诉决定。[3]在审查起诉阶段,保障律师在场,听取律师意见并附卷;在审判环节的律师在场权体现为出庭辩护。

---

[1] 笔者撰写时,监察法尚未出台。

[2] 参见陈越峰:《监察措施的合法性研究》,载《环球法律评论》2017年第2期。

[3] 检察机关审查后是否可以自行侦查值得进一步讨论。在补充侦查环节,结合《刑事诉讼法》第175条规定,一种可能是检察机关退回监委会补充调查,另外一种可能是检察机关自行补充侦查,但检察机关的自侦权转隶之后是否还存在补充侦查的权限,尚无定论。笔者认为,检察机关应当保留一定的侦查权限,一者弥补补充侦查的权力,另外还能履行一定的核实、查验职能。

理论表明，虽然在我国适用律师在场权尚存一定的障碍，但这并不意味着我国不存在适用律师在场权的空间。伴随着司法制度的改革和深化，探索符合我国基本国情的律师在场权制度具有必要性和可行性，笔者主张在当前试点认罪认罚从宽制度和国家监察体制改革的地区引进律师在场权，在试点中积累有益经验。但我们也需要看到，推广律师在场权是对传统讯问的挑战，并且律师并非24小时值班制，在突击讯问和夜间讯问中较难保障律师的在场权，给实践也会带来一定的困难。总之，实行律师在场权制度利弊兼有，但利大于弊，律师在场权制度符合现代刑事诉讼制度的要求和我国司法改革的方向。[1]

第二节 认罪认罚从宽制度下审查起诉阶段辩护权的保障*

一、认罪认罚从宽制度与审查起诉阶段辩护权的保障

（一）审查起诉环节是认罪认罚从宽案件的程序重心

"辩护"与"控诉"一词互相对立，相伴产生。辩护不同于控诉活动和裁判行为，它的目的在于提出有利于己方的意见以削弱控方的指控，从而最大限度地维护被追诉人的合法权益。[2]辩护具有三个要素：其一，在控诉行为产生的前提下，辩护行为随之产生以削弱或者推翻控诉；其二，从事实和法律

---

〔1〕 参见屈新：《论辩护律师在场权的确立》，载《中国刑事法杂志》2011年第1期。

* 与李丹丹合作，有改动。

〔2〕 参见成方冰：《认罪认罚从宽制度中辩护问题研究》，河北经贸大学2020年硕士学位论文。

两方面提出有利于被追诉人的主张；其三，辩护行为以说服法官为最终目标，这也是最重要的一条，也是刑事辩护的核心。[1]

"辩护权"也与"控诉权"一词相伴而生。虽然从不同角度来看不同学者对辩护权的定义稍有不同，但从本质上来看，辩护权指刑事诉讼案件中被追诉人所拥有的针对指控为自己辩解，以维护自身权益的一项专属诉讼权利。[2] 在法律赋予的刑事被追诉人充分的诉讼权利之中，辩护权为重中之重。

根据我国《刑事诉讼法》第 33 条至第 35 条的规定，我国刑事诉讼中的辩护种类可以分为自行辩护、委托辩护和法律援助辩护三种。我国对于辩护制度的分类体现了两个方面的意义，一是赋予被追诉人以辩护权，二是国家机关保障辩护权在事实上得以实现，以平衡控辩关系、追求司法正义的实现。这是法律赋予被追诉人辩护权以及司法机关保证辩护权得以实现的有机整体。

随着 2018 年《刑事诉讼法》以及 2019 年《关于适用认罪认罚从宽制度的指导意见》（以下简称《指导意见》）的出台与贯彻实施，认罪认罚从宽制度的改革在我国逐渐深入，进入了一个新的发展时期。这一制度的增设无疑对辩护制度产生了重大影响，检察机关和辩护人双方在形式上从对抗走向了合意。而在合意的背景下，辩护权的保障则需要特别关注。而国内的学者对于认罪认罚从宽程序中辩护人参与的重要性表示肯定，

---

〔1〕 参见田文昌、陈瑞华：《刑事辩护的中国经验：田文昌、陈瑞华对话录》（增订本），北京大学出版社 2013 年版，第 19 页。

〔2〕 参见陈光中主编：《刑事诉讼法》（第 6 版），北京大学出版社、高等教育出版社 2016 年版，第 274 页。

且普遍认为辩护人在案件中的参与有着不容忽视的现实障碍。认罪认罚案件的辩护不仅非常重要而且有其特殊性，在认罪认罚案件中，辩护人要起到把关、保障和协助的作用。在认罪认罚从宽制度的深入发展下，为规避被追诉人的权利受损，对辩护权进行保障将成为改革趋势。

审查起诉阶段具有保护当事人的权利、提高司法诉讼效率等传统价值和功能。审查起诉阶段在整个刑事诉讼流程中为承上启下的重要环节，该阶段上接侦查程序，下接审判程序，在其中发挥至关重要的作用。在该阶段，若辩护律师在其中得到有效参与，这对审查起诉机关完整充分把握案件、保障被追诉人合法权益有着重要作用。对于检察机关来说，《刑事诉讼法》第171条对审查起诉阶段检察机关的审查工作作出了规定，规定了一般刑事案件审查起诉阶段检察机关的主要职责。对于被追诉人的辩护人来说，在审查起诉阶段中，律师应当有效参与并对检察机关如何处理提出意见，进行协商和互动。[1] 辩护人参与在审查起诉阶段的重要性以及在我国面临的现实障碍不容忽视。如果量刑协商制度忽视辩护人的有效参与，在我国仅仅被设计成检察机关与犯罪嫌疑人的"协商"，那么，协商本身就失去了平等性和自愿性。[2]

虽然在事实上，认罪认罚从宽制度在整个刑事诉讼流程中皆适用，即在侦查、起诉、审判三阶段都可以运用，[3] 但检察机关在认罪认罚从宽制度中所起到的重要作用却在整个审查起

---

[1] 参见王敏远、顾永忠、孙长永：《刑事诉讼法三人谈：认罪认罚从宽制度中的刑事辩护》，载《中国法律评论》2020年第1期。

[2] 参见陈瑞华：《刑事诉讼的公力合作模式——量刑协商制度在中国的兴起》，载《法学论坛》2019年第4期。

[3] 参见《指导意见》第5条。

诉阶段得到彰显，例如检察机关的权利告知义务、自愿性合法性审查、认罪认罚具结书的签署、量刑建议的提出等，都昭示着审查起诉这一阶段在整个刑事诉讼流程中的核心地位。

从立法的规定和实践运行来看，审查起诉环节就是认罪认罚从宽案件的程序重心。综上，在认罪认罚从宽制度实施的大背景下，审查起诉阶段辩护权的保障更值得关注。

（二）认罪认罚从宽制度对辩护权保障的新要求

1. 保障认罪认罚自愿性

保障认罪认罚的自愿性意义重大，可以说，它构成了认罪认罚从宽制度的前提。[1] 近年来随着司法改革的逐步深入，对犯罪嫌疑人和被告人的权利有了更完整的制度保障，但短期内仍然无法完全禁止一些非法取证行为的发生。认罪认罚从宽制度强调办案效率，如果不重点把握被追诉人认罪认罚的自愿性，使得其被迫认罪，那么就有可能出现冤假错案，动摇认罪认罚从宽的制度基础。那么，自愿性的内涵、判断标准以及如何保障自愿性的实现则需要尤为关注。

（1）自愿性的内涵界定。根据《布莱克法律词典》对自愿性的解释，[2] 可以看出自愿性是一种主观心理感受。[3] 自愿性是基于自身明确认知下的主观追求，是出于自身的自由意志。对于认罪认罚从宽制度来说，其要求的自愿性应为如实供述、

---

[1] 孔冠颖：《认罪认罚自愿性判断标准及其保障》，载《国家检察官学院学报》2017年第1期。

[2] 参见《布莱克法律词典》对自愿性的解释：一种不受强迫的自愿与自由的特性。不受外界的干涉和他人的影响；自发的；自主的。

[3] 孔令勇：《被告人认罪认罚自愿性的界定及保障——基于"被告人同意理论"的分析》，载《法商研究》2019年第3期。

认可罪名与量刑、自愿签署具结书等内容。[1]

（2）自愿性保障的制度发展。《认罪认罚从宽工作办法》对认罪认罚的自愿性问题给予了重点关注，在文中通过大量篇幅叙述"自愿性"，主要体现在严格限制适用范围、知情权保障、律师帮助权保障、法定审查认罪认罚的自愿性、给予违背意愿认罪认罚的主体以救济等方面。

2018年《刑事诉讼法》的出台，对认罪认罚从宽制度作出重要修改，本次修改吸收了试点工作的成果，并且在各个程序阶段增加了自愿性审查的相关规定。具体包括，在第15条规定了自愿性与从宽处理的关系，此条将"自愿"作为制度适用的前提。在第36条规定值班律师制度，为被追诉人认罪认罚的自愿性、合法性与合理性进行证成。在强制措施一章，将自愿认罪认罚作为适用何种强制措施的重要参考因素。在第174条规定以书面形式巩固犯罪嫌疑人认罪的自愿性。[2] 在《刑事诉讼法》的其他篇幅中也或多或少体现了自愿性和自愿性保障的相关描述。

2019年《指导意见》第28条规定了适用认罪认罚从宽制度自愿性、合法性审查，[3] 另外，《指导意见》中从证明标准到被追诉人辩护权利保障等规定均体现了对自愿性保障的重视。

从《认罪认罚从宽工作办法》到2018年《刑事诉讼法》再到2019年《指导意见》的历史沿革的梳理，可以看到我国司法越来越关注对被追诉人的自愿性审查和保障，由此可见，自愿

---

[1] 王宇明：《被追诉人认罪认罚自愿性保障研究》，中国政法大学2020年硕士学位论文。

[2] 《刑事诉讼法》第174条第1款：犯罪嫌疑人自愿认罪，同意量刑建议和程序适用的，应当在辩护人或者值班律师在场的情况下签署认罪认罚具结书。

[3] 《指导意见》第1章第28条。

性保障具有重要制度化意义。

（3）自愿性保障的意义。认罪认罚的自愿性不仅关系着认罪认罚制度的正当性与顺利开展，还涉及对被追诉人的人权保护的更多关注。

无论是司法机关的全程告知义务、检察机关的审查起诉和自愿性审查、审判机关的重点审查程序、辩护权的保障与律师参与制度、被追诉人反悔权的构建等，均体现了自愿性问题的重要地位。同时，由于被追诉人自愿认罪认罚这一行为代表他同意减损或者放弃相关权利，包括辩论权、质证权等，这将极大弱化控辩双方的对抗。在适用认罪认罚从宽程序中，保障被追诉人的自愿性来弱化程序性权利的缺失对判决产生错误影响将变得极为重要。由此可见，保障自愿性前提下的认罪认罚响应了国家司法改革的倡导，有利于刑事案件的分流，为适用简易程序或速裁程序提供了正当性基础，提高了办案效率。

自愿性体现了对被追诉人人权的肯定和尊重。从人权写入宪法到尊重和保障人权以及不得强迫自证其罪写入刑事诉讼法，表明我国从宪法到基本法律层面都着重于保护被追诉人人权。由于被追诉人在面对控诉时面对的是整个国家权力，所以被追诉人的自愿性才应当得到制度上以及实践中的确切保障。在认罪认罚从宽制度中，将自愿性的保障划为司法机关的重点工作，才能体现出我国对于被追诉人人权保障的重视。

2. 保障认罪认罚知情权

（1）司法实践中权利告知现状堪忧。由上文可知，在我国司法实践中，如何保障被追诉人认罪认罚行为的自愿性以及真实性，是亟待解决的问题。笔者分析了各地关于认罪认罚从宽制度的试点实施报告，整合了各专家学者提出的意见建议，发现其中均提及应当重视权利告知问题。《人民检察院刑事诉讼规则》规定,我国检察机关在对认罪认罚案件提起公诉时应当一并移送量刑建议。[1] 在检察官告知量刑建议过程中,被告知对象应当一并了解其享有的诉讼权利,包括但不限于申请值班律师为其提供法律帮助、充分准确了解认罪认罚行为的后果,等等。但在司法实践中,很多检察官会仅仅对被追诉人送达书面《认罪认罚从宽制度告知书》,在送达时却不对其进行阐述与解释,仅以此书面文件作为检察机关对被追诉人履行告知义务的证明,这就导致了检察人员"告"而被追诉人"不知"的局面。[2] 由上文可知,审查起诉阶段在认罪认罚从宽案件中起着重要作用,而根据最高人民检察院统计数据显示,全年认罪认罚从宽制度适用率超过85%,量刑建议采纳率为95%,[3] 这说明量刑建议又在审查起诉阶段有着举足轻重的地位。因此,加强完善审查起诉阶段的权利告知义务,保障被追诉人的知情权,意义重大。

(2)完善认罪认罚从宽制度下的告知义务。在认罪认罚从宽案件流程中,辩护人的缺位可能会引起监督的脱节,而辩护人的在场是确保认罪认罚自愿性与知情权效果得以实现的前提条件。从国外经验来看,辩护律师在控辩交易中有告知义务是有效辩护的必然要求。对于我国来说,律师在维护被追诉人合法权益上的意义巨大。根据《刑事诉讼法》第37条之规定,辩护律师维护其当事人的合法权益。[4] 在认罪认罚案件中,辩护

---

[1]《人民检察院刑事诉讼规则》第274条。
[2] 林慧翔:《认罪认罚从宽制度下的告知义务》,载《江西警察学院学报》2019年第6期。
[3] 数据来源于最高人民检察院检察长张军2021年3月8日在第十三届全国人民代表大会第四次会议上所做的《最高人民检察院工作报告》。
[4]《刑事诉讼法》第37条。

律师至少要提供以下几个方面的辩护服务：向被追诉人阐明犯罪性质及可能判处的刑罚；会见、阅卷、调查取证、分析证据材料；向被追诉人解释认罪认罚的后果。对于值班律师来说，及时传达、解释量刑建议，帮助被追诉者表达意见等，皆为对被追诉人知情权的保障。

在认罪认罚从宽制度下，除了保障被追诉人认罪认罚自愿性和知情权外，还产生了一些其他新要求，例如提高检察机关量刑建议的精准化与规范化、严格证明标准、提高证明质量等。这些新要求的提出呼吁制度的进一步发展与实践的进一步完善，来确保刑事被追诉人辩护权的完整行使。

（三）认罪认罚从宽制度对控辩双方功能的影响

1. 检律关系的变化

检察机关为我国刑事诉讼构造中举足轻重的司法机关，它行使着公诉的职能。作为国家公诉机关，检察院在审查起诉阶段需要全面审查案件情况来判断是否追究以及如何追究犯罪嫌疑人的刑事责任。这要求检察机关对案件、犯罪事实进行证据审查与核实。检察机关还肩负权利保障义务和诉讼关照义务。[1] 我国《宪法》中规定"尊重和保障人权"，同时《刑事诉讼法》中也写入了这一原则。对于权利保障和诉讼关照义务，前者要求检察机关不能减损被追诉人的辩护权和其他诉讼权利，比如刑事诉讼法规定审查起诉机关在行使公诉职能时要保障其依法享有的权利；后者要求检察机关履行告知义务，关照被追诉人的权利行使。

《刑事诉讼法》第 37 条规定了辩护人的责任。《中华人民共和国律师法》（以下简称《律师法》）第 3 条也规定了任何人

---

[1] 李泉顾：《新型检律关系研究》，山东大学 2019 年硕士学位论文。

不得侵害律师依法执业。这些条文说明辩护律师承担着维护当事人的合法权益的重担。同时，辩护律师作为与控方相对抗的外部力量，以维护当事人合法权益为己任，也能维护法律的正确公正实施，在刑事诉讼活动中能充当有力的监督者的角色。

通过上文对二者职责的分析，我们看到检察官与辩护律师虽然有着不同的职责分工，但二者在价值导向上却志同道合，即维护司法公正和保障人权，确保法律的正确顺利实施。表面上看来，作为控方的检察机关仿佛与作为辩方的辩护律师水火不容，立场对立，检察官力求惩治犯罪，而辩护律师则极力维护当事人权利，但看似矛盾的对抗实际上与司法公正和保障人权的精神并不违背。二者所履行的职责不同，但双方的目标都在于还原真相、维护正义。

但是长期以来，受传统司法体制影响，我国检律双方中单方面强调检察机关公诉权的行使，导致检律双方片面进行对抗。而律师执业也是经历了很长的历史发展才完成从不被认可到国家法律工作者、社会法律服务者再到当事人合法权益的维护者的角色转变。在这期间，控辩双方的对抗贯穿始终，影响了我国的司法和谐与办案效率。我国传统检律关系一直以来存在困境，包括但不限于律师权益无法保障、检律沟通并不顺畅、检律双方力量不对等[1]等方面。

传统检律关系存在诸多弊端，限制了我国刑事司法的良性发展。近年来，随着《刑事诉讼法》的修改与完善，以及认罪认罚从宽制度的确立和发展、《中华人民共和国检察官法》《律师法》的出台修改等，使得建立新型良性的控辩双方关系成为趋势。在认罪认罚案件中，辩护律师的工作重心将转移到审查

---

[1] 李泉顾：《新型检律关系研究》，山东大学 2019 年硕士学位论文。

起诉阶段。在认罪认罚从宽制度的大背景下,进一步加强保障律师辩护权利的行使,这不仅包括落实律师的各项辩护权利,更重要的是加强对被追诉人权利的保护。

在认罪认罚从宽程序中,检察机关的主导地位已成必然,[1] 控辩双方对抗与合作的二元诉讼模式基本形成。[2] 这种主导地位不仅不会阻碍控辩双方的友好协商,而且将保障认罪认罚沟通协商的充分与自愿。[3] 毫无疑问,为了实现认罪认罚从宽制度的立法目的,应当审慎处理控辩双方的关系,正视保障辩护权利的诉求,加强辩护律师在审查起诉阶段的有效参与的制度保障的重要性不言而喻。

2. 对辩护权保障的功能影响

在我国控辩审三方组成的刑事诉讼构造下,检察机关代表着公权力一方,辩护律师一方则代表着刑事被追诉人。与以公权力为盾的检察机关对比下,仅代表个人的辩护方则显得力量单薄。在此情形下,为了彰显现代法治公平正义、保障人权的目标,法律会不断赋予辩方更多的权利。不仅是会赋予被追诉人更多的权利,也同样会赋予辩护律师更多权利,以保障辩方可以更加充分地维护当事人的合法权利,使其免受公权力的侵扰,制约控方以实现双方的平等对抗。刑事诉讼法历经多次修改并出台相关司法解释,在每一次修改中都注重体现完善辩方权利。例如,对辩护律师在行使辩护权时相关权利受到的侵害

---

[1] 汪海燕:《认罪认罚从宽制度中的检察机关主导责任》,载《中国刑事法杂志》2019年第6期。

[2] 曹东:《论检察机关在认罪认罚从宽制度中的主导作用》,载《中国刑事法杂志》2019年第3期。

[3] 汪海燕:《认罪认罚从宽制度中的检察机关主导责任》,载《中国刑事法杂志》2019年第6期。

给予救济。在每一次法律修改完善后，辩护权保障的功能将会更加完善合理。

二、审查起诉阶段辩护权保障的现实分析

(一) 辩护权保障的现状

2016年《认罪认罚从宽工作办法》出台，在我国部分地区开展刑事案件认罪认罚从宽制度试点工作。在此过程中，实务专家的调查研究多涉及认罪认罚案件在审查起诉阶段被追诉人的辩护问题。2018年，认罪认罚从宽制度在修正后的《刑事诉讼法》中得到正式确立和全面推广。《指导意见》的发布又对该制度进行进一步补充与完善。因此，认罪认罚从宽制度在实务中积攒了很多珍贵经验。

对于检察机关办案的司法实践，在理想状态下，相比于普通刑事案件的审查起诉阶段，在认罪认罚案件中，检察机关不仅要履行审阅、告知、核实这些基础工作，还需要履行提出量刑建议、审查认罪认罚自愿性、签署认罪认罚具结书等工作，工作任务加重。这些压力一部分来源于与被追诉方协商工作，一部分来源于精准量刑建议工作。[1] 检察机关与被追诉方的协商过程有一套完整的流程。[2]

在此基础上，在法庭上，检察机关则主要向法庭证明被告人认罪认罚的自愿性以及控辩双方合意的真实性。这就取代了

---

[1] 叶雨露：《认罪认罚从宽制度的运行现状、问题与完善研究》，浙江工商大学2020年硕士学位论文。

[2] 在与被追诉人进行认罪认罚协商过程中，检察机关在对案件量刑形成初步意见后，需要召集犯罪嫌疑人、辩护律师或者值班律师来进行认罪认罚协商，征求并听取律师意见。在签署认罪认罚具结书等流程中，辩护律师或者值班律师应当在场，为犯罪嫌疑人、被追诉人的自愿性作见证。如果辩护律师或值班律师提出留存具结书需求的，可以提供一份由其留存。在认罪认罚案件中，控辩双方就是否犯罪、定罪量刑、案件处理等问题上达成合意。

第六章　刑事诉讼程序中权利的保障

传统的双方互驳过程，提高了法庭的审理效率。在这一环节中，可以看到辩护律师在审查起诉阶段的参与度得到了很大提高。

在试点工作开展前，有学者经过调研得出结论，以北京、湖南、江苏、新疆的基层法院为例，这四地的刑事案件在2013年至2014年间的平均律师辩护率仅为20.17%，[1] 可以说，与2012年《刑事诉讼法》修改之前的辩护率相比并没有实质性的提升，[2] 在实务案件中律师对当事人的帮助仍然被忽视。认罪认罚从宽制度推行前的辩护率过低。而在认罪认罚从宽制度的试点工作中，大部分被追诉人在认罪认罚制度中未聘请律师，虽形式上有值班律师提供帮助，但实质上并不会获得过多法律帮助，自身权益得不到有效维护。[3] 实际调研中发现，审查起诉阶段几乎没有法律援助律师参与。在某些地区的司法实践中，有《法律援助条例》仅授权法院指定辩护人，对于审查起诉阶段的检察院来说，无法可依去落实被追诉人的法援需求。且律师缺席认罪认罚协商的现象远非个例，值班律师的实质法律帮助微乎其微。[4] 由此可见，认罪认罚从宽制度的试点工作也暴露出了一些问题。

那么，在试点工作结束之后乃至2018年《刑事诉讼法》和2019年《指导意见》出台之后的这段时间中，对于辩护权的保

---

[1] 蒋宏敏等：《刑事案件律师辩护率及辩护意见采纳情况实证研究（上）——以四省（区、市）1203份判决书为研究对象》，载《中国律师》2016年第11期。

[2] 顾永忠、肖沛权：《"完善认罪认罚从宽制度"的亲历观察与思考、建议——基于福清市等地刑事速裁程序中认罪认罚从宽制度的调研》，载《法治研究》2017年第1期。

[3] 周培等：《认罪认罚协商制度在检察环节实践问题研究》，载《法制与经济》2019年第10期。

[4] 王飞：《论认罪认罚协商机制的构建——对认罪认罚从宽制度试点中的问题的检讨与反思》，载《政治与法律》2018年第9期。

障有没有实质提高呢？

本书将以认罪认罚从宽制度在Y市检察系统运行的基本样貌为例，[1]分析在认罪认罚从宽制度全面铺展开之后的司法实践现状。截止到2019年11月，认罪认罚从宽制度的司法实践已经在该市全面展开。其中，案件在审查起诉阶段具结1021人，其中744人具有值班律师在场见证，占比约73%；指定辩护和委托辩护分别为71人和206人，辩护律师辩护占比约为27%（包括指定辩护），其中法律援助占比约80%，委托辩护占比约20%。由上述数据可以看出，尽管各检察院都在积极推行该制度，但辩护的整体适用率不算高。截至调研结束，认罪认罚从宽制度正式入法已经一年，整体辩护率在Y市检察系统的适用占比数据不够理想。

根据调研数据可得出结论，在该市的司法实践中，审查起诉环节被追诉人的辩护权得到了形式上的保障，但辩护效果欠佳，即有效辩护率较低。在Y市办理认罪认罚从宽案件的过程中，刑事诉讼法中规定的律师见证具结制度基本得到了落实，在被追诉人签署认罪认罚具结书的过程中，能够保证律师的在场。不过，值班律师还是主要的见证人，辩护律师的辩护占比（包括一定比例的指定辩护）不到三成。我们知道，委托辩护的辩护效果高于指定辩护、高于值班律师，在这种情况下，被追诉人的有效辩护得不到满足。根据调研报告可知，大部分值班律师工作连班倒，在去见证被追诉人签署认罪认罚具结书之前都没有阅卷和会见当事人，有些值班律师甚至是接到临时通知到场见证，这样一来，值班律师发挥的作用仅仅是"见证"了。

---

[1] 贺江华：《"认罪认罚从宽"的检察应对——基于Y市检察系统的实证研究》，载《三峡大学学报（人文社会科学版）》2020年第5期。

刑事诉讼法规定，值班律师的存在是帮助当事人真正了解案情、明确后果、保障自愿性、提供其他法律帮助，但显然在 Y 市的司法实践中，很多值班律师并没有真正发挥该作用。当前的实践可以说仅仅从形式上保障了被追诉人的辩护权，但实质上真正的辩护效果并没有达到。

（二）辩护权保障存在的问题及其原因分析

1. 自愿性审查机制不足

自愿性保障是认罪认罚从宽制度的实施核心。从试点工作的开展到认罪认罚从宽制度的全面展开，自愿性的保障始终处于重中之重的地位。根据我国《刑事诉讼法》第 190 条之规定，司法机关对于具结书内容的真实性合法性自愿性进行审查。[1]但尚未有明确的审查实施细则。学者调研结论显示，司法实践中被追诉人认罪基本可以被囊括进三种情况：一是真诚悔罪、自愿服法；二是基于利益权衡认罪；三是在威逼利诱等非法手段下非自愿认罪。自愿性审查机制应当将第三种情况准确摘除、坚决杜绝此类现象发生。但是，现行的审查机制方式流程较为简单，无法真正保障认罪认罚是出于真实意愿。具体来说，检察官通过阅卷、讯问的方式判断其主观意图，再口头讯问被追诉人认罪认罚是否为其内心真实想法，若得到肯定回答，检察官就视其具备自愿性。但事实上，第三种被迫认罪认罚的情况并不能仅依靠口头询问就轻易排除，具体的程序设计仍然十分必要。[2]

---

[1] 《刑事诉讼法》第 190 条。
[2] 叶雨露：《认罪认罚从宽制度的运行现状、问题与完善研究》，浙江工商大学 2020 年硕士学位论文。

2. 律师刑事辩护率过低

在我国，律师刑事辩护率覆盖严重不足，全国范围看，刑事案件律师辩护率目前不超过30%，有的省甚至只有12%。[1]

有学者调研结果显示，就我国的刑事辩护率各项数据显示，我国不同地区委托辩护率差异明显，安徽、天津、上海等地委托辩护率最高，新疆、云南等地的辩护率则位于全国末端。[2]这表明我国的律师刑事辩护率地区差异明显。由于大部分认罪认罚案件缺乏律师辩护，这成为认罪认罚从宽案件中检察官居主导地位以及犯罪嫌疑人、被告人地位过于弱势的直接原因。[3]

3. 值班律师制度流于形式

法律规定，犯罪嫌疑人、被告人依法享有获得法律帮助权等救济性权利。事实上，有学者经过调研，[4] 在某市法院受理的刑事案件中，被告人普遍胸无点墨。[5] 毋庸置疑，对于这些被追诉人来说，缺乏基本的法律知识，有些犯罪嫌疑人甚至无法有效理解认罪认罚从宽制度本身。因此，为犯罪嫌疑人、被追诉人提供必要法定法律帮助对于保障被追诉人合法权利不可

---

[1] 龙宗智：《完善认罪认罚从宽制度的关键是控辩平衡》，载《环球法律评论》2020年第2期。

[2] 涂龙科、吕雨桐：《刑事辩护率影响因素的实证研究》，载《上海政法学院学报（法治论丛）》2020年第6期。

[3] 龙宗智：《完善认罪认罚从宽制度的关键是控辩平衡》，载《环球法律评论》2020年第2期。

[4] 郑敏等：《刑事速裁程序量刑协商制度若干问题研究——基于福建省福清市人民法院试点观察》，载《法律适用》2016年第4期。

[5] 据统计资料显示，在某市法院受理的刑事速裁程序案件中，被告人文化程度普遍不高，文盲、小学中学文化占比高达98%以上，大专以上文化程度仅占比1.3%。

第六章 刑事诉讼程序中权利的保障

或缺。司法实践中，委托辩护的比例不高，所以值班律师制度的确立和实施对于认罪认罚从宽制度的开展有着重要意义。但目前而言，在实践中暴露出来的问题如下：

（1）值班律师权利受限，沦为认罪认罚的形式见证人。根据《刑事诉讼法》第36条、第173条、第174条对值班律师相关职责的规定，值班律师的职能有限，仅有向被追诉人提供法律咨询、意见建议、在场认证等职能。就上述职能可以看出，值班律师主要负责审判前工作的部分工作。从以上相关法律条文分析看出，值班律师只对被追诉人提供非常有限的法律帮助，在现有法律及相关法律文件规定的情况下，不享有辩护律师的身份及相应权利，因此不能承担出庭辩护等关键职责。而值班律师在不享有这些关键职责的情况下，为被追诉人提供法律帮助就具有未知全貌的风险，很容易陷入形式意义大于实际意义的怪圈中。

（2）值班律师参与意愿低、"案多人少"的现实困境。实务工作开展中，值班律师很容易面临补贴偏少、动力不足的困境。虽然值班律师拥有财政补贴，并不是无偿为当事人提供法律服务，但补贴微薄，值班律师没有经济上的激励去实施帮助。正因如此，实践中大部分被安排到值班律师工作站值班的都是缺乏实战经验的年轻律师。[1] 另外，由于认罪认罚从宽案件程序快捷简便得到全面推广应用，对于值班律师的需求相应地也会大幅提高。然而，我国当前职业律师队伍不够壮大，尤其是刑辩律师数量更少，面对日益增长的法律帮助要求，值班律师"案多人少"、负担加重，律师资源无法匹配办案需要。且目前

---

[1] 陈雪艳：《刑事司法改革背景下值班律师制度的研究》，广西师范大学2019年硕士学位论文。

法律尚未对值班律师群体施以具体的监督管理办法，值班律师的勤勉义务确实难以把握。若无法保证值班律师的法律帮助质量，则这一制度又流于形式，被追诉人的法律帮助请求难以满足，合法权益无法保障。

4. 检察官思想认知不足、控辩协商不对等

在认罪认罚从宽制度中，审查起诉阶段的控辩协商处于中枢位置。立法精神为实现尊重检察机关量刑建议权与辩方行使辩护权的有机统一。但认罪认罚从宽制度毕竟是一种较新的办案方式，也是一种需要时间才能达到全面理解应用的新的刑事司法模式。就审查起诉环节而言，就存在着一线检察官缺乏对认罪认罚从宽制度的全面认知、缺乏协商性司法理念、对主导地位和责任认识不足等问题。

（1）检察官缺乏协商性司法理念，对控辩协商缺乏认知。认罪认罚从宽制度在发展过程中出现了许多问题，有些没有落实、亟待解决，例如对协商性司法、控辩平等理念宣传教育不够到位，基层许多检察官缺乏协商性司法的理念。最高人民检察院多次强调认罪认罚从宽制度的量刑协商属性，强调控方需要正视与辩方的协商和沟通，这是法律确立的检察官的义务。但是，实践中许多检察官对量刑协商这一做法不够理解，甚至存在抵触心理。[1] 表现在，有些检察官在提出量刑建议或者出具认罪认罚具结书样本之前没有和辩方沟通，没有听辩方意见，一些检察官存在"辩护律师没有权利和检察机关讨价还价""讨价还价就是不认罪认罚"这样的错误认知。部分案件都是检察官直接拿出量刑建议，然后告诉被追诉人一方，甚至不容辩方

---

[1] 贺江华：《"认罪认罚从宽"的检察应对——基于 Y 市检察系统的实证研究》，载《三峡大学学报（人文社会科学版）》2020 年第 5 期。

第六章 刑事诉讼程序中权利的保障

质疑,显然实践中这种做法不仅使被追诉人的辩护权利得不到保障,还会侵蚀认罪认罚从宽的制度根基。

(2)检察机关对其主导地位和责任认知不足。由上文分析可知,在认罪认罚从宽制度中,检察机关发挥主导作用。检察机关在这种主导作用下担负着更多的责任与义务。该主导作用带来的责任与义务是多方面的,它不仅要求检察官们有强大的控诉能力,也需要检察官高效做好刑事诉讼过程中控辩双方的工作。比如主动对被追诉人进行教育工作、积极进行控辩双方的沟通协作。在检察机关担负更多责任的今天,如果检察官自身都没有对这一责任有着清晰的认识,而仅仅只照本宣科地适用认罪认罚从宽制度,僵硬地走流程,没有站在主导地位去办理案件,那么认罪认罚从宽制度将实效甚微,被追诉人的辩护权利的保障也将得不到实质提高。

三、审查起诉阶段辩护权的保障机制

(一)严格审查认罪认罚自愿性、保证知情权

1. 保证自愿性

(1)不得强迫被追诉人自证其罪。一般来说,我们很难准确判定一个人的主观意志与真实意愿。如何清楚准确地判断被追诉人是否了解检察机关对其指控的性质,或者是否明知认罪的后果,我们可以通过对审查起诉机关赋予审查、告知义务,通过有效加强辩护律师的参与度来判断被追诉人的真实意愿,从而达到司法机关追求的目标。

《刑事诉讼法》第52条规定不得强迫任何人证实自己有罪,明确了被告人享有不被强迫自证其罪的权利。这在一定程度上保障了当事人的沉默权,也就是说,司法机关不得强迫犯罪嫌

— 281 —

疑人、被告人作出自我归罪的供述。[1] 这说明在刑事诉讼程序中，被追诉人享有认罪与不认罪的自由，且在拥有不认罪的自由下，任何机关不得强迫被追诉人作有罪供述。自由之下，才有认罪的自愿。

（2）自愿性保障与律师辩护。强制辩护与有效辩护的引入问题。认罪认罚的案件无论从实体还是从程序上都意味着犯罪嫌疑人和被告人的权利减损。因此，程序设计者必须要将减损的权利降至最低，以保证当事人是自愿接受这种减损。而强化辩护律师在这一过程中的有效帮助，能够弥补当事人在身份、信息、法律专业知识方面的劣势，帮助其获得全面准确信息、理智权衡利弊、自愿作出选择。

笔者建议可以逐步推行认罪认罚从宽案件中的重罪案件强制辩护制度，以在顾及司法资源的情况下对犯罪嫌疑人和被告人的权利保障发挥最大作用。

有效辩护的问题也较为复杂。有效辩护的概念来自美国，美国联邦最高法院在判例中首先确立了无效辩护的标准，即辩护人提供有缺陷的辩护导致当事人遭遇不公平审判。通过倒推，有效辩护的概念随之而出。[2] 该制度的确立力求律师重视对当事人提供辩护服务的有效性。美国同时确立了无效辩护的救济制度。但是法院一般对无效辩护进行被动审查，由被追诉人进行申请，证明辩护律师为自己提供了无效辩护，再由法院进行

---

[1] 孔冠颖:《认罪认罚自愿性判断标准及其保障》，载《国家检察官学院学报》2017年第1期。

[2] 梁加森:《认罪认罚从宽制度下律师有效辩护研究》，西北民族大学2020年硕士学位论文。

随附审查。[1] 美国关于无效辩护的救济对被追诉人十分不利，这也是有效辩护制度中的一个弊端，因此我国在探索建立有效辩护制度的过程中应规避该弊端。

在认罪案件中，律师辩护的切入点较普通案件要少，这就导致律师的作用难以完全发挥，有流于形式的风险。但这并不足以成为律师辩护不力的理由。所以，律师对认罪认罚案件当事人辩护，除了应当进行尽心负责的辩护、积极参与协商沟通，还应当注重认罪认罚案件核心内容的辩护从而确保当事人认罪的自愿性，在与检方量刑协商的过程中获取更有利的量刑建议，此处本书只讨论对当事人自愿性保障的问题。

辩护质量的提高在认罪认罚从宽案件中无疑是一个不可回避的问题，尤其是在当前我国刑事司法活动中辩护质量够不高的情况下。《律师法》规定了律师的一系列不当行为的惩戒，但并未将律师在提供辩护服务中因不负责导致辩护质量不高的情形纳入。因此，对于实践中可能出现的因为辩护律师进行辩护活动时不负责任导致犯罪嫌疑人、被告人因为非自愿认罪认罚而受到不当审判的情形，依旧无法可依。在这种情况下，完善对律师辩护效果的监督惩戒机制变得尤为重要。因此，笔者呼吁相关部门完善律师在认罪认罚案件中为被追诉人辩护质量的监督机制，包括评价辩护律师和值班律师的辩护行为以及帮助行为是否尽责，视情况予以警告或惩戒，以从制度层面解决律师服务质量低的问题，从而有损当事人的辩护质量，难以保证当事人在程序中权利不被减损的情形。

---

[1] 梁加森：《认罪认罚从宽制度下律师有效辩护研究》，西北民族大学2020年硕士学位论文。

2. 保证知情权、履行告知义务

（1）明确权利告知的义务主体，强化审查起诉阶段检察机关的告知义务。明确告知主体是履行告知义务的前提。从《刑事诉讼法》《指导意见》等法律文件中可以知道公安机关、人民检察院、人民法院、辩护人和值班律师都负有告知义务。[1] 在审查起诉阶段，明确规定由检察院履行告知义务。具体来说，检察机关在对被追诉人履行告知义务的时候要充分释明。对被指控的罪名、犯罪嫌疑人以及被告人拥有的选择认不认罪的权利、量刑建议的考虑因素、认罪认罚后可能的从宽结果等要充分告知当事人。因为在认罪认罚从宽案件中，检察机关在案件的处理方式以及处理结果上实际上处于主导地位，检察机关出具的认罪认罚具结书极有可能成为最后的审判结果，因此告知应抓住实体与程序两个重点。为了便于审查检察机关告知义务的履行情况，建议可以通过录音录像的方式进行记录，对不履行告知义务的工作人员采取一定的惩戒措施。[2]

（2）辩护律师的告知义务。从国外经验来看，有效辩护原则要求辩护律师在辩诉交易中履行告知义务。美国联邦最高法院在案例中确立了辩护律师失职未告知以及错误告知都属于无效辩护事由。[3] 就我国而言，法律尚未规定辩护律师的告知义务。但由于现阶段我国辩护律师辩护处境暂无制度保障，通过对辩护律师无效辩护的规定来倒逼其提高辩护效率是不现实的。

---

[1] 张钰莹：《论认罪认罚中的有效告知》，载《黑龙江省政法管理干部学院学报》2021年第1期。

[2] 梁加森：《认罪认罚从宽制度下律师有效辩护研究》，西北民族大学2020年硕士学位论文。

[3] 祁建建：《美国辩诉交易中的有效辩护权》，载《比较法研究》2015年第6期。

但在我国认罪认罚从宽制度建设的背景下,辩护律师在履行辩护职责中向犯罪嫌疑人、被告人释明案件、解释后果对于保障当事人的合法权利有着十分重要的作用。

(3) 扩大告知范围。具体来说,明确对证据的告知、对机关内部量刑指南的告知对保障被追诉人的辩护权利有着重要作用。《刑事诉讼法》第 55 条强调了证据的重要性。在认罪认罚从宽案件中,即使程序简化,也不能忽视证据的重要性,审查起诉阶段证据开示制度需要确立并完善。另外,量刑指南具体到各地司法机关都有着些细微的差别,从辩护律师的角度来考虑,司法机关告知量刑指导意见,将对辩护律师的工作开展起到很大作用。

(二) 充分发挥律师在审查起诉阶段的帮助作用

认罪认罚从宽制度中辩护人的参与极其重要,并且有其特殊性。在认罪认罚案件中,辩护人要为被追诉人起到把关、保障和协助的作用。在审查起诉阶段中,辩护律师应当有效参与并对检察机关如何处理案件提出意见,进行协商和互动。检察机关提出的量刑建议应当是在检律双方充分协商的基础上作出的,而不是检察机关单方面提出而被追诉人被动接受的结果。如果在我国的认罪认罚从宽制度中,认罪协商阶段缺乏专业辩护律师的有效参与,认罪协商将在失去自愿性与平等性。[1]

认罪协商机制的合法性前提是保证被追诉人有权获得专业的律师辩护。每个人都应当有专业辩护律师为其辩护,除非被追诉人明确拒绝律师帮助。并且,检察机关需要在被追诉人自身无法委托律师的情况下指派律师为其担任辩护人。在国家机

---

[1] 陈瑞华:《刑事诉讼的公力合作模式——量刑协商制度在中国的兴起》,载《法学论坛》2019 年第 4 期。

关面前，被追诉人天然处于一种弱势地位，而被追诉人非自愿性认罪的可能性将会在专业律师的帮助下大幅减少。辩护律师为当事人提供专业法律服务，在一定程度上帮助当事人削减来自公权力机关的压力，让被追诉人可以充分考虑决定认罪认罚与否。由上文分析可知，当前我国的刑事律师辩护率还比较低，这影响了刑事案件中犯罪行为人的权利保护。为了保障辩护权，必须充分发挥律师在审查起诉阶段的帮助作用。

为了真正使被追诉人获得有效的辩护权保障，不仅要保证律师刑事辩护率的大幅提高，还要保证律师提供有效辩护。为了实现审查起诉阶段中的控辩平衡，律师辩护应当成为认罪认罚从宽协商程序的"标配"。

（1）重罪试行强制性律师辩护。对于重罪案件的辩护不能因为被追诉人不需要辩护人的意愿而放弃。这一设想不仅是受德国强制辩护制度的启发，也因为我国的司法实践。目前在我国，由于司法资源现状不足，引入所有认罪认罚从宽案件强制辩护制度是不现实的，而推行对重罪案件引入强制律师辩护制度，尝试保障重罪案件律师在场权，在一定程度上节约了司法资源，也是逐步尝试强制辩护制度的开端。在我国，具有严重社会危害性的犯罪最高可判无期徒刑或死刑。这类案件往往社会关注度高、犯罪情节复杂，被追诉人面对自身自由及生命被剥夺的可能性时，极为需要专业律师的辩护。我国可以逐步借鉴域外关于强制辩护的做法，赋予重罪被追诉人选择辩护人的权利，在法律援助中对重罪案件有所倾斜，选择实战经验较为丰富的资深律师为其辩护。

（2）在审查起诉阶段，保证认罪认罚具结书的签署必须有辩护律师或者值班律师在场，以防止检察机关利用地位优势诱导被追诉人非自愿接受认罪条件。[1] 明确认罪认罚具结书的签署前提，在律师没有会见、阅卷、协商的前提下签署无效。在别国刑事诉讼程序中，例如德国，辩护律师有权查阅检察官案卷并评估，再告知被追诉人以预估认罪的优势，这是辩方自由的合意过程。[2] 在我国，如果认罪认罚从宽案件将来出现差错，在具结书上签字的辩护人也要承担相对应的过错责任。

（3）理论上，要保证有效辩护就要保证有辩护律师的辩护，而非值班律师的见证和法律帮助。因为值班律师不可能达到像辩护律师同样水准的辩护效果，这就要求律师刑事辩护全覆盖。除了目前我国《刑事诉讼法》规定的法定辩护之外，认罪认罚从宽案件也应该考虑成为提供法律援助律师的优先案件。但是，受司法资源和现实情况所限，在我国实现刑事辩护全覆盖还有很长一段距离需要走，目前值班律师的支持是必不可少的。我国目前已经出台《法律援助值班律师工作办法》（以下简称《办法》），值班律师的法律帮助工作有了制度支持。相信日后还会有更加细致的实施办法出台，以保证所有辩护人群体能够为被追诉人提供有效的辩护权保障。

（三）完善有效的值班律师机制

上文说到，值班律师制度在实施过程中出现了一些问题，实践中出现许多"无法可依"的情况，而在此背景下，2020年8月《办法》发布，对值班律师制度进行了更加细致具体的设计。该办法的出台可以回应实务工作中出现的值班律师制度无

---

[1] 梁加森：《认罪认罚从宽制度下律师有效辩护研究》，西北民族大学2020年硕士学位论文。

[2] [德] 约阿希姆·赫尔曼：《德国刑事诉讼程序中的协商》，王世洲译，《环球法律评论》2001年第4期。

法可依的情况。《办法》的制定与实施，回应了值班律师团队在司法实践中的困境，通过细化相关条款，显示出了很多制度亮点：一是对值班律师的工作职责作出了更加详细的规定，为值班律师开展工作提供了较为全面的行动指南。[1] 二是明确了值班律师可以向检察院提出意见的情形。三是保证了值班律师见证认罪认罚具结书签署不再浮于表面。四是优化了值班律师的工作流程与工作保障。[2]《办法》中值班律师享有的三项非常重要的权利分别是会见权、阅卷权、提出意见权。有学者指出，《办法》的出台，有助于进一步保障被追诉人的辩护权利，为今后法律援助与值班律师制度的工作开展夯实基础。虽然相对于辩护律师来说，值班律师享有的权利范围仍比较小，值班律师的权利提升仍有一定的空间，但该《办法》在理论上解决了值班律师在提供法律帮助实践时遇到的一些无法可依的难题。

《办法》出台不久，实施效果仍需放到司法实践中去检验。从理论完整性角度来说，《刑事诉讼法》《指导意见》《办法》中对于值班律师的未来职责的充实发展尚留有余地，还需要在司法实践中进行循环往复地检验，以发现问题继而解决问题。针对《办法》中一些仍较笼统的表述，本书也试图从理论的角度给予值班律师制度一些完善建议：

（1）制定统一标准的值班律师工作经费制度，提高值班律师工资待遇，保障值班律师的报酬相对平衡，建立激励机制，为值班律师提供高效的服务提供动力。在各项职业收入水平中，律师属于高收入的职业种类，私人代理案件经济收益非常可观。但是现实中被派驻的值班律师的补助经费却与个人接案的律师

---

[1]《办法》第 6~11 条。
[2]《办法》第 12~34 条。

收入相差甚远。就目前我国的司法实践来看，政府给予法律援助律师的经费还比较少。在2019年《关于完善法律援助补贴标准的指导意见》发布之后，法律援助案件补贴数额才有了一定提升。但是，补贴数额即使提升也与委托辩护案费用相差甚远，并且全国各地区之间补贴数额存在差距。出于利益的考虑，值班律师可能压缩对认罪认罚从宽案件提供法律帮助者的工作时间，不利于当事人的权利维护。提高待遇、激励机制将会很好地解决可能出现的问题。另外，由于法律援助的公益性质以及政府的财政压力，值班律师的补贴不可能完全看齐个人案件代理的收入。在这种情况下，可以参照实践中有些地区的实际做法，在合理提高值班律师经费补贴的基础上，适当为优秀的法律援助案例提供奖金。

（2）提高值班律师准入资格，开展教育培训，定期考评。完善值班律师的资格准入机制，可以从源头提高律师辩护的有效性。可以通过国家财政支持，设置法律职业培训的机制，并设置律师考试合格准入机制。律师可以选择免费参加培训，在国家财政支持下通过学习提高自己业务能力。在成绩合格符合准入条件后，有义务担任一定时长的值班律师，为被追诉人提供法律帮助，这样可以从整体上提高值班律师的法律服务水平，对保障被追诉人的辩护权利大有裨益。

（四）建立有效的量刑协商机制

由上文可知，实践中造成量刑协商不充分的原因主要是检察机关工作人员协商意识不到位、被追诉人缺乏有效的法律帮助。为了解决量刑协商不充分的问题，本书提出以下建议：

1. 在认罪认罚从宽制度下细化量刑协商的具体制度

由于《指导意见》规定仍然过于笼统，只规定检察院在与被追诉人以及辩护人、值班律师协商达成一致的时间是在检察院向法院提出量刑建议之前,但是对于机制、场合、如何对量刑意见达成一致等细节问题并没有作出规定。2020年11月,《关于规范量刑程序若干问题的意见》发布并施行,该量刑意见立足于量刑规范化改革背景,以促进量刑公开公正为目标,进一步明确了刑事被追诉人的诉讼权利保障,让被追诉人参与到量刑当中来,可以提出量刑意见。但对于其中的细节性问题规定仍然笼统,还需进一步地规范。因此本书建议,首先,明确协商的基本前提是自愿性;其次,要明确检察机关的提前告知义务;最后,可以赋予辩护律师或者值班律师代替被追诉人发言的权利。对于最后一点,由于在量刑协商中,被追诉人因自身专业知识点缺乏无法顺畅发表意见,可能对协商结果产生不利影响。而辩护律师作为被追诉人法律上最有力的帮助者,能够利用其专业素养防止不利影响的产生。

2. 探索建立证据开示制度

证据开示制度在域外一些国家已经发展为较成熟的证据制度,《美国法律词典》将其解释为案件处理过程中一方将有关证据向另一方的显示。[1] 域外有相关学者研究成果表明,在控辩协商的制度下,如果没有证据开示制度,被追诉人及其辩护人则会陷入轻易被控方说服而进行有罪答辩的怪圈中。在无证据开示的条件下,辩方会轻易相信自己不进行有罪答辩会陷入更不利的困境,从而被诱导自愿认罪,即使被追诉人可能在实际上是无辜的。[2] 另外,在对抗式诉讼模式下,某些个案中辩护

---

[1] [美]彼得·G. 伦斯特洛姆编:《美国法律词典》,贺卫方等译,中国政法大学出版社1998年版。

[2] 郭烁:《认罪认罚背景下屈从型自愿的防范——以确立供述失权规则为例》,载《法商研究》2020年第6期。

第六章 刑事诉讼程序中权利的保障

律师为了在庭审之上给当事人获取最大利益，采取"证据突袭"的辩护手段。这种辩护手段虽具有一定合理性，但无疑造成一定程度上的司法资源浪费，使得控方的庭前准备工作变得没有意义。再者，即使事实上无罪之人被迫认罪的风险微乎其微、辩方证据突袭的概率极低，完整的证据开示也可以大大提高协商行为的准确与安全性，使得最终的量刑协商结果更接近于公平正义。由此可见，证据开示制度的构设对于检察机关或是被追诉人任何一方都有非常大的益处。

在我国的认罪认罚从宽制度构建过程中，《指导意见》中规定了检察院可探索建立证据开示制度，说明了立法者已经意识到仅仅向犯罪嫌疑人、被追诉人"告知"权利的局限性以及证据开示的意义。然而条文中只用了"可以""探索"等模糊性字眼，没有较清晰的规定。而2019年12月公布施行的《人民检察院刑事诉讼规则》中关于认罪认罚案件中检察机关的告知内容，仅限于"犯罪嫌疑人享有的诉讼权利和认罪认罚的法律规定"，并没有对证据开示制度作出进一步的阐明和规范。由于我国的刑事诉讼的律师辩护全覆盖还有一个过程，在认罪认罚从宽案件中，在犯罪嫌疑人、辩护人没有辩护律师只有值班律师的情况下，应当推行控诉证据向犯罪嫌疑人、被追诉人开示的制度。但由于刑事诉讼法中对当事人的证据知悉权缺乏规范，并且在律师资源不足、控辩双方实力失衡的情况下，检察机关向辩方当事人出示证据，对控辩双方的力量平衡也有一定好处。因此，后续的立法工作中，证据开示制度依旧是一块值得探讨的地方，有关部门也应当在《指导意见》的指导下开展证据开示的实践探索工作。

在我国认罪认罚从宽制度的构建过程中，检方处于主导地位，在对于证据的控制上占据上风，而刑事被追诉人认罪认罚的自愿性则以对证据材料的知悉作为依托,以达成信息上的对等。所以要探索构建证据开示制度,本书建议借鉴"双向开示"模式。[1]证据开示的主体为控方和辩方两方,以此保证双方在证据信息上有同等的知情权。在证据开示制度的构建中,辩护律师将会发挥至关重要的作用,专业辩护律师的有效保障将会补足刑事被追诉人不平等地位的缺失。从案件移送审查起诉之日起,检察机关就实际上负担了证据开示的运行。另外,在完整的证据开示制度运行过程中,对于违反开示的救济途径也要开展探索。本书中笔者建议若控方违背证据开示制度,辩方可以向上一级检察院进行申诉,或以拒绝履行自身开示义务的方式进行对抗。[2]

证据开示制度的建立是为弥补被追诉方天然地位的不平等。制度的构建过程并非一蹴而就,需要在司法实践中反复尝试不断总结,才能够臻于完善,为我国的司法改革不断注入力量。

第三节 外逃贪腐人员缺席审判案件中律师辩护权的保障*

随着反腐败工作的深入推进,2018年《刑事诉讼法》修正正式增设刑事缺席审程序可谓具有一定的时代意义,标志着我

---

〔1〕 在英国,其开示主体采取的是"双向开示"模式,控诉的一方有首次证据开示和继续开示的义务,辩护的一方有在法庭开庭审理前提交其辩护陈述的义务。

〔2〕 卢少锋、李梦珂:《认罪认罚视野下证据开示制度的实践路径新探——以我国刑事程序"繁简分流"为视角》,载《常州大学学报(社会科学版)》2021年第1期。

* 与张嘉驿合作,有改动。

国刑事诉讼审判程序的进一步完善。刑事缺席审判确立的主要目的是针对"贪污贿赂犯罪"被追诉人外逃现象,以加大打击腐败犯罪和国际追逃追赃的力度。

一、外逃贪腐人员缺席审判案件中律师辩护权保障的价值

从 2018 年《刑事诉讼法》相关规定、国内已有的相关理论研究以及国际上通行的有关做法来看,在外逃贪腐人员缺席审判案件中保障律师的辩护权,不仅能够直接有效解决该制度所面临的质疑,同时也能够切实保障该制度在实践中能顺利落实,实现国际追逃追赃的有效性,维护司法的权威性。具体而言,在外逃贪腐人员缺席审判案件中保障律师的辩护权具有以下几方面的价值。

(一)保证程序的正当性

中国古代诉讼自古以来就有"两造具备,师听五辞"的刑事诉讼构造模式。在现代刑事诉讼结构中,无论是英美法系的当事人主义刑事诉讼构造模式,还是大陆法系的职权主义刑事诉讼构造模式,都强调控辩双方的参与。我国现行基本诉讼构造模式是控审分离、控辩双方平等对抗、法官居中裁判的抗辩式庭审诉讼构造模式。在外逃贪腐人员缺席审判程序中,被告人的缺席无疑是对传统刑事诉讼构造模式的一种重大冲击,它改变了传统由公诉机关、被告方、法院构成的控、辩、审三方并立的诉讼构造,造成法庭审理结构的失衡。为了维护法官的居中裁判和控辩双方的平等对抗,外逃贪腐人员缺席审判制度中必须设置相应的权利保障机制,以弥补被告人缺位带来的诉讼构造失衡,确保裁判中立,维护司法的公正性,这是现代程序正义的基本要求。而其中一个非常重要的制度完善设计就是保障律师的辩护权。

在推进以审判为中心、促进庭审实质化的司法改革大背景之下,应当通过制度设计顺应这一改革目的的实现,促进司法审判的公正性。刑事庭审的正当程序应当是法官居中裁判,控辩双方围绕事实证据以及被告人的定罪量刑展开实质辩论,法官结合案件事实的调查结果、双方的当庭辩论意见以及相关的法律法规依法作出裁判结果。在这个过程中,要确保审判在刑事诉讼中的中心地位和庭审的实质性,就必须形成控辩分离、控辩双方平等对抗、法官居中审理的三造诉讼格局,控辩审三方在刑事诉讼中各居所位,严格遵守刑事诉讼的基本原则行使相应的诉讼职能或诉讼权利。而在外逃贪腐人员缺席审判案件中,辩护律师的参与和有效行使辩护权,与控方形成实质意义上的对抗格局,能够确保法官居中裁判,促进庭审的实质化,保障司法程序和实体的公正性,维护司法权威。

(二) 确保诉讼价值的实现

打击腐败犯罪,刑事缺席审判程序同样应当追求"打击犯罪与保障人权"并存的基本理念。基于此,我国刑事缺席审判制度设定被告人享有辩护权、上诉权和异议重审权等救济性权利,也是旨在加大腐败犯罪打击力度的同时追求被追诉人人权保障目的的实现,而非一味追求快速惩治犯罪[1]。其中贯穿刑事缺席审判程序始终且最完全的一项人权保障便是辩护权的保障,该项权利也是实现其他人权保障的基础。辩护律师通过辩护权的有效行使,能够切实有效、及时地保障犯罪嫌疑人、被告人的合法权益不受国家公权力的非法侵害,确保惩罚犯罪与保障人权双重目的的实现。

外逃贪腐缺席审判制度的设立具有追求诉讼效率价值实现

---

[1] 参见陈卫东:《论中国特色刑事缺席审判制度》,载《中国刑事法杂志》2018年第3期。

的显要目的。外逃贪腐人员缺席审判程序最重要的特点便是能够提高境外追逃追赃的司法效率,改善一直以来因犯罪嫌疑人、被告人外逃而无法及时有效打击腐败犯罪、使得案件久拖不决的困境。但有利必有弊,很多学者认为刑事缺席审判相比于刑事对席审判剥夺了被告人的程序参与权,被告人不参与庭审,就无法行使自行辩护权,如此一来很容易造成片面追求惩治腐败犯罪的司法效率而忽视所应达到的程序和实质公正的要求。事实上,外逃贪腐人员缺席审判案件中律师辩护权的有效实现和保障,不仅能够确保诉讼顺利进行,帮助快速查明案件事实,提高司法效率,同时也能够充分发挥律师自身的辩护职能,以维护司法的程序公正和实质公正,其对于司法效率与司法公正价值的双重实现具有不可或缺的重要作用。

二、外逃贪腐人员缺席审判案件中律师辩护权的内容

该制度的确立具有及时打击腐败犯罪外逃人员的现实目的,但是也存在天然的缺陷,而且缺陷的根源主要在于被告人的缺位,这种缺位不仅不利于程序的正当性保障,还不利于被告人自身权利的保障,因而如果能够通过制度的完善最大程度降低被告人缺位对制度所带来的消极影响,则可以回应各界对该制度所产生的质疑。

根据立法规定的缺席审判必须具备"辩护人",以及从法理上"辩护人"乃犯罪嫌疑人、被告人合法权益的代言人可知,外逃贪腐人员缺席审判程序中最能起到"补位"被告人的缺席,维持法庭控辩审三造结构平衡且有效保障被告人合法权益,并以一定的独立性维护司法程序的正当性、实现公正与效率之间的价值平衡等重要作用的,关键就在于"辩护人"的具备和有效辩护的实现。其中最能充分有效行使犯罪嫌疑人、被告人的辩护权,保障其合法权益的"辩护人"无疑是具备专业知识和素养的辩护律师。可见，外逃贪腐人员缺席审判案件中，确保其目的有效实现和弥补其天然缺陷的关键就在于保障律师辩护权的有效实现。

2018年修正的《刑事诉讼法》第293条规定了刑事缺席审判中被告人的委托辩护和指定辩护制度，但并未进一步阐述辩护权的介入时间、具体内容以及权利救济方式，这无疑不利于辩护权的具体落实和有效辩护的实现。下面笔者将从国际、国内立法的相关规定，阐释外逃贪腐人员缺席案件中律师辩护权的概念和具体内容。

外逃贪腐人员缺席审判案件中的律师辩护权属于律师在"外逃贪腐人员刑事缺席审判"特别程序中行使辩护权维护犯罪嫌疑人、被告人合法权益的情形。依据联合国《关于律师作用的基本原则》相关规定，律师的作用是忠实于委托人的利益，采取一切合法的手段，尽职尽责地保护委托人的合法权益和维护司法的正义，各国政府应当保障律师能够履行其职责而不受到恐吓、妨碍或不适当的干涉。[1] 我国《刑事诉讼法》并未直接给出辩护权或律师辩护权的概念，但是根据第37条辩护人的责任以及其他条文可以推知，律师的辩护权具体指的是律师基于委托或指定，出于维护犯罪嫌疑人、被告人的诉讼权利和其他合法权益的目的，依法针对其被指控的犯罪，从事实、证据以及法律适用层面提出犯罪嫌疑人、被告人无罪、罪轻或减轻、免除其刑事责任的材料和意见的权利。

（一）立法关于外逃贪腐人员缺席审判中律师辩护权的规定

通过分析《刑事诉讼法》"缺席审判程序"整章的规定可以发现，立法仅规定了被告人委托辩护和指定辩护的内容，对

---

[1] 参见联合国《关于律师作用的基本原则》。

于辩护律师介入时间、在各阶段享有的诉讼权利和权利救济保障等有关辩护权的内容并未具体提及。《刑事诉讼法》第293条明确了"辩护人的具备"是适用刑事缺席审判程序的必要条件之一，而通过上述理论分析可知，律师的辩护权在该制度中发挥着维持程序正当和各诉讼价值平衡的关键性作用。如果仅规定被告人享有律师为其提供辩护的权利，而不规定律师可行使和获取救济的具体辩护权内容，则律师的辩护权在该制度中就很容易沦为被虚置的仅为启动该制度的一个形式上的必要条件。

因而，综合考虑外逃贪腐人员缺席审判程序的目的以及其中律师辩护权所应当发挥的重要价值，该制度中的律师辩护权应为一种实质意义上的辩护权，即辩护律师在诉讼各阶段应当享有并可有效行使的相应诉讼权利，并在此类权利受损时具有相应的救济途径，这是律师在外逃贪腐人员刑事缺席审判中进行有效辩护，切实保障犯罪嫌疑人、被告人合法权益，维持控辩平衡的前提和基础。

(二) 外逃贪腐人员缺席审判案件中律师应当享有的辩护权内容

考虑到《刑事诉讼法》"缺席审判程序"一章的内容仅简要规定了被告人及其近亲属可通过委托或指定方式获取辩护律师作为辩护人，没有另行规定外逃贪腐人员缺席审判案件中律师辩护权的审前介入和具体权利内容，因而，笔者拟通过体系解释方法，从《刑事诉讼法》在"辩护与代理"中所规定的一般刑事审判中的律师辩护权内容出发，结合外逃贪腐人员缺席审判制度的特征，对该制度中律师辩护权应有的权利内容进行规范和法理上的解析。

首先，应当明确的是，《刑事诉讼法》规定的律师辩护权的内容不是仅仅指参与法庭审理进行当庭辩护的权利，而是包含所有在刑事诉讼阶段为维护犯罪嫌疑人、被告人的合法权益所提出的证明"犯罪嫌疑人、被告人无罪、罪轻或者减轻、免除其刑事责任"的材料和意见的实体性辩护,还包括依据事实和法律提出的"申请变更强制措施、申请排除非法证据"等程序性辩护,[1] 总而言之,律师辩护权的内容不是单纯地指参与庭审或在庭审中与控方进行当庭对抗的权利,而是贯穿于整个刑事诉讼过程中的一系列诉讼权利的集合。

其次,关于明确外逃贪腐人员缺席审判案件中律师可以行使的辩护权范围。根据《刑事诉讼法》的规定,一般情况下,律师的辩护权内容包含介入时间、各个阶段的诉讼权利及其救济性权利,其中各阶段的诉讼权利主要包括:申请变更强制措施、会见权和通信权、阅卷权、调查取证权、提出辩护意见权、当庭向被告人发问权、参与法庭调查和法庭辩护的权利等;救济性权利主要包括申诉权和控告权等。其中,除了诸如申请变更强制措施、当庭向被告人发问等由于被追诉人在境外无法行使的权利之外,其余几种权利都是辩护律师能够充分行使其辩护职能所应当具备的权利。

1. 辩护律师的介入时间

2018 年《刑事诉讼法》第 293 条仅规定了审判阶段辩护律师可以通过委托或者指定方式介入缺席审判案件,但未规定审前阶段辩护律师是否可以介入。笔者认为若按照法条严格解释将辩护律师的介入时间限制于审理阶段,不利于外逃贪腐人员缺席审判案件中律师辩护权的有效行使。基于在刑事诉讼中被追诉人的辩护权保障应当贯穿始终的要求,为了确保辩护律师

---

〔1〕 参见顾永忠:《刑事辩护的现代法治涵义解读——兼谈我国刑事辩护制度的完善》,载《中国法学》2009 年第 6 期。

有足够的时间和便利为外逃贪腐人员缺席审判案件的辩护做充足的准备，有必要将辩护律师的介入时间提前至审前阶段，具体可分为监察机关调查阶段和检察机关审判起诉阶段进行考量。

（1）监察机关调查阶段辩护律师不具有介入的必要性。依据2018年《刑事诉讼法》第34条规定，普通刑事诉讼程序中，辩护律师的审前介入时间可以自被侦查机关对犯罪嫌疑人进行第一次讯问或采取强制措施之日起，由犯罪嫌疑人委托而产生。而外逃贪腐人员缺席审判案件属于"贪污贿赂犯罪"案件，依法应由监察机关立案调查，调查终结后符合条件的移送检察机关审查起诉。由于《监察法》通篇未涉及监察期间辩护律师的介入问题，理论界对此存在诸多争议。支持者主要基于"防范刑讯逼供，法律面前人人平等"的角度提出监察阶段应当允许律师介入，[1] 而反对者则认为"监察机关调查阶段不属于刑事诉讼阶段，贪污贿赂犯罪案件主要依托于言词证据，调查阶段律师介入意义不大且会干扰调查进程"。目前实务界中的做法则是在监察机关调查阶段排除了辩护律师的介入。

在外逃贪腐人员缺席审判案件监察机关调查阶段，辩护律师不具有介入的必要性，理由如下：其一，外逃贪腐人员缺席审判案件本质上属于"贪污贿赂犯罪"的案件类型，由监察机关进行立案调查，在此过程中只有监察机关对案件进行调查后认为应依法移送检察机关审查起诉的案件才正式进入刑事诉讼的领域，在此之前监察机关的调查范围不仅包括被调查人的犯罪事实，也包括其违纪和一般违法性事实，在监察机关未通过调查活动认定被调查人有移送检察机关提起公诉而启动刑事诉

---

[1] 参见陈卫东：《职务犯罪监察调查程序若干问题研究》，载《政治与法律》2018年第1期。

讼程序之前，属于刑事诉讼参与主体的辩护律师不具有介入的正当性，因为当前辩护制度主要源于也仅存在于刑事诉讼的过程当中。其二，在外逃贪腐人员缺席审判案件中，由于被调查人在境外，监察机关的调查行为不会对其"人身安全"方面产生非法侵害，并不会发生非法取证的情形，辩护律师介入监察阶段所能发挥的作用极为有限，将律师辩护延伸至监察阶段不具有必要性。其三，外逃贪腐人员缺席审判案件由于被调查人的缺席和贪腐案件特有的隐秘性和复杂性，案件事实的调查和证据的收集相比于被调查人在案的状态更为不易，其主要依托于言辞证据，如果此时辩护律师介入行使相关权利会与监察机关的调查活动形成对抗的局面。故在外逃贪腐人员缺席审判案件中"及时收集、固定证据"的价值选择且不会发生刑讯逼供等非法取证的情形下，为了保障监察机关调查活动的顺利进行以及案件事实的快速查清，应当排除辩护律师的介入。

（2）检察机关审查起诉阶段应当允许辩护律师的介入。根据《刑事诉讼法》第291条规定，在刑事缺席审判案件中，监察机关调查完毕后，将案件移送检察机关审查起诉，案件进入刑事诉讼阶段。依据《刑事诉讼法》第34条可知，当案件进入刑事诉讼阶段后，犯罪嫌疑人、被告人有权随时委托辩护律师，人民检察院也应当自接收移送审查起诉案件材料之日起3日内告知被追诉人有权委托辩护人。据此，在外逃贪腐人员缺席审判案件中，当监察机关将案件移送检察机关审查起诉之日起，被追诉人及其近亲属有权委托辩护律师，检察机关在收到审查起诉的案件材料之日起合理期间内，应当通过国际条约、外交途径或者被追诉人所在国家法律允许的方式告知已确定在境外具体住址的犯罪嫌疑人有权委托辩护律师。并且结合《刑事诉讼法》第293条的规定，犯罪嫌疑人及其近亲属在审查起诉阶段未自行委托辩护人的,人民检察院应当通知法律援助机构为其指派辩护律师担任辩护人。

综上,在外逃贪腐人员缺席审判案件中辩护律师的介入时间应当提前至自监察机关将案件移送审查起诉之日起。

2. 外逃贪腐人员缺席审判案件中律师辩护权的具体内容

(1) 会见权和通信权。会见权和通信权是保障辩护律师开展有效辩护活动的重要诉讼权利,有助于改善被追诉者被动和弱势的诉讼地位,增强与刑事控诉机关的对抗能力。《刑事诉讼法》第39条规定了辩护律师有权同在押的犯罪嫌疑人、被告人会见和通信且不被监听。在外逃贪腐人员缺席审判案件中尽管犯罪嫌疑人、被告人在境外,辩护律师同其会见和通信的权利同样不应受到限制或削减。依据《公民权利及政治权利国际公约》第14条第3款第(乙)项规定,任何被刑事指控之人完全平等地享有"具有相当时间和便利条件为其自身准备辩护且与其辩护律师进行联络"的最低限度的人权保障;[1] 依据联合国《关于律师作用的基本原则》第8条规定,任何因被予以逮捕、拘禁或监禁而人身自由受限之人,应当享有充分的机会、充足的时间和便利条件,毫无稽延地、在完全保密而不受窃听和检查的情况下,接受律师的会见来访且与律师联系协商。[2] 可见,在国际通行做法中,辩护律师享有秘密与被告人会见和通信的权利。此外,《刑事诉讼法》第293条规定了被告人可以自行委托或通过近亲属代为委托辩护律师,这种被告方的"委托辩护"实际上也从侧面反映了辩护律师与被追诉人秘密会见和沟通交流的权利。

---

[1] 参见《公民权利及政治权利国际公约》。
[2] 参见联合国《关于律师作用的基本原则》。

综上，在外逃贪腐人员缺席审判案件中，自案件被移送审查起诉之日起辩护律师有权与被追诉人进行会见和通信，向被追诉人了解案件的有关情况，协商辩护策略,[1] 无须法院和检察院的许可，其会见和通信依法不受监听。

（2）阅卷权。辩护律师的阅卷权是保障其了解案件详情，发现证人证言、鉴定意见或控方掌握的其他证据存在的不足或漏洞，获取进行实质性和程序性辩护材料来源的重要权利，是辩护律师进行有效辩护所需要进行的必要准备活动。[2] 2018年《刑事诉讼法》并未对外逃贪腐人员缺席审判案件中辩护律师的阅卷权另行作出针对性的规定，对此应当参照刑事对席审判中律师阅卷权的相关内容和标准进行保障。我国2018年《刑事诉讼法》第40条规定，自案件移送检察机关进行审查起诉之日起，辩护律师有权到检察院或法院进行本案卷宗材料的查阅、摘抄以及复制；我国《律师法》第34条也规定了辩护律师享有的此项阅卷权。

由此可知，在外逃贪腐人员缺席审判案件中，辩护律师自监察机关将案件移送审查起诉之日起，有权对本案的卷宗材料进行不受限制的查阅、摘抄和复制，有关司法机关应当为其提供便利条件。依据2019年《人民检察院刑事诉讼规则》第47条第1款可知，辩护律师可以查阅、摘抄和复制的卷宗材料包括该案的所有诉讼文书以及证据材料；依据第49条规定可知，辩护律师申请调查阅卷的，办案机关应及时予以配合，并提供

---

[1] 参见杨雄：《对外逃贪官的缺席审判研究》，载《中国刑事法杂志》2019年第1期。

[2] 参见卞建林、张国轩：《刑事诉讼制度的科学构建》，中国人民公安大学出版社2009年版，第494~500页。

场所和相关设备方便其阅卷，辩护律师可免费采取扫描、复印、拍照或刻录等方式复制案卷材料等。

（3）调查取证权。证据向来有"诉讼之王"的美称，是任何案件据以查清案件事实的有力依据，是推动刑事诉讼进程必不可缺的重要根据。依据《刑事诉讼法》规定，调查取证的权利不仅可由国家机关行使，辩护人在刑事诉讼过程中亦可依法行使。调查取证权是辩护律师进行有效辩护的关键所在，也是有效贯彻控辩平等原理、辩护原则和无罪推定原则等程序正义和人权保障理论的基础。目前我国《刑事诉讼法》上辩护律师的调查取证权包括两种：自行调查取证权（2018年《刑事诉讼法》第43条）和申请调查取证权（2018年《刑事诉讼法》第41条、第43条）。在外逃贪腐人员缺席审判案件中辩护律师的调查取证权涉及境内调查取证和境外调查取证。

在境内调查取证中，辩护律师依据《刑事诉讼法》规定享有自行调查取证权和申请调查取证权。自行调查取证权包括自案件移送审查起诉之日起，可以自行调查、收集对被追诉人有利的证据，包括经有关单位或个人同意向他们调取证据（向被害方及其提供的证人调查取证还需经过检察院或法院的许可），还包括自行要求证人、鉴定人等提供证言或出庭作证等。对于自行取证确有困难或风险较大的，有权向人民检察院、人民法院申请调查取证。

在境外调查取证中，我国《刑事诉讼法》和相关司法解释没有禁止律师自行进行境外调查取证。依据《刑诉法解释》第468条规定，辩护人提供来自境外的证据材料的，需经过被取证国公证机关、外交机关或其授权机关以及我国驻该取证国的使领馆三道工序认证,才可在我国境内作为合法证据使用。[1] 此外,对于辩护律师到境外自行调查取证确有困难(如调取证据所在国不允许或不认证私人调查取证)或风险较大的,可以申请人民法院或人民检察院通过国际刑事司法协助或所在国法律允许的方式进行调查取证。[2] 如依据《中华人民共和国政府和美利坚合众国政府关于刑事司法协助的协定》第1条规定,协议双方应当在获取人员或陈述、获取并提供鉴定结论以及安排人员作证或协助调查等获取证据方面提供协助。[3] 由于通过刑事司法协助或外交途径等公权力进行域外调查取证的过程涉及国家主权,所以应由中央司法机关对相关证据材料的真实性和取证程序的合法性进行审查确认并接收,再由中央司法机关将证据材料转移给具体办案的司法机关。[4]

(4)提出辩护意见权。在外逃贪腐人员缺席审判案件中,辩护律师提出辩护意见的权利贯穿其行使辩护权的整个过程,其内容不仅包括"依据有关事实和法律,提出被追诉人无罪、罪轻或者减轻刑事责任、免除刑事责任"的实体性辩护意见,也包括查明案件事实的过程中"申请排除非法证据、申请回避"等程序性辩护意见。同时,根据2018年《刑事诉讼法》第173条规定,人民检察院审查案件,应当听取辩护人的意见,并记录在案;第187条、第195条规定人民法院在开庭审理前和审理

---

[1] 参见《刑诉法解释》。
[2] 参见金兴聪等:《涉外刑事案件的侦查取证探索——以李向南留美故意杀人案为视角》,载《人民检察》2016年第18期。
[3] 参见《中华人民共和国政府和美利坚合众国政府关于刑事司法协助的协定》。
[4] 参见金兴聪等:《涉外刑事案件的侦查取证探索——以李向南留美故意杀人案为视角》,载《人民检察》2016年第18期。

过程中,应当听取辩护人的意见。可见,律师的辩护意见不仅包含有权提出实质性和程序性辩护意见的权利,还包括人民检察院、人民法院应当给予其辩护意见充分尊重的权利。

(5) 知情权和法庭辩护权。辩护律师对诉讼程序进展和各阶段处理结果具有知情权。《刑事诉讼法》第187条第3款规定,人民法院确定开庭之后,应当至迟在开庭3日以前将开庭的日期、地点通知辩护人;第202条规定法院定期宣告判决的,应当在宣告后立即将判决书送达当事人和提起公诉的人民检察院,判决书同时应当送达辩护人;第294条规定,缺席审判案件中,人民法院依法作出判决后,应将判决书送达给辩护人。可见,为了确保辩护律师有效参与刑事诉讼活动、保证其独立的诉讼地位、充分发挥其辩护职责,《刑事诉讼法》规定辩护律师对案件的进程和结果享有相应的知情权。这是辩护律师在各阶段有效行使其他辩护权利的前提和基础。

根据《刑事诉讼法》关于普通一审程序的相关规定,辩护律师在普通一审程序中享有质证权、申请证人及鉴定人出庭作证、经审判长许可向证人及鉴定人发问、举证、申请通知新的证人到庭、调取新的物证、申请重新鉴定或勘验、申请法庭通知由专门知识的人出庭、就证据和案件情况发表辩护意见并与控方进行法庭辩论等法庭辩护权。法庭辩护权是辩护权中最重要的权利,其他辩护权利的行使很大程度上是为了最终能够有效行使法庭辩护权,以对抗公诉机关在法庭上所行使的公诉权,促进法官居中审理查明案件事实,确保庭审的实质化。

(6) 经被告人或近亲属同意提出上诉的权利。依据《刑事诉讼法》第289条规定,在外逃贪腐人员缺席审判案件中,人民法院依法作出判决并将判决书送达辩护律师之后,辩护律师经被告人或其近亲属同意,可以提起上诉。该规定有助于纠正司法机关的错误起诉和错误定罪，有效避免错误判决的执行给缺席被告人带来不可逆的损失，防止冤假错案，维护司法的公正性。同时辩护律师这种"经同意"的"上诉权"，也能够以被追诉人之名，监督人民检察院和人民法院对外逃贪腐人员适用缺席审判程序进行刑事追诉的活动，切实有效维护犯罪嫌疑人、被告人的合法权益。

（7）申诉和控告权。俗话说"无救济则无权利"，如果仅规定了辩护律师享有的权利而没有权利受到侵害时的相关救济措施，则在以国家强制力为后盾的追诉机关面前，便会因其侵害辩护权的行为不会产生法律上具体的不利后果而不能保障律师辩护权的有效行使。因而依据《刑事诉讼法》第49条的规定，辩护人在司法机关及其工作人员阻碍其依法行使辩护权利之时，有权向同级或上一级检察机关进行申诉或控告，受理机关应对此依法进行审查，经审查情况确属实的，应通知侵权机关进行纠正。

综上，在外逃贪腐人员缺席审判案件中，辩护律师依据《刑事诉讼法》及其他相关法律所具有的辩护权内容并没有因为被告人的缺席而削减或丧失（即便有些权利因被追诉人的缺席而暂时无法使用，但这并不代表这些权利的丧失），相反，由于辩护律师在该制度中所具有的重要价值，更需加强外逃贪腐人员缺席审判案件中律师辩护权的保障。

三、律师辩护权有效行使的困境及其原因分析

基于外逃贪腐人员缺席审判案件中律师辩护权保障的意义，通过立法和制度的观察分析可知，目前外逃贪腐人员刑事缺席审判制度中关于律师辩护权保障的规定还存在一定的立法空白，具体表现为没有明确规定辩护律师的介入时间、各阶段的诉讼权利以及相应的权利救济措施等。尽管立法在刑事对席审判的

"辩护和代理"中规定了较细致的辩护权内容，但是在外逃贪腐人员缺席审判制度中，由于制度本身的独特性，律师辩护权的内容无疑会发生一定的变化，《刑事诉讼法》所采取这种简略的规定不能通过法律解释方法自洽地形成该制度中律师辩护权保障的完善体系，不利于辩护律师在该制度中充分行使其所享有的诉讼权利，保障被追诉人的合法权益。而《刑事诉讼法》所规定的刑事辩护的一般性规定，在司法实践当中本身也存在着一定缺陷。在未来刑事缺席审判制度付诸外逃腐败分子追惩的实践过程中，立法和刑事辩护制度的缺陷，无疑会对外逃贪腐人员缺席审判案件中辩护律师各项诉讼权利的行使造成一定的阻碍，从而影响缺席审判程序适用的正当性，不利于该制度最终目的的实现。

（一）律师辩护权有效行使的困境

通过上述分析可知，外逃贪腐人员缺席审判案件中律师辩护权的保障具有贯彻刑事司法程序中一系列理念原则，弥补缺席审判程序的天然缺陷，有效维护程序的正当性和落实人权保障的理念，提高引渡或遣返的成功率等一系列重要作用。通过剖析辩护权的具体内容可知，辩护权的有效行使在于其所包含的调查取证权、阅卷权、会见权和辩护意见受尊重权等权利的有效行使，但由于外逃贪腐人员缺席审判制度中贪污贿赂犯罪的复杂性和涉外性、被追诉人不愿参与庭审以及目前我国刑事辩护制度中所普遍存在的诸多现实问题，在该特殊程序中，辩护律师在行使具体的辩护权以维护被追诉人合法权益之时，可能会面临来自国家机关、社会以及辩护律师自身方面所产生的诸多阻碍，致使辩护律师无法顺利行使一系列辩护权利以实现有效辩护，进而无法切实保障被追诉人的合法权益，损及司法的公正性。

1. 调查取证权行使的困境

调查取证权是辩护律师实现有效辩护的关键，是对控辩平等原则、辩护原则和无罪推定原则的有效贯彻，[1] 是辩护律师切实发挥主动收集对犯罪嫌疑人、被告人有利的事实证据以有力对抗公诉机关、切实维护被追诉人合法权益的一项重要的辩护性权利。在外逃贪腐人员缺席审判案件中，辩护律师享有的调查取证权既包括境内调查取证权，又包括境外调查取证权。

首先，对于境内自行调查取证而言，《刑事诉讼法》规定，辩护律师经有关单位或个人同意可以向他们收集有关的证据材料，向被害方或其提供的证人调查取证还需经检察院、法院许可，但正是这种需要被申请方同意而又没有法律强制力保障的规定，无形中增加了辩护律师自行调查取证的难度和实操性，尤其当所收集的证据对于被取证方来说比较敏感、不便的时候，被取证人极有可能以各种理由推托或拒不配合辩护律师自行调查取证的工作。不同于侦控机关的调查取证权有国家强制力作为后盾，没有强制力保障的辩护律师的调查取证权实际上常常因难以得到被取证方的主动配合而容易被虚置。此外，对于境内调查取证权而言，辩护律师私力取证的能力和技术相比于公权力取证而言十分有限，且辩护律师自行调查取证中还存在因操作不当等导致的执业风险，这也极大桎梏了辩护律师对该项权利有效行使的能力和意愿。

其次，由于各国刑事司法制度包括证据制度规定的差异性，不同的国家对外国辩护律师到其本国进行调查取证并将所调取的证据适用于辩护律师所在国家的刑事诉讼活动中的立法态度不同。一般而言，多数国家未经过主管机关同意，通常不允许

---

[1] 参见陈瑞华：《刑事辩护的理念》，北京大学出版社2017年版，第317页。

另一国的司法机构、组织或人员直接在本国境内进行司法取证行为,[1] 其中当然也排除了国外辩护律师在本国境内的自行取证的权利。依据《中华人民共和国国际刑事司法协助法》第4条第3款的规定,没有经过我国主管机关的同意,不允许外国的任何组织、机构以及个人在我国境内开展刑事司法活动,也不允许我国境内的任何组织、机构及个人自行向外国提供相关证据材料以及本法中所规定的司法协助,[2] 依据《中华人民共和国政府和美利坚合众国政府关于刑事司法协助的协定》第1条第3款中规定,依据本协议规定,不给予任何私人当事方以取得任何证据的权利。[3] 可见,在外逃贪腐人员缺席审判案件中,如果我国辩护律师未经被取证国同意或许可自行取证或者委托取证,其取证行为也可能因为违反被取证国的法律规定而不被承认,从而致使辩护律师在境外自行调取的证据因不能获得被取证地国家相关机关的审查认证而不符合我国法律规定所要求的"境外证据的合法性"。

2. 提出辩护意见的困境

律师提出辩护意见的过程是对刑事诉讼过程和结果产生实质性影响的关键,也是辩护律师进行有效辩护的重要手段。在我国刑事诉讼的过程中,法检之间容易形成追求被追诉人有罪的统一整体,辩护人的辩护意见得不到重视,使得刑事诉讼结构失衡,辩护制度可能在一定程度上被忽视,影响案件审判的公正性。

---

[1] 参见冯俊伟:《论跨境追诉中的辩护权保障——主要以域外取证为例的分析》,载《中国刑事法杂志》2019年第4期。

[2] 参见《中华人民共和国国际刑事司法协助法》。

[3] 参见《中华人民共和国政府和美利坚合众国政府关于刑事司法协助的协定》。

在外逃贪腐人员缺席审判制度中，由于该制度建立是基于高压反腐和加强国际追逃追赃的需要，检察机关和法院可能侧重于打击腐败犯罪和追求诉讼效率，而没有全面正视辩护律师在缺席审判中所应当发挥的正确作用和诉讼地位，忽视辩护律师所提出的"排除非法证据"等程序性辩护意见，以及依据事实和法律所提出的"被追诉人无罪、罪轻或减轻、免除刑事责任"的实质性辩护意见。

(二) 影响律师辩护权有效行使的原因分析

探索外逃贪腐人员缺席审判案件中律师辩护权的保障机制，除了明晰其保障的内容、保障的理论基础和价值以及权利行使可能面临的困境之外，最重要的是要深入分析和挖掘其困境形成的原因，才能有的放矢地提出保障的建言，推动立法和制度的进一步完善。通过规范研究和实务研究，笔者认为，在外逃贪腐人员缺席审判案件中辩护律师面临困境的原因来自立法、制度、国内外环境等各种因素的影响。

1. 有效辩护制度尚未确立

随着辩护原则成为各国刑事司法制度中所普遍认可的一项刑事诉讼基本原则，欲贯彻这项基本原则以维持控辩平等的诉讼构造和切实保障被追诉人的合法权益，辩护权的有效行使成为各国刑事辩护制度建构和完善中所需要共同解决的问题。有效辩护的理念源于美国，美国司法实践中通过一系列案例确立了"被告人有权获得有效辩护的宪法权利"的基本理念，但并未对该理念作出具体的解释[1]。随着国际人权理念的深入贯彻和我国辩护制度的不断发展，我国学术界建议在我国刑事诉讼

---

[1] 参见陈瑞华：《有效辩护与无效辩护的界定与解决路径》，载《当代法学》2017年第6期。

中引入"有效辩护制度"。所谓"有效辩护"指的是辩护律师基于委托或法律援助机构的指定,忠实于被追诉人之合法权益,尽职尽责行使各项辩护权利,积极查明案件事实和准确适用法律,及时有效提出各种有利于被追诉人的程序性以及实质性辩护意见,在庭审过程中与控诉方展开实质的控辩、协商和说服活动。[1]目前,我国尚未建立有效辩护的制度,具体体现为:①在刑事辩护中尚未确立"有效辩护"的理念,整体辩护的效果不佳;②律师的具体辩护权内容规定存在立法空白,律师行使辩护权缺乏法律的明确指引和保障;③未确立因国家侵权或律师不称职导致的无效辩护的标准和后果,辩护律师的执业权利不能得到充分的尊重和保障;④律师的从业资格和职业伦理把关不严,律师自身不能或消极行使辩护权;⑤司法行政机关、律协和法律援助机构对律师的执业监管不严,未通过建立有效的执业奖惩机制倒逼辩护律师进行"有效辩护"等。

2. 律师执业权利保障机制不健全

(1) 法律援助投入不足,援助的质量不高。我国目前法律援助中存在经费较为不足的问题,究其原因主要在于:①我国尚未通过立法建立起法律援助经费保障制度;②我国现有的通过政府财政方式对法律援助机构进行拨款的渠道不甚通畅,且拨款能力不足、资金有限;③法律援助经费来源渠道单一,主要依靠政府财政拨款,难以满足实际需求;④经费管理与使用缺乏明确的规则和监督机制。[2]目前我国法律援助的主体是社会律师,并没有建立公设辩护人制度。社会律师具有市场性和

---

[1] 参见陈瑞华:《有效辩护问题的再思考》,载《当代法学》2017年第6期。
[2] 参见樊崇义:《我国法律援助立法重点和难点问题研究》,载《中国法律评论》2019年第3期。

商业性，承办法援工作并非其本职，所能获取的报酬和经费补贴微薄，律师进行法律援助一方面是由于"法院的通知指派"，另一方面是出于职业伦理与道德。对于市场主体而言，缺乏利益支撑的业务工作都很容易流于形式，在缺乏合理报酬的情况下，并非国家公职人员的社会律师在无偿和低偿提供法律援助服务的过程中，难免敷衍了事，不尽职尽责行使其辩护职能。

（2）辩护律师执业豁免权保障机制不健全。辩护律师执业豁免权指的是辩护律师在正当行使其执业权利时不因其言论或行为而遭受法律追究和制裁的权利。依据我国《律师法》第37条的规定，除发表危害国家安全的、恶意诽谤他人的或严重扰乱法律秩序的言论之外，一般而言，律师在法庭上所发表的代理或辩护的意见依法不受追究，其在执业过程中的人身安全依法不受侵犯。该条弥补了我国以前没有辩护律师执业豁免权的立法空白，在一定程度上保障了律师的执业权利。但是该条款并没有削减或排除《刑法》第306条所规定的"伪证罪"对辩护律师所带来的执业威胁，该法条所规定的"毁灭、伪造证据""妨碍、引诱作证"等概念的模糊，使得该条款成为悬在辩护律师头上随时可能落下的"达摩克利斯之剑"，成为限制辩护律师积极行使调查取证权、会见权和通信权等诉讼权利的枷锁，使得辩护律师在执业过程中承受着不小心触犯"陷阱"以及随时可能遭受控方执业报复的心理压力，不能毫无保留地行使辩护权为被追诉人提供法律意见和进行法庭辩论，不利于辩护律师开展有效辩护。所以尽管2017年修正《律师法》已经对辩护律师执业保障进行了一定的完善，但凭这一条文还是难以扭转长期以来辩护律师所面临的执业风险和心理压力。

（3）辩护律师权利救济机制不完善。《刑事诉讼法》第49条规定了辩护律师在行使诉讼权利受到公安机关、人民检察院和法院的阻碍时,有权向同级或上级人民检察院提出申诉或控告。最高人民法院、最高人民检察院、公安部等印发的《关于依法保障律师执业权利的规定》第42条规定了辩护律师行使申诉权、控告权的情形,并且规定了人民检察院应当在受理律师提出的申诉、控告之日起10日内进行审查,并将处理情况书面答复辩护律师。[1]

但在实践中,由于缺乏独立的救济机关,受理申诉、控告的检察机关同时也是与辩护律师相对立的控诉方,对于辩护律师提出的侵权申诉、控告,受理机关可能采取消极的态度,而立法对此又没有进一步规定相应的不利后果,可能导致辩护律师在行使申诉、控告无果之后,最终难以得到救济。再者,我国目前在司法实务中尚缺乏"法律职业共同体"的理念,律师与司法人员之前缺乏合理沟通交流的平台,导致辩护律师在向人民检察院、人民法院提出申诉或控告的权利时,法官与检察官时常将辩护律师置于对立面而以消极方式待之,而由于立法没有规定这种"消极"对待的不利后果,最终使得辩护律师的辩护权"萎缩"而无法得到有效的救济。[2]

四、缺席审判案件中律师辩护权的保障

(一)建立有效辩护制度

"有效辩护"既是外逃贪腐人员缺席审判案件中律师辩护权保障的最终目的,也是保障该制度实现其目的和价值的最关键的制度设计。"有效辩护"不仅关注被追诉人能够获得辩护,而

---

[1] 参见《最高人民法院、最高人民检察院、公安部等印发〈关于依法保障律师执业权利的规定〉的通知》。
[2] 参见李震、庄晨:《我国律师刑事辩护权现状及原因分析》,载《新疆社会科学》2016年第6期。

且关注被追诉人能否实现充分有效的高质量辩护。建立"有效辩护制度"是完善我国缺席审判制度正当性的内在需求，也是参照国际公约或条约中人权保障的标准、提高刑事缺席审判引渡或遣返成功率的外在要求。建立有效辩护制度，不仅要保障辩护律师依法享有广泛的诉讼权利，还要保障辩护律师能够充分地行使各项诉讼权利。具体而言，有效辩护制度建构可以从以下几个方面入手。

1. 提高辩护律师执业素养，确保辩护律师合格称职

为了确保外逃贪腐人员缺席审判案件中的被追诉人不仅能够获得辩护，还能获得有效的辩护，应当提高担任该类型案件辩护律师的职业素养和专业能力要求，确保委托或指派律师的合格称职性。《司法部办公厅关于建立涉外律师人才库的通知》第1条第7款规定，司法部决定建立的全国及各省（区、市）涉外律师人才库类别包含腐败类犯罪追逃追赃、国际司法协助的涉外人类库。据此，在未来可以通过探索建立"外逃贪腐人员缺席审判案件辩护律师专业人才库"的形式，集中符合资质的、能够担任委托辩护或法律援助辩护的律师组成专业人才库，吸引高素质、有能力的优秀律师自愿主动加入其中，积极发挥其主观能动性保障外逃贪腐人员的合法权益。如此，不仅方便外逃贪腐人员缺席审判案件中犯罪嫌疑人、被告人及其近亲属能够及时准确委托专业的辩护律师，当其未自行委托辩护律师时，法院可以通知法援机构从该专业律师人才库当中有针对性地指派律师担任外逃贪腐人员缺席审判案件中被追诉人的辩护人，以确保外逃贪腐人员缺席审判案件中的辩护律师具备实现有效辩护的能力，切实保障犯罪嫌疑人、辩护人的合法权益，维护缺席审判程序的司法公正性。

2. 应充分保障辩护律师各项辩护权利的有效行使

除了辩护律师自身的"合格称职"之外,辩护律师实现有效辩护还取决国家机关、有关单位和个人是否配合其行使依法享有的各项辩护权利。有关国家机关、单位和个人应当依法充分保障辩护律师为辩护进行必要的准备、依法提出辩护意见等各项诉讼权利的有效行使。

(1)有适当的时间和便利为辩护做准备。《公民权利及政治权利国际公约》第 14 条第 3 款(乙)项规定了受刑事追诉之人应有充分的时间和便利为其辩护做准备且与他的辩护律师联系协商。[1] 这是被追诉人基于无罪推定原则而享有的国际上通行的最低限度的人权保障标准之一。《欧洲人权公约》第 6 条第 3 款第 2 项也作出了如是规定。[2] 可见从国际惯例所保障的被追诉人辩护权的角度讲,"有充足的时间和便利为辩护做准备"是保障辩护权有效实现的前提条件之一。在外逃贪腐人员缺席审判案件中,由于案件的涉外性和复杂性,以及被追诉人在境外的特殊情况,且委托辩护和指定辩护需要经过一系列法定的手续,可能使得辩护律师实际介入案件的时间比可以介入的时间要晚很多。如果不能保证辩护律师具有充分的时间和便利为辩护做准备,可能使得外逃贪腐人员缺席审判案件中律师辩护权的设置效用落空。所以,只有确保被委托或被指派的辩护律师有充足的时间和便利充分行使调查取证权、阅卷权、会见权和通信权等一系列必要的辩护权利以为后续辩护工作做好准备,才能确保其实现有效辩护,提高辩护质量,防止外逃贪腐人员缺席审判案件中律师的辩护权流于形式。

---

[1] 参见《公民权利及政治权利国际公约》。
[2] 参见《欧洲人权公约》。

(2) 保障律师调查取证权的行使。对于辩护律师在境内自行调查取证因缺乏强制力保障而使得有关单位和个人不予配合的情况，可以参照目前国内有些地方如河南省在民事诉讼领域所探索试行的"律师申请调查令制度"，河南省通过的《关于在民事诉讼和民事执行中实行律师调查令的若干规定》，确立了民事诉讼和民事执行中的律师自行调查取证中申请调查令制度，允许律师在因客观原因无法收集相关证据时向法院申请律师调查令，并规定了有协助义务的单位和个人妨碍或不配合律师调查取证的相应制裁后果，如罚款、拘留或提出纪律处分建议，有力保障了律师的调查取证权。在外逃贪腐人员缺席审判案件中，由于被追诉人应诉能力的薄弱性和被动性，应当通过强化辩护律师相关辩护权保障以改善其诉讼地位。通过建立"律师申请调查令制度"，确立辩护律师向法院申请调查令的制度和明确具体的审批程序，可以将国家强制力延伸至保障辩护律师自行调查取证的行为中，有效解决辩护律师在境内的自行调查取证权因没有强制力保障而被"虚置"的困境，使得辩护律师在外逃贪腐人员缺席审判案件中与占据取证优势地位的控方形成平等对抗的格局，维护程序的正当性，防止冤假错案的发生。

(3) 保障辩护律师的会见权和通信权的行使。在外逃贪腐人员缺席审判案件中，除了通过立法明确规定辩护律师具有与外逃被追诉人员会见和通信的权利并保障其会见和通信的秘密性之外，为了确保辩护律师尽可能与外逃贪腐人员取得联系，当检察院或法院通知法律援助机构为其指派辩护律师时，应当通过特定的方式将被指定的辩护律师的姓名和联络方式告知境外被追诉人，使其可与被指定的提供法律援助的辩护律师顺利实现沟通和协商。此外，通过法律援助指派辩护律师的，司法机关应当将被追诉人在境外的住址及其近亲属的联系方式告知

第六章 刑事诉讼程序中权利的保障

辩护律师,促进辩护律师与被追诉人及其近亲属之间主动联系和通信。辩护律师与境外被追诉人会见或通信无需司法机关批准,其时间和次数依法应不受限制,会见和通信的内容依法不被监听和监视。最后,在司法实践中,辩护律师时常在与被追诉人秘密会见和通信的过程中受到泄露国家秘密罪以及伪证罪的刑事追诉风险,[1] 对此,应当通过立法和制度的完善最大化规避辩护律师与被追诉人会见或通信所带来的执业风险,保障其会见和通信的私密性、可行性和有效性。

(二) 建立健全律师执业权利保障机制

1. 增加对法律援助的投入,提高辩护的积极性

在我国刑事司法实践当中,政府部门的财政支持是法律援助经费的主要来源,为确保该渠道经费来源的长效化和稳固化,应将法律援助经费正式纳入地方财政经费预算。中央和省级政府可以建立将法律援助纳入地方各级政府财政经费预算的机制,根据当地财政水平适当加大对法律援助的经费投入。仅凭政府拨款充当经费始终水平较低,故应当拓宽法律援助经费的来源和渠道,如通过设立法律援助专项基金以募集社会资金等社会捐助的方式补充法律援助经费。此外,应当健全法律援助经费管理使用与监督机制,将其纳入司法行政机关的检查和经费规划的范围之内,严格贯彻专款专用,经费的来源和支出都应当纳入当地财政、审计部门的严格监督中,防止经费不明流失、不当使用和遏制内部人员腐败犯罪。

同时,依照律师代理法律援助案件的专业程度、复杂程度和必要的成本投入设置对应的援助代理费,如像外逃贪腐人员

---

[1] 参见高俊:《刑事辩护律师的会见权保障研究》,载《法制博览》2019年第4期。

缺席审判案件的法律援助由于涉腐涉外的复杂性需要高端专业辩护律师进行代理才能有效行使辩护权，但精尖端的高素质律师毕竟属于市场性质，没有一定的资金作为利益驱动很难发挥其主观能动性，因而可适当设置较高的法律援助代理费吸引其加入该类案件法律援助工作的专业人才队伍中。只有法律援助经费"来、管、用"科学合理，才能从物质激励方面提高律师提供法律援助服务的意愿，促使其发挥主观能动性，有效行使法律援助义务，充分行使辩护职责以保障被追诉人的合法权益。

2. 完善辩护律师权利救济机制

如果没有完善的具有执行力的权利救济制度，即便通过立法明确列举了律师享有的辩护权内容，那么外逃贪腐人员缺席审判案件中律师的律师辩护权也是形同虚设，不能实质性发挥立法对律师的辩护权所赋予的程序正当性和被追诉人人权保障价值期求。尽管《刑事诉讼法》第49条在法律层面上明确了律师诉讼权利行使受阻时的救济渠道，但结合实践中检察机关时常忽视或不及时处理辩护律师提出的申诉、控告申请的情形，应当进一步完善和落实辩护律师的权利救济机制。

具体而言，首先，应当通过立法进一步完善检察机关不予受理和不及时处理辩护律师提出申诉、控告申请的法律后果，促使检察机关积极落实《刑事诉讼法》对辩护律师的权利救济保障。其次，应当进一步细化检察机关申诉、控告部门的办案流程，使得相关部门和工作人员在落实《刑事诉讼法》第49条时有章可循、追责有据，规范其对辩护律师权利救济申请的及时有效处理。再次，应当进一步提高办案人员的法律素养，转变其执业理念，树立控辩平等、人权保障以及实体与程序并重的理念，加强办案人员对律师的辩护权权利救济的重视和保障。最后，应当合理配置办案人员，提高业务能力，确保辩护律师的权利救济申诉、控告能够得到及时有效的处理回复。[1] 只有建立完善的律师辩护权救济机制，才能切实保障律师在外逃贪腐人员缺席审判案件中实质享有和行使辩护权，为其实现有效辩护提供坚实的后盾。

2018年《刑事诉讼法》对外逃贪腐人员缺席审判制度的确立，无疑是在日益推进的反腐败趋势中应运而生的一种可期待的制度，其不仅弥补了我国违法所得没收程序"对财不对人"的制度漏洞，也丰富了我国国际追逃追赃工作的手段，为请求引渡和遣返提供了符合国际规则的正当依据。外逃贪腐人员缺席审判制度最终目的的实现，关键在于对被告人辩护权的有效实现，故应当强调和加强对该制度中律师辩护权的保障。但同时也应当意识到，目前刑事缺席审判程序中对于律师辩护权的立法规定过于粗简，仅凭一般刑事辩护制度的规定难以完全解释和搭建完善的外逃贪腐人员缺席审判案件中律师辩护权的保障体系，而现行的刑事辩护制度也存在一些问题。在此情况下，律师的辩护权要发挥其对于刑事缺席审判制度的价值和作用，应当结合我国的立法现状和司法实践，前瞻性地预测其在实施过程中可能遇到的各种困难并深入分析其背后的原因，不断完善刑事缺席审判制度以及我国刑事辩护制度中的相关立法和配套措施，通过立法、制度、国内和国际司法环境的共同发力，确保外逃贪腐人员缺席审判制度反腐目的的最终实现。

---

[1] 参见张倩：《律师诉讼权利救济制度的运行情况评鉴》，载《中国检察官》2016年第6期。

参考文献

一、中文著作

1. 陈光中主编：《刑事诉讼法》（第6版），北京大学出版社、高等教育出版社2016年版。

2. 樊崇义主编：《检察制度原理》，法律出版社2009年版。

3. 马克昌：《比较刑法原理：外国刑法学总论》，武汉大学出版社2012年版。

4. 卞建林、刘玫：《外国刑事诉讼法》，中国政法大学出版社2008年版。

5. 卞建林、张国轩：《刑事诉讼制度的科学构建》，中国人民公安大学出版社2009年版。

6. 王敏远主编：《刑事诉讼法学》，知识产权出版社2013年版。

7. 谢佑平：《中国检察监督的政治性与司法性研究》，中国检察出版社2010年版。

8. 张军、姜伟、田文昌：《新控辩审三人谈》，北京大学出版社2014年版。

9. 张建伟：《司法竞技主义——英美诉讼传统与中国庭审方式》，北京大学出版社2005年版。

10. 田文昌、陈瑞华：《刑事辩护的中国经验：田文昌、陈瑞华对话录》（增订本），北京大学出版社 2013 年版。

11. 陈瑞华：《刑事辩护的理念》，北京大学出版社 2017 年版。

12. 陈瑞华：《刑事审判原理论》（第 2 版），北京大学出版社 2003 年版。

13. 陈瑞华：《刑事诉讼的前沿问题》（第 4 版），中国人民大学出版社 2013 年版。

14. 何家弘：《检察制度比较研究》，中国检察出版社 2008 年版。

15. 何家弘编著：《外国犯罪侦查制度》，中国人民大学出版社 1995 年版。

16. 张智辉主编：《检察权优化配置研究》，中国检察出版社 2014 年版。

17. 胡云腾主编：《认罪认罚从宽制度的理解与适用》，人民法院出版社 2018 年版。

18. 朗胜主编：《中华人民共和国刑事诉讼法释义》，法律出版社 2012 年版。

19. 刘晶：《刑事庭前程序研究》，中国社会科学出版社 2016 年版。

20. 石少侠：《检察权要论》，中国检察出版社 2006 年版。

21. 孙长永：《探索正当程序——比较刑事诉讼法专论》，中国法制出版社 2005 年版。

22. 孙长永：《侦查程序与人权》，中国方正出版社 2000 年版。

23. 郝宏奎主编：《侦查论坛》（第 1 卷），中国人民公安大学出版社 2002 年版。

24. 孙谦主编:《人民检察制度的历史变迁》,中国检察出版社 2009 年版。

25. 魏晓娜:《刑事正当程序原理》,中国人民公安大学出版社 2006 年版。

26. 谢丽珍:《违法所得没收特别程序研究》,法律出版社 2016 年版。

27. 汤景桢:《刑事庭前程序研究》,上海人民出版社 2016 年版。

28. 王君祥:《违法所得程序问题研究》,法律出版社 2015 年版。

29. 王兆鹏:《美国刑事诉讼法》,北京大学出版社 2005 年版。

二、译著

1. [德] 克劳思·罗科信:《刑事诉讼法》(第 24 版),吴丽琪译,法律出版社 2003 年版。

2. [德] 托马斯·魏根特:《德国刑事诉讼程序》,岳礼玲、温小洁译,中国政法大学出版社 2004 年版。

3. [美] 彼得·G. 伦斯特洛姆编:《美国法律词典》,贺卫方等译,中国政法大学出版社 1998 年版。

4. [美] 乔纳凯特:《美国陪审团制度》,屈文生、宋瑞峰译,法律出版社 2013 年版。

5. [美] 米尔伊安·R. 达玛斯卡:《司法和国家权力的多种面孔——比较视野中的法律程序》,中国政法大学出版社 2015 年版。

6. [日] 谷口安平:《程序的正义与诉讼》,王亚新、刘荣军译,中国政法大学出版社 1996 年版。

7. ［日］松尾浩也：《日本刑事诉讼法》（下卷），丁相顺译，中国人民大学出版社 2005 年版。

8. ［日］田口守一：《刑事诉讼的目的》，张凌、于秀峰译，中国政法大学出版社 2011 年版。

9. ［日］田口守一：《刑事诉讼法》，张凌、于秀峰译，中国政法大学出版社 2010 年版。

10. ［瑞士］古尔蒂斯·里恩：《美国和欧洲的检察官——瑞士、法国和德国的比较分析》，王新玥、陈涛等译，法律出版社 2019 年版。

11. ［英］丹宁：《法律的正当程序》，法律出版社 1999 年版。

三、论文

1. 陈光中、马康：《认罪认罚从宽制度若干重要问题探讨》，载《法学》2016 年第 8 期。

2. 陈光中、肖沛权：《刑事诉讼法修正草案：完善刑事诉讼制度的新成就和新期待》，载《中国刑事法杂志》2018 年第 3 期。

3. 樊崇义：《刑事速裁程序：从"经验"到"理性"的转型》，载《法律适用》2016 年第 4 期。

4. 卞建林：《刑事诉讼模式的演化与流变——以海峡两岸刑事司法改革为线索》，载《政法论坛》2019 年第 1 期。

5. 卞建林、许慧君：《论刑事诉讼中检察机关的职权配置》，载《中国刑事法杂志》2015 年第 1 期。

6. 陈卫东：《论中国特色刑事缺席审判制度》，载《中国刑事法杂志》2018 年第 3 期。

7. 陈卫东：《认罪认罚从宽制度研究》，载《中国法学》

2016 年第 2 期。

8. 陈卫东：《我国检察权的反思与重构——以公诉权为核心的分析》，载《法学研究》2002 年第 2 期。

9. 顾永忠：《刑事辩护的现代法治涵义解读——兼谈我国刑事辩护制度的完善》，载《中国法学》2009 年第 6 期。

10. 顾永忠：《以审判中心主义为背景下的刑事辩护突出问题研究》，载《中国法学》2016 年第 2 期。

11. 顾永忠、肖沛权：《"完善认罪认罚从宽制度"的亲历观察与思考、建议——基于福清市等地刑事速裁程序中认罪认罚从宽制度的调研》，载《法治研究》2017 年第 1 期。

12. 马怀德：《国家监察体制改革的重要意义和主要任务》，载《国家行政学院学报》2016 年第 6 期。

13. 王敏远：《认罪认罚从宽制度疑难问题研究》，载《中国法学》2017 年第 1 期。

14. 王敏远：《刑事缺席审判制度探讨》，载《法学杂志》2018 年第 8 期。

15. 王敏远、顾永忠、孙长永：《刑事诉讼法三人谈：认罪认罚从宽制度中的刑事辩护》，载《中国法律评论》2020 年第 1 期。

16. 汪建成：《以效率为价值导向的刑事速裁程序论纲》，载《政法论坛》2016 年第 1 期。

17. 龙宗智：《论检察权的性质与检察机关的改革》，载《法学》1999 年第 10 期。

18. 龙宗智：《庭审实质化的路径和方法》，载《法学研究》2015 年第 5 期。

19. 龙宗智：《刑事印证证明新探》，载《法学研究》2017 年第 2 期。

20. 龙宗智：《完善认罪认罚从宽制度的关键是控辩平衡》，载《环球法律评论》2020年第2期。

21. 龙宗智：《印证与自由心证——我国刑事诉讼证明模式》，载《法学研究》2004年第2期。

22. 左卫民：《地方法院庭审实质化改革实证研究》，载《中国社会科学》2018年第6期。

23. 左卫民：《认罪认罚何以从宽：误区与正解——反思效率优先的改革主张》，载《法学研究》2017年第3期。

24. 左卫民：《未完成的变革——刑事庭前会议实证研究》，载《中外法学》2015年第2期。

25. 孙长永：《刑事速裁程序控辩协商是关键》，载《人民法院报》2015年9月9日，第12版。

26. 陈瑞华：《认罪认罚从宽制度的若干争议问题》，载《中国法学》2017年第1期。

27. 陈瑞华：《司法过程中的对抗与合作——一种新的刑事诉讼模式理论》，载《法学研究》2007年第3期。

28. 张建伟：《以审判为中心：权利保障角度的纵深解读》，载《中国政法大学学报》2016年第6期。

29. 熊秋红：《认罪认罚从宽的理论审视与制度完善》，载《法学》2016年第10期。

30. 汪海燕：《认罪认罚从宽制度中的检察机关主导责任》，载《中国刑事法杂志》2019年第6期。

31. 汪海燕：《庭前会议制度若干问题研究——以"审判中心"为视角》，载《中国政法大学学报》2016年第5期。

32. 万毅：《刑事缺席判决制度引论》，载《当代法学》2004年第1期。

33. 张智辉：《论司法职权内部配置的优化》，载《法学家》

2019年第4期。

34. 李本森：《刑事速裁程序试点实效检验——基于12 666份速裁案件裁判文书的实证分析》，载《法学研究》2017年第5期。

35. 闵春雷：《回归权利：认罪认罚从宽制度的适用困境及理论反思》，载《法学杂志》2019年第12期。

36. 闵春雷、贾志强：《刑事庭前会议制度探析》，载《中国刑事法杂志》2013年第3期。

37. 莫湘益：《庭前会议：从法理到实证的考察》，载《法学研究》2014年第3期。

38. 汪进元：《论宪法的正当程序原则》，载《法学研究》2001年第2期。

39. 谢澍：《论刑事证明标准之实质递进性——"以审判为中心"语境下的分析》，载《法商研究》2017年第3期。

40. 孙远：《论刑事上诉审构造》，载《法学家》2012年第4期。

41. 纵博：《论认罪案件的证明模式》，载《四川师范大学学报（社会科学版）》2013年第3期。

42. 杨雄：《对外逃贪腐人员的缺席审判研究》，载《中国刑事法杂志》2019年第1期。

43. 杨雄：《效率与公正维度下的刑事速裁程序》，载《湖北社会科学》2016年第9期。

44. 张新：《刑事速裁程序启动与转化问题研究》，载《时代法学》2016年第4期。

45. 赵恒：《刑事速裁程序试点实证研究》，载《中国刑事法杂志》2016年第2期。

46. 郑敏、陈玉官、方俊民：《刑事速裁程序量刑协商制度若干问题研究——基于福建省福清市人民法院试点观察》,载《法律适用》2016年第4期。

47. 郑瑞平:《比较法视野下我国刑事速裁程序之完善——以处罚令制度为视角》,载《中国刑事法杂志》2016年第6期。

48. 徐斌:《效率通向公正:刑事速裁程序实证研究》,载《中国审判》2015年第17期。

49. 詹建红、张威:《我国侦查权的程序性控制》,载《法学研究》2015年第3期。

50. 张吉喜:《违法所得没收程序适用中的相关问题研究》,载《现代法学》2019年第1期。

51. 周加海、黄应生:《违法所得没收程序适用探讨》,载《法律适用》2012年第9期。

52. 张郡轩:《破与立:侦查转隶之后我国检察权的重构研究》,载《上海公安学院学报》2019年第5期。

53. 张燕龙:《庭前会议程序的衔接机制研究》,载《法学杂志》2015年第12期。

54. 张钰莹:《论认罪认罚中的有效告知》,载《黑龙江省政法管理干部学院学报》2021年第1期。

四、英文

1. Brandon L. Garrett. "Why Plea Bargains Are Not Confessions", *William and Mary Law Review* (2016).

2. David A. Harris, "The Constitution and Truth Seeking: A New Theory on Expert Services for Indigent Defendants", 83 *J. Crim. L. & Criminology* (1992).

3. Earl G. Penrod, "The Guilty Plea Process in Indiana: A Proposal to Strengthen the Diminishing Factual Basis Requirement",

34 *Ind. L. Rev.* (2001).

4. Kristen N. Sinisi, "The Cheney Dilemma: Should a Defendant Be Allowed to Appeal the Factual Basis of His Conviction After Entering an Unconditional Guilty Plea", 59 *Cath. U. L. Rev.* (2010).

5. Steven Schmidt, "The Need for Review : Allowing Defendants to Appeal the Factual Basis of a Conviction After Pleading Guilty", 95 *Minn. L. Rev.* (2010).

6. Terry L. Elling, "Guilty Plea Inquiries: Do We Care Too Much?", 134 *Mil. L. Rev.* (1991).

后　记

　　本书以刑事诉讼程序和权利保障为线索，理论联系实际，有针对性地探讨了新时代我国刑事诉讼制度改革中的一些重点问题。各章重点突出，共同构成本书在逻辑结构上的整体。

　　本书中的部分文章已发表在法学专业期刊中，部分文章还没来得及发表。收入本书时，作者对部分文章的结构和内容作了适当的调整和增删，对有些文章的部分文字进行了相应的改动。

　　作者阅读、参考和引用了许多专家、学者论著中的一些思想观点，他们著述的精华直接或间接地体现在本书之中，作者已在参考文献和注释部分列出，真诚感谢他们给作者以思想的启迪和为本书的完成所做的贡献。部分文章是与合作者共同完成的，在本书的注释中已进行了说明，在此一并向合作者表示感谢。如果由于粗心疏忽没有能够准确地加以注明和有遗漏的话，在此深表歉意。

　　作者的部分研究生帮助收集和整理了相关资料，与研究生们的学术交流、写作讨论给了作者诸多的启发，感谢他们为本书的完成所做的贡献。

　　非常感谢为本书的出版提供了无私帮助的中国政法大学刑

事司法学院和刑事诉讼法学研究所的各位领导和同事。真诚感谢彭江编审给予我的友谊和帮助。

  由于笔者学术水平有限,书中难免存在不少缺陷和错误,敬请批评指正。

屈 新
2022 年 7 月